广东财经大学马克思主义学院 2022年教学研讨会论文集

袁继红◎主编

张小洁　陶日贵　孙晓晖◎副主编

暨南大学出版社
JINAN UNIVERSITY PRESS

中国·广州

图书在版编目（CIP）数据

广东财经大学马克思主义学院 2022 年教学研讨会论文
集 / 袁继红主编；张小洁，陶日贵，孙晓晖副主编.
广州：暨南大学出版社，2024. 10.
ISBN 978-7-5668-4027-1

Ⅰ. G641-53

中国国家版本馆 CIP 数据核字第 2024HL6546 号

广东财经大学马克思主义学院 2022 年教学研讨会论文集
GUANGDONG CAIJING DAXUE MAKESI ZHUYI XUEYUAN 2022 NIAN JIAOXUE
YANTAOHUI LUNWENJI

主　编：袁继红　副主编：张小洁　陶日贵　孙晓晖

....

出 版 人：阳　翼
策划编辑：杜小陆
责任编辑：曾小利
责任校对：刘舜怡
责任印制：周一丹　郑玉婷

出版发行：暨南大学出版社（511434）
电　　话：总编室（8620）31105261
　　　　　营销部（8620）37331682　37331689
传　　真：（8620）31105289（办公室）　37331684（营销部）
网　　址：http：//www. jnupress. com
排　　版：广州尚文数码科技有限公司
印　　刷：广州小明数码印刷有限公司
开　　本：787mm×1092mm　1/16
印　　张：16.5
字　　数：350 千
版　　次：2024 年 10 月第 1 版
印　　次：2024 年 10 月第 1 次
定　　价：80.00 元

前　言

　　党的二十大为全面建设社会主义现代化新征程指引了方向，党的二十大报告深刻阐释了新时代坚持和发展中国特色社会主义的一系列重大理论和实践问题。踏上新征程，我国正处于实现中华民族伟大复兴的关键时期，也处于"大思政课"建设大有可为的最好时期。持续深入做好党的二十大精神的研究阐释工作，不断将党的二十大精神和习近平新时代中国特色社会主义思想最新成果有机融入高校思政课教学体系，是马院学人义不容辞的使命。为进一步引导广大师生深入学习党的二十大精神，贯彻习近平总书记在学校思想政治理论课教师工作座谈会上的重要讲话精神，广东财经大学马克思主义学院面向全国高校组织召开了"党的二十大精神融入思政课教学"专题研讨会，并向全院师生开展了教研论文征集活动。

　　我院各教研室和硕士研究生就如何将党的二十大精神融入思政课教学，融入到教材里、体现到课堂中、浸润到学生心里进行了深入的探索。

　　毛泽东思想和中国特色社会主义理论体系概论教研室、习近平新时代中国特色社会主义思想概论教研室的杜奋根、孙晓晖、刘荣材、仇小敏、周邦君、郝一峰等六位老师撰写的教研论文分别从不同角度论述和总结了推进党的二十大精神融入高校思政课堂的教学实践经验，具有积极的借鉴意义。

　　思想道德与法治教研室的黄瑜、蒋华林、陈娟、刘宁、欧歆老师在教学过程中形成了实践教学、对分课堂等教学特色，这些教学特色和先进做法在本次提交出版的教研论文集中也有体现。这几位作者还多次获得省级以上教研教改项目立项和奖项，新建了一批大中小学思政课一体化共建基地，未来将进一步拓展教学新空间。

　　马克思主义基本原理教研室的黄荟、岳丽艳、李腾凯、袁三标老师围绕"中国共产党为什么能，中国特色社会主义为什么好，归根结底是马克思主义行"这一核心主题，分别从素养培育、人民性、教学设计、哲学路向等维度展开教学研究，形成了系列教研论文。

　　大学生心理健康教育教研室的曹秀华老师以广东某高校 891 名在校大学生心理健康综合问卷调研数据为依据，分析了当前大学生心理健康发展面临的诸多风险，助力大学生顺利成长为"新时代好青年"。

中国近代史纲要教研室的曾志辉、廖志伟、王金锋、刘小龙、罗聪、邓玉柱老师多年来致力于贯彻党的教育方针，向学生宣传党的创新理论，引导学生深刻认识中国近现代史、百年党史的主流与本质。他们围绕党的二十大精神的研究阐释和融入教学这两大主题开展了研究，提交了 6 篇文章。同时，还在党报党刊发表了数篇研究阐释党的二十大精神的论文。

形势与政策教研室在刘颖老师带领下组建了一支专业过硬的教学团队，形成了一套规范有效的备课机制，确立了一个独具特色的教学模式。专家名师通过 LLD 教学模式，利用对分课堂实现线上线下充分结合，师生同台深入互动实现"万人同上思政课"，面向全校两万多名本科生和研究生宣讲"党的二十大精神"。

我院研究生结合自己的研究方向，从不同维度对党的二十大精神展开了深入学习和探讨。苏沛钰、陈博、郑雅仪、余冬铭、曾昊鹏主要从思想政治教育的角度，探讨了党的二十大精神融入高校思想政治教育的相关问题，其中涉及智能媒体赋能高校国家安全教育的实践进路探析、中华民族优秀传统文化、中华民族共同体意识等主题；张宝翠、魏莎莎、谢影则主要从理论和现实维度探索了中国式现代化进程中的共性和个性问题，如安全发展、共同富裕等；李岳程基于历史维度探讨了百年来党的建设经验。

广东财经大学"思想政治综合实践"课程设计"思政小课堂"与"社会大课堂"融合实践学习模式，与大学生"三下乡""挑战杯"等社会实践活动相融合，实现思政课实践教学与社会实践有机结合、协同育人。共有 7 447 名学生修读了"思想政治综合实践"课，形成课程实践报告两千余份。这些实践教学经验成为本书的重要素材来源。

我院还与云浮市教育局、佛山市三水区教育局共建"大中小学思政课一体化"协同创新基地。2023 年初，我院与云浮罗定市教育局联合举办"'同上一节课'广罗大中小学思政课一体化集体备课会"，获广东省大中小学思政课一体化教学展示活动二等奖一项。这将助力我们进一步加强教研工作，着力构建广东财经大学特色的"大思政课"教学体系。

在此，我们将本书献给在相关研究领域耕耘的学界同仁；献给一切关心本研究领域并以任何方式提出批评意见的读者和专家；献给默默辛勤支持我们这项研究工作的师友和同志。希望本书的出版能够引起国内外学界朋友们的交流和讨论，以帮助我们将研究更深入下去。我们对参与此次征文工作的全体师生、专家名师表示最诚挚的谢意！

编者
2024 年 2 月

目　录

内容为王："习近平新时代中国特色社会主义思想概论"课教学的基本遵循*

杜奋根**

为全面学习把握贯彻习近平新时代中国特色社会主义思想，为用中国化时代化的马克思主义武装青年大学生头脑，高校开设"习近平新时代中国特色社会主义思想概论"课（以下简称"概论"课），对高校落实"为党育人，为国育才"任务具有"铸魂领航"重大意义。"概论"课作为新开设的一门必修思想政治理论课（以下简称"思政课"），课堂教学的确不易驾驭。难点在于：①随着新时代中国特色社会主义事业的蓬勃发展，"习近平新时代中国特色社会主义思想"内涵不断丰富，内容更新多而快，结构体系不断拓展；教材体系向教学体系转化编排难、取舍难。面对这个庞大的思想理论体系，如果没有及时学习和消化，就解决不好"讲什么、怎么讲"的问题。②既要坚持思政课教学的"理论宣传"功能，又要追求思政课"政治性与学理性"相统一、"价值性与知识性"相统一的教学效果。如果只是追求"新闻宣传"效果，那马克思主义学院就不能区别于宣传部门，高校思想政治理论课的教学功能也就难以彰显。③必须搞清楚"中国特色社会主义理论体系"组成部分的理论界点，做到与改革开放后不同阶段"中国化的马克思主义"的和而不同，做到与"新时代"范畴自洽。比如，要讲清楚"高质量发展"与"可持续发展"的不同，与"发展是硬道理"的区别。④"概论"课教学设计中如何做到知识目标、能力目标、价值目标的统一。不要说思政课的重要功能不在知识传授，而在坚定理想信念。一个人没有知识、不懂常识，没有足够的认知能力，很难想象这个人能有多高的智慧，更不好奢望这个人具备很强的政治判断力、政治领悟力和政治执行力。要解决这些难题，没有什么捷径可走，唯有坚持内容为王，不断增强任课教师教学的供给能力和核心竞争力。

---

* 本文为广东省高等教育教学改革项目"高校思政课程高质量发展模式构建与运用研究——以广东财经大学为例"（粤教高函〔2020〕20 号）阶段性成果。

** 杜奋根，广东财经大学马克思主义学院教授，硕士生导师，主要研究方向为马克思主义中国化、社会主义市场经济理论与实践。

一、教学资源的积累和运用

要上好"概论"课，任课教师必须加强自身的学习，及时地把习近平新时代中国特色社会主义思想的最新发展成果、党在中国特色社会主义事业实践中的一系列战略部署、战略举措转化为重要教学资源并融入课堂教学之中。

（一）教学资源的积累

1. 充分体现习近平新时代中国特色社会主义思想的最新发展成果

一是根据习近平在庆祝中国共产党成立100周年大会上的重要讲话精神，在"概论"课第一章（第一讲）集中体现中国共产党百年奋斗创造的"四个伟大成就"和向世界作出的"四个庄严宣告"；根据党的二十大精神，把十年伟大变革"里程碑"意义融入本章教学内容，用"十六个方面成就"来支撑中国特色社会主义进入新时代的"伟大意义"；用"坚持和发展马克思主义，必须同中华优秀传统文化相结合""把握好新时代中国特色社会主义思想的世界观和方法论"丰富习近平新时代中国特色社会主义思想的内涵；用党的二十大提出的"开辟马克思主义中国化时代化新境界"来进一步强化对习近平新时代中国特色社会主义思想"历史地位"的认识。

二是在各相关章节充分吸收和体现了习近平"七一"重要讲话精神、十九届六中全会精神和党的二十大精神，比如在讲授"全面从严治党"内容中体现中国共产党的"伟大建党精神""党百年奋斗的历史经验""党的自我革命引领社会革命"的重要要求；在"坚持和加强党的领导"内容中体现了"中国共产党是最高政治领导力量""以史为鉴、开创未来"的"两个根本要求"。

三是将"习近平经济思想""习近平法治思想""习近平生态文明思想""习近平外交思想"作为单独的章节，在教学体系相关章节进行全面体现。经过补充修订，加上此前的"习近平强军思想"，让习近平新时代中国特色社会主义思想在经济、生态、军队、外交、法治等领域教学体系中均占有重要位置。

四是根据2021年出版的《习近平新时代中国特色社会主义思想学习问答》（以下简称《学习问答》），对教学内容进行全面梳理，更新有关内容和表述，调整个别章节，增加部分相关链接，使教学内容始终保持与时俱进。比如，关于习近平新时代中国特色社会主义思想的理论贡献，教学根据《学习问答》，再结合党的二十大精神，对"概论"课第一章的内容作出修订。

高校教师通过对重要教学资源的梳理和整理，把这些教学资源纳入"概论"课教学体系之中，能帮助学生理解习近平新时代中国特色社会主义思想形成机制的新表达、理论主题的新拓展、理论内涵的新扩充、理论地位的新概括。

2. 充分体现党的重要会议的重大战略部署

一是补充党的十九届四中全会的战略部署。党的十九届四中全会通过了《中共中央关于坚持和完善中国特色社会主义制度　推进国家治理体系和治理能力现代化若干重大问题的决定》（以下简称《决定》），全面概括了我国国家制度和国家治理体系多方面的显著优势。"这些显著优势，是我们坚定中国特色社会主义道路自信、理论自信、制度自信、文化自信的基本依据。"在"概论"课教学实施过程中，要将《决定》当中归纳的十三方面的制度体系纳入教学内容当中，让每一个制度体系在"概论"课中找到相应位置。事实上，这些制度体系与"概论"课教材体系、教学体系对应关系是非常清晰的。比如，讲授"坚持党的全面领导"，我们可以把"坚持和完善党的领导制度体系"融入其中，以帮助学生对"提高党科学执政、民主执政、依法执政水平"的深入理解；讲授"习近平经济思想"，可以把"坚持和完善社会主义基本经济制度"纳入其中，以帮助学生对习近平经济思想的进一步理解等。若能做到这一点，"概论"课的教学内容将进一步得到充实，教师授课的说服力也将进一步增强。

二是补充党的十九届五中全会的战略部署。《中共中央关于制定国民经济和社会发展第十四个五年规划和二〇三五年远景目标的建议》（以下简称《建议》）主要阐述了决胜全面建成小康社会取得决定性成就、我国发展环境面临深刻复杂变化、到2035年基本实现社会主义现代化远景目标、"十四五"时期经济社会发展指导思想、必须遵循的原则和主要目标。具体明确了从科技创新、产业发展、国内市场、深化改革、乡村振兴、区域发展，到文化建设、绿色发展、对外开放、社会建设、安全发展、国防建设等重点领域的思路和重点工作，并作出工作部署。比如提出了"立足新发展阶段，贯彻新发展理念，构建新发展格局"这个建设社会主义现代化国家的战略导向等。"概论"课把《建议》的内容融入教学之中，无论是安排在"全面建设社会主义现代化国家"的目标任务当中，还是放在"全面建设社会主义现代化国家"的具体部署的专门章节中，都能让学生深切地感受到"开启全面建设社会主义现代化国家新征程"的战略导向和战略安排，深切地感受到习近平新时代中国特色社会主义思想对全面建设社会主义现代化国家实践的指导意义。

三是补充党的二十大提出的一系列新的战略部署。党的二十大是在全党全国各族人民迈上全面建设社会主义现代化国家新征程、向第二个百年奋斗目标进军的关键时刻召开的一次十分重要的大会，提出了一系列全面建设社会主义现代化国家的新的战略部署。比如提出"教育、科技、人才是全面建设社会主义现代化国家的基础性、战略性支撑"，为实现这个"基础性、战略性支撑"，必须"深入实施科教兴国战略、人才强国战略、创新驱动发展战略"。毫无疑问，这是党的二十大报告的一个新亮点，在"概论"课教学中，我们应该及时地把这个亮点安排到教学体系当中，向学生讲清楚在中国特色社会主义进入新时代重新提出"科教兴国战略、人才强国战略、创新驱动发展战略"的重大战略意义。

（二）教学资源的合理运用

第一，注意处理好重要教学资源、教材体系和教学体系的关系。组织"概论"课的课堂教学，任课教师必须注意教材内容的全面性、系统性，比较新版教材与旧版教材的不同，把握新版教材的内容体系和结构，吃透教材内容，做到教学内容的全覆盖；注意教学对象的特点，遵循教学规律，因材施教，在把握教材内容的基础上设计符合教学对象实际的教学体系；注意重要教学资源在教材体系、教学体系中的运用。编写新版教材一般会注意吸纳新的重要的教学资源，但教材出版发行后，教材内容是相对固定的，学生使用教材时并不能直接联系到最新理论成果、国家最新战略部署。教材的这个缺陷，往往都要通过教师及时更新教学体系来弥补。"概论"课教师组织课堂教学，既要做好教材体系向教学体系的转化，又要及时把重要的教学资源纳入教学体系，以把最新教学资源呈现在课堂教学之中，丰富课堂教学内容。

第二，注意处理好教学与科研的关系。"概论"课作为一门思政课，它具有"政治性与学理性"相统一、"价值性与知识性"相统一的重要特征。在教学过程中，必须进行基本知识的传授，还需开展符合社会发展需要的价值引领和意识形态的建构，也就是要寓价值观引导于知识传授之中，用先进价值观念引导知识传授，用丰厚的知识成果滋养先进的价值观念，实现价值性与知识性有机统一。在习近平新时代中国特色社会主义思想的丰富内涵面前，在习近平新时代中国特色社会主义思想概论严谨的"教材体系"面前，在《习近平谈治国理政》四大卷著作面前，在建设社会主义现代化国家的一系列庞大的新理念新思想新战略新举措面前，怎样真正整理好、运用好这些重要的"教学资源"，是"概论"课教师的供给能力和核心竞争力问题。思政课教师须处理好教学与科研的关系，以教学促科研、以科研助教学：要让学生真懂、真信、真用，教师必须真懂、真信、真用；要让学生把所学内容搞清搞透，教师必须先把问题搞清楚、搞透彻。为此，教师必须具有扎实的理论功底和较强的科研能力，必须加强对教学中涉及的重点难点疑点问题的深入思考和研究，必须具有传道授业解惑的能力。只有这样，教师才能为学生疏通认知之困。教师必须具有教学促科研、科研助教学的能力，要把科学研究成果转化为教学资源。只有这样，教师才能帮助学生打开探索之门。

第三，注意处理好教学内容和教学形式的关系。教学形式单一是以往思政课教学中普遍存在的一个问题。近几年来，"概论"课教育教学过程中，多媒体、慕课、微电影、微视频等教学形式日益丰富，弥补了以往教学形式单一、教学手段落后等方面的不足。但伴随教学形式的多样化，"概论"课教学中存在着一定的娱乐化、庸俗化现象。比如，有的任课教师让学生在理论课堂上唱歌、朗诵和打快板；有的让学生排节目、演小品，美其名曰让学生主动参与课堂，展示思政课堂学生的主体性；还有的老师在理论课中播放影片，把从抖音下载的碎片化的小视频甚至搞笑的"段子"直接移植到课堂。这些做法表面上看，刚进大学的青年学生并不排斥，甚至迎合了"没有工作经验、没有社会阅历"的大学生害怕面对"高大上"政治理论的心理。为了一味地迎合学生，有些老师把精力都放在教学形式的改变上，而忽略了教学内容的设计和研究。对此，我们应该纠偏。任课教师必须坚持教学内容为王。在纵向上，要特别注意与中学思政课必修课"中国特色社会主义"的联系。既要避免出现不必要的重复，又要注意教学内容的提升。在横向上，要处理好与高校思政课中其他几门课程的关系，特别要处理好"毛泽东思想和中国特色社会主义理论体系概论"与"习近平新时代中国特色社会主义思想概论"的关系。就"习近平新时代中国特色社会主义思想概论"课教学体系本身的逻辑结构来讲，要对每章内容谋篇布局，坚决杜绝内容上的重复，坚决避免理论成果的遗漏；做到对每章内容的中心思想、基本内容、理论逻辑、主要问题进行高度概括。

二、依托教材体系优化教学体系

（一）处理好两个关系

作为"概论"课的一线教师，为增强思政课第一课堂、"概论"课课堂教学的针对性和实效性，要正确处理好教材与原著、党的文献的关系，正确处理教材体系与教学体系的关系，做好教学内容的设计。有的老师按教材的章节顺序授课，有的老师安排的是系列专题讲座，这都没问题，重要的是老师们讲授的内容要详略得当、重点突出，既照顾到新思想的理论体系，又照顾到学习的重点难点。要实现教材体系向教学体系的科学转化，任课教师的一项重要工作就是做好基本知识的重新编排。

同时，任课教师要找到教学内容安排的重要依据。就"概论"课而言，党的十八大政治报告和十八届历次全会公报、党的十九大政治报告和十九届历次全会公报、党的二十大报告、《中共中央关于党的百年奋斗重大成就和历史经验的决议》等中央文献、《习近平谈治国理政》《习近平新时代中国特色社会主义思想学习纲要》《习近平新时代中国特色社会主义思想学习问答》等权威学习读本、教育部统编教材等，这些既是"概论"课教学内容安排的重要依据，又是重要的教学资源。

（二）教学内容的编排

新开设的"概论"课可以直接使用的教学资源，一是2021年版"毛泽东思想和中国特色社会主义理论体系概论"教材；二是由顾海良、王卫权、孙蚌珠策划，由全国高校"毛泽东思想和中国特色社会主义理论体系概论"教学创新中心、国家教材建设重点研究基地联合高等教育出版社，联系11所全国重点马院的专家，制作的习近平新时代中国特色社会主义思想15个专题讲座。考虑到及时把党的二十大精神融入"概论"课教学当中，"概论"课教学内容可分成十三章或十三讲展开讲授。

第一讲，讲"习近平新时代中国特色社会主义思想及其历史地位"，主要讲授的是坚持和发展中国特色社会主义的思想指引。这章有三个关键词：新时代、新思想、新飞跃。通过这三个关键词，讲清楚习近平新时代中国特色社会主义思想创立的社会历史条件、主题和主要内容、历史地位。本章教学内容体系可以直接对接教材内容。"新时代""世界正经历百年未有之大变局""中国特色社会主义""开辟马克思主义中国化时代化新境界"等基本知识点安排在本讲讲授。

第二讲，讲坚持和发展中国特色社会主义的奋斗目标。这讲有三个关键词：中国梦、战略安排、战略导向。通过这三个关键词，讲清楚以中国式现代化全国推进中华民族伟大复兴、建成社会主义现代化强国的战略安排和建设社会主义现代化国家的战略导向。中国式现代化理论框架安排在这一讲讲授。

第三讲，讲全面深化改革、坚持和发展中国特色社会主义的发展动力。全面深化改革，主要是贯彻党的十九届四中全会精神，重点讲授如何坚持和完善中国特色社会主义制度，推进国家治理体系和治理能力现代化。

第四讲，讲经济建设，讲如何实现经济高质量发展。讲授的主要内容包括：习近平经济思想；构建高水平社会主义市场经济体制；建设现代化产业体系；全面推进乡村振兴；促进区域协调发展、推进高水平对外开放等。

第五讲，讲科教兴国战略、强化现代化建设人才支撑。讲授的主要内容包括：深入实施科教兴国、人才强国、创新驱动发展战略；开辟发展新领域新赛道，不断塑造发展新动能新优势。内容包括：办好人民满意的教育；完善科技创新体系；加快实施创新驱动发展战略；深入实施人才强国战略等。

第六讲，讲政治建设、全过程人民民主。讲授的主要内容包括：加强人民当家作主制度保障；全面发展协商民主；积极发展基层民主；巩固和发展最广泛的爱国统一战线等。

第七讲，讲法治建设、推进法治中国建设。讲授的主要内容包括：习近平法治思想；坚持走中国特色社会主义法治道路；完善以宪法为核心的中国特色社会主义法律体系；扎实推进依法行政；严格公正司法；加快建设法治社会等。

第八讲，讲文化建设、铸就社会主义文化新辉煌。讲授的主要内容包括：建设具有强大凝聚力和引领力的社会主义意识形态；广泛践行社会主义核心价值观；提高全社会文明程度；繁荣发展文化事业产业；增强中华文明传播力影响力等。

第九讲，讲社会建设、提高人民生活品质。讲授的主要内容包括：为民造福是立党为公、执政为民的本质要求；完善分配制度；实施就业优先战略；健全社会保障体系、推进健康中国建设等。

第十讲，讲生态建设、促进人与自然和谐共生。讲授的主要内容包括：习近平生态文明思想；加快发展方式绿色转型；深入推进环境污染防治；提升生态系统多样性、稳定性、持续性；积极稳妥推进碳达峰碳中和等。

第十一讲，讲安全保障、推进国家安全体系和能力现代化。讲授的主要内容包括：坚定不移贯彻总体国家安全观；习近平强军思想；开创国防和军队现代化；坚持和完善"一国两制"等。

第十二讲，讲推动构建人类命运共同体、中国特色大国外交。讲授的主要内容包括：习近平外交思想；坚持走和平发展道路；推动构建人类命运共同体等。

第十三讲，讲坚持党的全面领导、坚定不移全面从严治党。讲授的主要内容包括：实现中华民族伟大复兴关键在党；坚持党对一切工作的领导；以党的自我革命引领社会革命、建设堪当民族复兴重任的高素质干部队伍等。

（三）内容"讲新讲熟讲透讲活"

教学内容的安排、编排方面，教师发挥的空间有限。发挥空间有限不是指教师在课堂只能读文稿、念PPT，而是指教师有教学大纲、统编教材、有规定的教学学时。此外，教师系统内还有各层级的教育培训，有聚集全国同行专家的标杆系列讲座等。教师需要做的是严格遵循教学大纲，把要讲的内容讲新、讲熟、讲透、讲活，以求达到课程教学知识目标、能力目标和价值目标的实现，让学生在课堂真正有获得感。

"讲新"就是所讲的内容要新，要依据新编教材的新变化、新内容，在教学内容上充分体现新表述、新概括。比如，讲新思想的核心要义或者说是主题，教材表述为"坚持和发展中国特色社会主义"。《中共中央关于党的百年奋斗重大成就和历史经验的决议》对理论主题进行了拓展：新时代坚持和发展什么样的中国特色社会主义、怎样坚持和发展中国特色社会主义，建设什么样的社会主义现代化强国、怎样建设社会主义现代化强国，建设什么样的长期执政的马克思主义政党、怎样建设长期执政的马克思主义政党；对理论内涵进行了扩充："十个明确"、十三个方面分领域的原创性理念和思想；形成机制的新表达：把马克思主义基本原理同中国具体实际相结合、同中华优秀传统文化相结合；理论地位的提升：中华文化和中国精神的时代精华，实现了马克思主义中国化时代化新的飞跃。

"讲熟"就是要熟悉有哪些新内容，把新内容讲熟，把教学过程需要的教学资源、教学案例做到顺手拈来。比如，"建设社会主义现代化国家的战略导向"是新增加的内容，教师对"构建新发展格局"内容是否熟悉？对党的十九届五中全会精神是否熟悉？对"习近平经济思想""习近平生态文明思想""习近平法治思想""习近平外交思想"是否熟悉；对支撑教学的教学资源是否熟悉？

"讲透"就是把熟悉的内容讲得更深刻，老师们要真学、真懂、真信、真用。这体现了高校思政课教师的供给能力和核心竞争力。思政课教师须拥有"信道""明道""悟道"与"传道"四大供给能力。知识是源，思政课教师自身要先明道，才能为学生提供源头活水；科研是引，思政课教师自身要会悟道，才能帮助学生打好探究之基；信仰是魂，思政课教师自身要先信道，才能为学生塑造精神之魂；教学是基，思政课教师自身要会传道，才能为学生疏通认知之困。

"讲活"就是思政课话语表达问题，也体现思政课的教学效果和学生的获得感。目前，高校思政课出现学生不爱听、不想听、不愿听等现象，一个重要原因是长期以来过度使用政治话语、宣传话语、政策话语的习惯，造成了思政课的话语困境。真理不能讲清，道理未被讲透，故事很难讲好，影响了高校思政课话语体系的吸引力、影响力和感染力。教师要学用摆事实、举实例、讲故事，与大学生同频共振、凝聚共识；学用大白话、大实话和大众话为大学生阐释真理、解疑释惑。

三、教学过程必须突出问题导向

突出问题导向本身就是习近平新时代中国特色社会主义思想鲜明的理论特质。习近平总书记说："每个时代总有属于它自己的问题，只要科学地认识、准确地把握、正确地解决这些问题，就能够把我们的社会不断推向前进。"中国特色社会主义进入新时代，坚持和发展中国特色社会主义在理论和实践各层面，究竟存在一些什么问题？我们应该如何科学认识、准确把握、正确解决这些问题？教学中必须回应青年学生对这些问题的关切，作出合乎逻辑的解读。

为什么说不要用改革开放后三十年否定改革开放前三十年，也不要用改革开放前三十年否定改革开放后三十年？在习近平新时代中国特色社会主义思想的视域下，怎么看待这个"互不否定"？

为什么说中国特色社会主义进入了新时代？这个新时代与改革开放和现代化建设时期有何不同？这个新时代与"新发展阶段"有何不同？属不属于社会主义初级阶段的一个阶段？

为什么说中国特色社会主义是科学社会主义，而不是其他什么主义？如何直面中国特色社会主义是中国特色资本主义、国家资本主义、儒家资本主义等错误论调？

为什么说开启建设社会主义现代化国家新征程，走的是中国式现代化道路？中国式现代化道路与西方现代化道路有何不同？中国式现代化道路创造的人类文明新形态有什么特点？

"立足新发展阶段、贯彻新发展理念、构建新发展格局"，是外部环境等压力所致的临时性选择，还是我国发展把握未来主动权的战略抉择？有人说从此中国对外开放的发展模式发生改变，怎么理解？

"党政军民学，东西南北中，党是领导一切的。"这会不会出现党政不分，外行领导内行的现象？国有企业的法人治理结构在改革中是否会出现根本性变革？

当前欧美少数发达国家生态文明的程度较高，是不是说他们已经超越了资本主义资本获利逻辑和反生态性的本质？是不是也意味着中国在承诺"双碳"目标中负有更大责任？

市场经济是一种资源配置方式，既不姓"资"也不姓"社"，不具有社会制度的属性。党的十九届四中全会将公有制为主体、多种所有制经济共同发展，按劳分配为主体、多种分配方式并存，社会主义市场经济体制三项制度并列，都作为社会主义基本经济制度。怎么理解？

我国正处于并将长期处于社会主义初级阶段，现在强调推进全体人民共同富裕，是不是"劫富济贫"，会不会减弱坚持和发展中国特色社会主义的发展动力？

中国作为发展中的大国，强调自己日益走近世界舞台中央，要积极推进全球治理体系的变革，是不是太高调了？会不会加剧西方某些发达国家对我们的围堵和遏制？

例如，关于改革开放前后的三十年不能互相否定，原因主要有以下几点：

首先，两个历史时期本质上都是中国共产党领导人民进行社会主义建设的实践探索。虽然在指导思想、方针政策和实际工作上存在很大差别，但两者决不是彼此割裂的，更不是根本对立的。

其次，改革开放前的社会主义实践探索为改革开放后的社会主义实践探索积累了条件。新中国成立后的前三十年，在经济建设方面建立起独立的比较完整的工业体系和国民经济体系，为改革开放后的快速发展奠定了重要的物质技术基础。在政治建设方面，确立的人民民主专政、人民代表大会制度、中国共产党领导的多党合作和政治协商制度等，为改革开放后的政治发展提供了制度保障。在思想文化建设方面，确立了马克思主义在意识形态领域的指导地位，培养了大批知识分子和各方面人才，为改革开放后的思想文化发展创造了重要前提。

再者，改革开放后的社会主义实践探索是对改革开放前的坚持、改革和发展。改革开放以来，中国共产党在继承前三十年宝贵经验和重要成果的基础上，结合新的时代条件和实践要求，不断推进理论创新和实践创新，开创和发展了中国特色社会主义，使社会主义在中国展现出更加旺盛的生命力和强大的活力。

总之，改革开放前后的两个历史时期都不能否定。正确认识两个历史时期的关系，不只是一个历史问题，更主要的是一个政治问题。对改革开放前的历史时期要正确评价，不能用改革开放后的历史时期否定改革开放前的历史时期，也不能用改革开放前的历史时期否定改革开放后的历史时期。

问题是时代的声音，坚持问题导向是马克思主义的鲜明特点。"概论"课教师学习宣传研究习近平新时代中国特色社会主义思想要有问题意识，在课堂讲授习近平新时代中国特色社会主义思想内容时必须坚持问题导向，引导学生在学习党的创新理论时，知其然还要知其所以然。

论中国式现代化的生态文明维度*

刘　颖**

党的二十大是在全党全国各族人民迈上全面建设社会主义现代化国家新征程、向第二个百年奋斗目标进军的关键时刻召开的一次十分重要的大会。党的二十大报告"是一篇马克思主义的光辉文献，是当代中国共产党人高举中国特色社会主义伟大旗帜的政治宣言，是党领导全国各族人民，全面建设社会主义现代化国家，全面推进中华民族伟大复兴的行动纲领"①。党的二十大报告对"推动绿色发展，促进人与自然和谐共生"作出了全面部署，赋予当代中国现代化实践奋进新时代的重大意义。本文从中国特色社会主义生态文明建设的角度阐述了中国式现代化是人与自然和谐共生的现代化。在中国特色社会主义宏阔发展的进程中，中国式现代化正在绘就人与自然和谐共生的美丽中国新画卷，展现美美与共、和衷共济的人类文明新图景。

一、新时代习近平生态文明思想

生态文明建设是关系中华民族永续发展的根本大计。党的十七大报告首次提出"生态文明"建设的执政理念，第一次从"中华民族生存发展"的高度强调生态文明建设的重要性和紧迫性。党的十八大以来，以习近平同志为核心的党中央牢牢锁定"美丽中国"生态目标和以"生态文明建设"为基础的"五位一体"总体布局，全面深入进行生态文明建设，提出了一系列关于生态文明的新理念新思想新战略，回答了为什么建设生态文明、建设什么样的生态文明以及怎样建设生态文明等重大问题。2018 年 5 月，在全国生态环境保护大会上我们党正式提出习近平生态文明思想，高高

---

　　* 本文系 2024 年度广东省本科高校教学质量与教学改革工程建设项目"'习近平新时代中国特色社会主义思想概论'教研室"（粤教高函〔2024〕30 号）阶段性成果。

　　** 刘颖，男，安徽五河人，历史学博士，广东财经大学马克思主义学院教授，主要从事马克思主义国际政治理论、东亚国际关系、世界文明与中国式现代化研究。

　　① 江金权，曲青山，王建新，等. 权威解读二十大报告［N/OL］. 新京报，2022 – 10 – 19［2022 – 11 – 01］. https://www.bjnews.com.cn/detail/1666182809168988.html.

举起了新时代生态文明建设的思想旗帜。

（1）坚持人与自然和谐共生。生态文明以人与自然和谐发展为本，以经济、社会、人口和自然协调发展为准绳，以资源的循环和再生利用为手段，以生态学规律来指导人们的经济活动，从根本上解决人类文明发展同自然环境恶化之间的矛盾，克服了工业文明的弊端，是未来人类永续发展的必然选择。2014 年 3 月 14 日，习近平总书记在中央财经领导小组第五次会议上的讲话中指出："建设生态文明，首先要从改变自然、征服自然转向调整人的行为、纠正人的错误行为。要做到人与自然和谐，天人合一，不要试图征服老天爷。"① 2015 年 9 月 28 日，习近平主席在七十届联合国大会一般性辩论时的讲话中指出："我们要构筑尊崇自然、绿色发展的生态体系。人类可以利用自然、改造自然，但归根结底是自然的一部分，必须呵护自然，不能凌驾于自然之上。我们要解决好工业文明带来的矛盾，以人与自然和谐相处为目标，实现世界的可持续发展和人的全面发展。"② 2016 年 1 月 18 日，在省部级主要领导干部学习贯彻党的十八届五中全会精神专题研讨班上，习近平总书记指出："人因自然而生，人与自然是一种共生关系，对自然的伤害最终会伤及人类自身。"③ 习近平总书记在 2018 年全国环境保护大会的讲话中提出，推动新时代的社会主义生态文明建设，必须坚持人与自然和谐共生的原则，坚持节约优先、保护优先、自然恢复为主的方针，像保护眼睛一样保护生态环境，像对待生命一样对待生态环境，让自然美景永驻人间，还自然以宁静、和谐、美丽。正是在这次具有历史意义的全国环境保护大会上，坚持人与自然和谐共生被确定为社会主义生态文明建设的首要原则。

（2）树立和践行绿水青山就是金山银山的理念。党的十八大以来，习近平总书记在国内国际场合多次强调"绿水青山就是金山银山"。2013 年 9 月 7 日，在哈萨克斯坦纳扎尔巴耶夫大学的演讲中，习近平总书记指出："我们既要绿水青山，也要金山银山。宁要绿水青山，不要金山银山，而且绿水青山就是金山银山。我们绝不能以牺牲生态环境为代价换取经济的一时发展。"④ 2015 年中央政治局会议正式把"绿水青山就是金山银山"写进党中央、国务院推进生态文明建设和生态文明体制改革等重要文件。在党的十九大报告中，"树立和践行绿水青山就是金山银山"首次被写入中国共产党的政治报告中。党的十九大通过的《中国共产党章程（修正案）》，强化和凸显了"增强绿水青山就是金山银山的意识"的表述。习近平总书记的"两山论"就是对如何把握

---

① 中共中央文献研究室. 习近平关于社会主义生态文明建设论述摘编 [M]. 北京：中央文献出版社，2017：24.
② 中共中央文献研究室. 十八大以来重要文献选编（中）[M]. 北京：中央文献出版社，2016：697.
③ 中共中央文献研究室. 习近平关于社会主义生态文明建设论述摘编 [M]. 北京：中央文献出版社，2017：11.
④ 人民日报社评论部. "四个全面"学习读本 [M]. 北京：人民出版社，2015：97.

经济社会快速发展与维持自然生态良好平衡的理性考量，为新时代正确处理经济发展与环境保护的关系指明了方向，提供了宝贵理论财富。

（3）坚持良好的生态环境是最普惠的民生福祉。良好的生态环境联系着千家万户的切身利益，关系到中华民族的美好未来。2013年4月10日，习近平总书记在海南考察工作结束时的讲话中指出："良好生态环境是最公平的公共产品，是最普惠的民生福祉。对人的生存来说，金山银山固然重要，但绿水青山是人民幸福生活的重要内容，是金钱不能代替的。"① 2015年3月6日在参加十二届全国人大三次会议江西代表团审议时，习近平总书记指出："环境就是民生，青山就是美丽，蓝天也是幸福。要像保护眼睛一样保护生态环境，像对待生命一样对待生态环境。"② 2015年4月2日，《中共中央、国务院关于加快推进生态文明建设的意见》提出，生态文明建设是中国特色社会主义事业的重要内容，关系人民福祉，关乎民族未来，事关"两个一百年"奋斗目标和中华民族伟大复兴中国梦的实现。2017年10月18日，习近平总书记在党的十九大报告中提出："我们要建设的现代化是人与自然和谐共生的现代化，既要创造更多物质财富和精神财富以满足人民日益增长的美好生活需要，也要提供更多优质生态产品以满足人民日益增长的优美生态环境需要。"③ 随着经济社会的不断发展，人民群众对良好生态环境的渴望日益迫切。中国老百姓已经由"盼温饱"过渡到"盼环保"，"求生存"转化为"求生态"。习近平总书记一系列的重要论述回应了人民群众的热切期盼与强烈需求，为我党在新的历史时期进行生态文明建设指明了方向。

（4）坚持山水林田湖草沙是生命共同体。2013年11月9日，在党的十八届三中全会上，习近平总书记指出："我们要认识到，山水林田湖是一个生命共同体，人的命脉在田，田的命脉在水，水的命脉在山，山的命脉在土，土的命脉在树。"④ 人、田、水、山、土、树相互影响、相互制约、相互作用，紧密联系，不可分离，构成了一个稳定的生态系统，破坏了其中之一，生命共同体都会受到破坏。2015年9月，中央政治局会议审议通过的《生态文明体制改革总体方案》将树立山水林田湖是一个生命共同体的理念作为生态文明体制改革的六大理念之一，提出要按照生态系统的整体性、系统性及其内在规律，统筹考虑自然生态各要素、山上山下、地上地下、陆地海洋以及流域上下游，进行整体保护、系统修复、综合治理，增强生态系统巡航能力，维护生态平衡。2017年7月19日，在中央全面深化改革领导小组第37次会议上，习近平总书

---

① 中共中央文献研究室. 习近平关于社会主义生态文明建设论述摘编［M］. 北京：中央文献出版社，2017：4.
② 中共中央文献研究室. 习近平关于社会主义生态文明建设论述摘编［M］. 北京：中央文献出版社，2017：8.
③ 习近平. 决胜全面建成小康社会　夺取新时代中国特色社会主义伟大胜利［M］. 北京：人民出版社，2017：50.
④ 习近平. 习近平谈治国理政［M］. 北京：外文出版社，2014：85.

记对"山水林田湖"作为生命共同体的理念又有了进一步的扩展，指出要"坚持山水林田湖草是一个生命共同体"，构建以国家公园为代表的自然保护地体系。党的十九大报告进一步明确了统筹山水林田湖草在社会主义生态文明建设中的重要地位。习近平总书记在 2018 年全国生态环境保护大会上的讲话中指出，山水林田湖草是生命共同体，要统筹兼顾、整体施策、多措并举，全方位、全地域、全过程开展生态文明建设。2020 年 8 月 31 日，习近平总书记主持召开中共中央政治局会议，审议《黄河流域生态保护和高质量发展规划纲要》，指出要统筹推进山水林田湖草沙综合治理、系统治理、源头治理。2021 年全国两会期间，习近平总书记提出"统筹山水林田湖草沙系统治理，这里要加一个'沙'字。""山水林田湖草沙是生命共同体"揭示了人与自然生命过程的整体性、系统性、有序性和关联性特征，强调了各生态要素之间相互影响、相互作用，彼此是不可分割的整体。这个理念对我国生态文明建设具有全面性的指导意义。

（5）坚持用最严格的制度最严密的法治保护生态环境。生态环境问题是重大的社会政治问题，需要制定最严格的生态环境保护制度。我国生态环境问题形成和加剧的重要原因在于，生态破坏、环境污染成本低而生态环境治理成本高，惩处生态破坏、环境污染力度小而生态环境损失大。要从根本上彻底解决生态环境问题，治本之策就是要从制度建设入手。只有将生态文明建设纳入法治化和制度化的轨道，才能为生态文明建设提供坚实可靠的保障。早在 2013 年 5 月，习近平总书记就提出："只有实行最严格的制度、最严密的法治，才能为生态文明建设提供可靠保障。"① 2015 年 1 月 1 日起施行的最新修订的《中华人民共和国环境保护法》对环境保护相关的基本制度、基本原则、各级政府和个人的权力、责任与义务等都做了明确的划分和规定，被称为史上最严环保法。中共中央政治局审议通过的《生态文明体制改革总体方案》第五十四条明确规定，要制定和完善自然资源、国土开发、空间规划、耕地保护、水资源管理等方面的法律法规，为生态文明体制改革保驾护航。2016 年，习近平总书记再次作出重要批示："尽快把生态文明制度的'四梁八柱'建立起来，把生态文明建设纳入制度化、法治化轨道。"② 2015 年 10 月 29 日，党的十八届五中全会强调，加大环境治理力度，以提高环境质量为核心，实行最严格的环境保护制度，深入实施大气、水、土壤污染防治行动计划，实行省以下环保机构监测检查执法垂直管理制度。党的十九大报告明确提出，建设生态文明必须实行最严格的生态环境保护制度。在全国生态环境保护大会上的讲话中，习近平总书记进一步提出，用最严格制度最严密法治保护生态

① 习近平. 习近平谈治国理政［M］. 北京：外文出版社，2014：210.
② 习近平：要尽快把生态文明制度的"四梁八柱"建立起来［EB/OL］.（2016－12－02）［2022－11－01］. https://www.thepaper.cn/newsDetail_forward_1572796.

环境，加快制度创新，强化制度执行，让制度成为刚性的约束和不可触碰的高压线。显然，实行最严格的生态环境保护制度是党的十八大以来科学探索的产物。

（6）坚持共谋全球生态文明建设。当前，经济全球化与国际交流合作的日益深入使全人类的命运紧紧连在了一起，任何地区的生态环境问题都值得全球重视，谁也不能置身事外。国际社会必须携起手来，才能应对气候变化、重大传染性疾病等日益增多的全球性问题，才能呵护人类赖以生存的地球家园。我们需要团结协作、持之以恒、共商共建共享，从而保护好地球，建设人类命运共同体。我们要共谋全球生态文明建设，深度参与全球环境治理，形成世界环境保护和可持续发展的解决方案，引导应对气候变化的国际合作。我们要完善全球环境治理体系的途径，通过深度参与全球环境治理，推动和引导建立公平合理、合作共赢的全球治理体系，并最终推动形成更加公平、更加合理、更可持续的国际新秩序。党的十八大以来，习近平总书记创造性地提出了"人类命运共同体"的倡议，形成了共谋全球生态文明建设的全球生态治理观，为建设清洁美丽的世界贡献了中国方案、中国智慧和中国力量。①

习近平生态文明思想是新时代生态文明建设的行动指南，是美丽中国建设的根本遵循。在习近平生态文明思想引领下，中国特色社会主义生态文明建设迈出了坚实步伐。

二、新时代中国生态文明建设取得的成就

"我们的祖国天更蓝、山更绿、水更清。"党的二十大报告用这样一句富有诗意的描述，生动刻画了新时代十年我国生态环境保护发生历史性、转折性、全局性变化，生态文明建设取得了重大成就。

（1）我国生态文明制度体系逐步完善。中央全面深化改革领导小组多次召开会议研究生态文明体制改革问题。2015 年，党中央、国务院专门制定《生态文明体制改革总体方案》，明确了生态文明体制的"四梁八柱"，为生态文明建设作出了顶层设计和总体部署，将生态文明建设纳入制度化、法治化轨道，构建产权清晰、多元参与、激励约束并重、系统完整的生态文明制度体系。自然资源资产产权制度、国土空间开发保护制度、空间规划体系、资源总量管理和全面节约制度、资源有偿使用和生态补偿制度、环境治理体系、环境治理和生态保护市场体系、生态文明绩效评价考核和责任追究制度在我国建立起来并逐步完善。环境保护法、大气污染防治法、水污染防治法、土壤污染防治法、环境影响评价法、环境保护税法、核安全法、海洋环境保护法、森

---

① 任铃，张云飞. 改革开放 40 年的中国生态文明建设［M］. 北京：中共党史出版社，2018：160.

林法、固体废物污染环境防治法等多部法律完成修订。2018 年 3 月 11 日，第十三届全国人大第一次会议通过的《中华人民共和国宪法修正案》顺利实现了"五位一体"总体布局"入宪"，从而明确了生态文明的宪法地位，为依法推动生态文明建设、依法推进生态环境治理提供了宪法保障。为了贯彻新发展理念，推动我国生态文明建设，党中央推行生态环境保护督察制度。两轮中央生态环境保护督察公开曝光了 262 个典型案例，受理转办的群众生态环境信访举报 28.7 万件，已办结或阶段办结 28.6 万件。①

（2）我国经济发展方式的绿色转型正在全面推进。经济发展方式是决定生态环境保护成败的重要经济因素。要根本改善生态环境状况，必须改变过多依赖增加物质资源消耗、过多依赖规模粗放扩张、过多依赖高能耗、高排放产业的发展方式。2012 年11 月，党的十八大提出了"加快形成新的经济发展方式"的战略部署。2015 年 4 月 25日，《中共中央国务院关于加快推进生态文明建设的意见》中提出要加快推动生产方式绿色化。2015 年 10 月 26 日，习近平总书记在党的十八届五中全会上提出，要通过控制单位国内生产总值能源消耗、水资源消耗、建设用地的强度，倒逼经济发展方式转变，提高我国经济发展绿色水平。2017 年 10 月 18 日，党的十九大报告提出，要形成绿色发展方式。2018 年 5 月 18 日，在全国生态环境保护大会上，习近平总书记再次强调了要形成绿色发展方式。我国正在通过推动形成绿色发展新方式，解决资源环境约束问题，顺应人民群众对良好生态环境的期待，实现了传统发展方式的根本性转变。我国推动绿色发展方式的基本路径是：清洁发展（绿色发展），循环发展，低碳发展。清洁发展是指以促进生态修复和环境改善为前提的发展方式，强调经济系统与生态系统的协调，以绿色科技进步来实现清洁生产、清洁流通、清洁分配和清洁消费。循环发展是循环经济的提升，是以循环技术和循环理念为支撑手段，在人、自然资源和科学技术的大系统内，实现物质流动的经济发展形态。我国正在通过新一轮能源结构调整和能源技术变革趋势，利用互联网，促进能源系统扁平化，推进能源生产与消费模式革命，提高能源利用效率，推动节能减排，实现低碳发展。2021 年，全国单位 GDP二氧化碳排放量比 2012 年下降 34.4%。煤炭在一次能源消费中的占比从 68.5% 下降到56%，非化石能源消费比重达 16.6%，可再生能源发电装机容量突破 10 亿千瓦，风、光、水、生物质发电装机容量稳居世界第一。② 低碳发展是一种以低耗能、低污染、低排放为特征的可持续发展模式，通过综合运用调整产业结构、提高能源效率、发展非

① 全文实录　二十大新闻中心第五场记者招待会［EB/OL］.［2022 - 11 - 01］. http://hbepb. hebei. gov. cn/hb-hjt/ztzl/zhuanlan/sthjfb/101665709110887. html.

② 全文实录　二十大新闻中心第五场记者招待会［EB/OL］.［2022 - 11 - 01］. http://hbepb. hebei. gov. cn/hb-hjt/ztzl/zhuanlan/sthjfb/101665709110887. html.

化石能源、增加森林碳汇等多种手段，控制工业、建筑、交通等领域二氧化碳气体的排放，建成覆盖全国、规制统一的碳排放权交易市场，探索低碳产业园区、低碳城镇、低碳社区等各具特色的低碳经济模式。总之，我国把推动绿色、循环、低碳发展作为转方式、调结构、上水平的重要抓手，加快形成绿色化的空间格局、产业结构、生产方式、生活方式，全面增强了可持续发展能力。

（3）我国政府发布实施了三个污染防治行动计划，即大气"十条"、水"十条"、土"十条"，打好蓝天保卫战、碧水保卫战、净土保卫战，解决了一大批突出的环境污染问题。全国空气质量总体改善，重污染天气大幅度减少；京津冀、长三角、珠三角等区域空气质量明显好转。2021年，全国地级以上城市$PM_{2.5}$的平均浓度比2015年下降了34.8%，空气质量优良天数的比率达到了87.5%。[①] 北京在实践、总结和学习国际经验的基础上，形成了较为完备的城市空气质量管理体系，以空气质量监测评价、源解析和污染源清单等科技手段为支撑，在环境规划、法律标准、环境执法、经济政策、全民参与、区域联防联控等方面逐步建设和完善。全国土壤污染加重趋势得到初步遏制，土壤环境质量总体保持稳定，农用地和建设用地土壤环境安全得到基本保障，土壤环境风险得到基本管控。全面禁止洋垃圾入境，实现固体废物"零进口"目标。开展农村环境综合整治，11万多个村庄完成了整治，将近2亿农村人口从中受益。

（4）我国重大生态保护和修复工程进展顺利，生态系统功能全面提升。我国完善天然林保护制度，全面停止天然林商业性采伐，保护培育森林生态系统；扩大退耕还林还草，保护治理草原生态系统，推进禁牧休牧和天然草原退牧还草，加强"三化"草原治理；保护修复荒漠生态系统，加快风沙源区治理，遏制沙化扩展；保障重要河湖湿地及河口生态水位，保护修复湿地与河湖生态系统，建立湿地保护制度。加紧推进重点区域生态修复，扩大生态产品供给，维护生物多样性。2019年，我国积极推进大规模国土绿化行动，继续实施生态保护和修复工程。治理沙化土地3 390万亩，完成石漠化综合治理371万亩，退耕还林工程造林1 284.89万亩，三北防护林工程营造林874.7万亩，长江流域、珠江流域、沿海和太行山等重点防护林工程完成年度建设任务444.8万亩；启动了河北坝上植树造林项目，新建2个百万亩防护林基地。[②] 中国湿地面积达5 635万公顷，以占全球4%的湿地，满足了世界1/5的人口对湿地生产、生活、生态和文化等需求；中国湿地类型自然保护地总数达2 200多个，同时还规划将1 100万公顷湿地纳入国家公园体系；中国近十年新增和修复湿地80多万公顷，现有国际重

---

① 全文实录 二十大新闻中心第五场记者招待会［EB/OL］.［2022 - 11 - 01］. http://hbepb. hebei. gov. cn/hb-hjt/ztzl/zhuanlan/sthjfb/101665709110887. html.

② 王钰. 2019年我国造林1.06亿亩森林抚育1.14亿亩［N］. 中国绿色时报，2020 - 01 - 02（01）.

要湿地 64 处，国家重要湿地 29 处，省级重要湿地 1 021 处；《中华人民共和国湿地保护法》正式施行，28 个省份制定了省级湿地保护法规。① 全球现有的 43 个国际湿地城市中，中国占 13 个，数量居全球第一。湿地之水为人民群众美好生活提供重要保障，湿地之美为中国山川大地增色添彩。我国积极推进鸟类保护工作，通过建立自然保护区、实施濒危鸟类保护工程等，加强鸟类栖息地和迁徙停歇地的保护，维护鸟类种群种源，并重点开展人工繁育、驯养和野化放归，加强濒危鸟类保护。目前共建立 1.18 万处自然保护地，为野生植物提供了赖以生存的自然环境，约有 65% 的国家重点保护野生植物和极小种群野生植物得到保护；全国建有近 200 个各级各类植物园，收集保存了 2 万多个物种，占中国植物区系的 2/3。②

（5）我国在全球环境和气候问题上承担责任，积极参与全球治理，在诸多领域给出了中国方案。在全球气候治理领域，中国作为世界上最大的发展中国家，秉持正确义利观，坚持国际生态正义，设立 200 亿元人民币的中国气候变化南南合作基金，支持发展中国家应对气候变化挑战；启动在发展中国家开展 10 个低碳示范区、100 个减缓和适应气候变化项目及 1 000 个应对气候变化培训名额的合作项目，继续推进清洁能源、防灾减灾、生态保护、气候适应型农业、低碳智慧型城市建设等领域的国际合作，并帮助他们提高融资能力。③ 至 2022 年 6 月，我们已经与 38 个发展中国家签署了 43 份气候变化合作文件，帮助有关国家特别是小岛屿国家、非洲国家和最不发达国家提高应对气候变化的能力。④ 我国深度参与全球环境治理；持续推动《联合国气候变化框架公约》及其《巴黎协定》全面有效实施；大力支持发展中国家能源绿色低碳发展，承诺不再新建境外煤电项目；接受《〈蒙特利尔议定书〉基加利修正案》，加强非二氧化碳温室气体管控；积极履行生物多样性公约及其议定书。在过去十年，中国生物多样性保护目标的执行情况好于全球平均水平。在全球荒漠化治理领域，中国形成了治理荒漠的丰富实践经验和科学做法，并且同国际社会共享，库布齐治沙就是其中的成功实践。2014 年，库布齐沙漠生态治理区被联合国确立为全球沙漠"生态经济示范区"。此外，我国还提出了打造"绿色丝绸之路"的倡议，要"在投资贸易中突出生态文明理念，加强生态环境、生物多样性和应对气候变化合作，共建绿色丝绸之路"⑤。我国

① 共同推进湿地保护全球行动 [N]. 人民日报，2022 - 11 - 14 (04).
② 全文实录 二十大新闻中心第五场记者招待会 [EB/OL]. [2022 - 11 - 01]. http://difang. gmw. cn/qh/2020 - 03/04/content_ 33618616. htm.
③ 中共中央文献研究室. 习近平关于社会主义生态文明建设论述摘编 [M]. 北京：中央文献出版社，2017：136.
④ 全文实录 二十大新闻中心第五场记者招待会 [EB/OL]. [2022 - 11 - 01]. http://hbepb. hebei. gov. cn/hb-hjt/ztzl/zhuanlan/sthjfb/101665709110887. html.
⑤ 中共中央文献研究室. 十八大以来重要文献选编（中）[M]. 北京：中央文献出版社，2016：448.

倡导建立了"一带一路"绿色发展国际联盟，与共建国家加强政策对话、联合研究和能力建设，把支持联合国2030年可持续发展议程融入共建"一带一路"。我国发布了"一带一路"生态环保大数据服务平台，加强生态环保技术创新与交流。我国实施了绿色丝路使者计划，培训了120多个国家3 000人次环境管理人员和专家学者，凝聚绿色发展共识和合力。在维护全球生态安全的过程中，中国向国际社会积极传播以人与自然和谐共生为目标的生态文明的国际理念。中国大力推进全球绿色发展，推动绿色"一带一路"的组织布局、生态布局、金融布局、产业布局、科技布局，为维护全球生态安全、建设清洁美丽的世界贡献了中国方案和中国智慧。

党的十八大以来，党和国家事业取得历史性成就、发生历史性变革，推动我国迈上全面建设社会主义现代化国家新征程。其中保护生态环境已成为新时代中国经济社会发展的重中之重。通过大力推进生态文明建设，建设生态文明制度体系、推进经济发展方式的绿色转型、解决突出的环境污染问题、开展重大生态保护和修复工程、健全中央环境督查制度，中国的生态环境治理已明显加强，环境状态得到改善。我国已经成为全球生态文明建设的重要参与者、贡献者、引领者。坚持以人民为中心，实现高质量发展，促进人与自然和谐共生，满足人民日益增长的优美生态环境需要，是中国式现代化的本质要求之一。习近平总书记指出："生态环境是关系党的使命宗旨的重大政治问题，也是关系民生的重大社会问题。"我们要"像保护眼睛一样保护生态环境"。站在新的历史起点，生态文明建设任重道远。

坚守中华文化立场，坚定文化自信

——基于"思想道德与法治"课程的思考*

黄　瑜　庄婉欣**

党的二十大报告指出："全面建设社会主义现代化国家，必须坚持中国特色社会主义文化发展道路，增强文化自信，围绕举旗帜、聚民心、育新人、兴文化、展形象建设社会主义文化强国，发展面向现代化、面向世界、面向未来的，民族的科学的大众的社会主义文化，激发全民族文化创新创造活力，增强实现中华民族伟大复兴的精神力量。"党的十八大以来，我们把文化建设提升到一个新的历史高度，把文化自信与道路自信、理论自信、制度自信并列为中国特色社会主义"四个自信"。中国特色社会主义文化建设关乎社会主义现代化强国的重大部署，关乎实现中华民族伟大复兴的伟大梦想。近几年，我国文化建设不断取得历史性成就、发生历史性变革，但在严峻复杂的国际形势下，不确定、难预料因素不断增多，文化建设所面临的挑战也在不断加大，甚至影响到国家的文化安全。国家文化安全既涉及国家文化内容的建设，也涉及这一文化内容背后所蕴含的价值观念及其认同，正因如此，坚守中华文化的基本立场就显得尤为重要。"坚守中华文化立场"这一重要命题早在党的十九大报告中针对"坚定文化自信，推动社会主义文化繁荣兴盛"的基本方略时就已明确提出，并在党的二十大报告中再次强调。

本文通过对"坚守中华文化立场"这一重要命题的理论阐释，结合"思想道德与法治"（以下简称"德法"）课程中关于"文化"的相关内容，将党的二十大相关精神融入本课程的教学当中。从"德法"课程教材的内容来看，关于"文化"的方面主要体现在第三章第一节关于"爱国主义的基本内涵"以及第二节关于"尊重和传承中华

*　本文系 2024 年广东省研究生教育创新计划项目"以'经典读书会'驱动马克思主义理论学科研究生创新实践能力培养研究"（2024JGXM072）阶段性成果之一。

**　黄瑜，广东财经大学马克思主义学院教授，主要研究方向为伦理学、道德教育。庄婉欣，广东财经大学马克思主义学院 2022 级研究生，主要研究方向为思想政治教育。

民族历史文化"等内容当中，并散见于其他章节，如第四章"社会主义核心价值观"关于提高国家文化软实力、中华优秀传统文化土壤等内容。从该课程教材的体系来看，将文化的内容重点放在"民族精神"这一框架中，一方面突出了中华民族优秀的历史文化对于民族精神的形成、爱国主义的认同有着重要的意义，另一方面则强调新时代的爱国主义时并不能忽视中华优秀传统文化的继承与弘扬，更不能以文化虚无的态度来否认中华民族的历史文化。然而，稍有欠缺的是，教材中对于文化方面的论述更多倾向于中华优秀传统文化方面，而对于新时代中国特色社会主义文化的其他方面如革命文化和社会主义先进文化，却没有在教材中得到充分体现。因此，为了使学生更为全面、系统地了解新时代中国特色社会主义文化的丰富内容，并进一步探索其中所蕴含的中国精神，需要从理论上深刻把握文化的中国话语、历史和时代话语，并从思想和行动上坚守中华文化的基本立场，不断坚定中国特色社会主义文化自信。

一、坚定价值引领

"文化"一词由"文"和"化"组成。"文"的本意指的是交错的纹理，《易·系辞下》载："物相杂，故曰文。"《说文解字》称："文，错画也。"皆是此义。"文"的词义不断引申为指称各种象征符号、文物典籍，或者表示礼乐制度以及人为修养等含义。"化"本义为改易、生成、造化。《易·系辞下》曰："男女构精，万物化生。"《中庸》云："赞天地之化育。"其中皆有生成、造化之义。《易·贲卦·象传》："（刚柔交错），天文也。文明以止，人文也。观乎天文，以察时变；观乎人文，以化成天下。"其中"化成天下"中的"化"则有"教行迁善"义。由是观之，"文化"一词兼具"内外"之理，"外"以各种象征符号之载体，"内"以修养迁善之变化，并且是以一个动态的过程发生在人们的周遭世界。本质而言，"文化"实际上就是"以文化人"，使人在一定的社会背景、人文风俗、伦理生活中形成某种共同的价值观念，并形成一股特定的人文力量。因此，任何一种文化的背后都有其独特的价值观念，承载着一个民族共同的价值取向和追求。中华文明源远流长，在历史变迁中始终充满蓬勃的生命力。

今天，文化越来越成为综合国力竞争的重要因素，文化软实力的竞争本质上就是不同文化所代表的核心价值观的竞争。一方面，社会主义核心价值观继承了中华优秀传统文化的精神内核，具有鲜明的中华民族特色；同时又回应了特殊的时代性问题，反映着特定的时代精神，具有鲜明的时代特征。另一方面，社会主义核心价值观作为一定社会形态和性质的集中体现，具有鲜明的阶级立场，与马克思主义所倡导的价值理念具有内在的一致性，是中国特色社会主义的根本价值指向，代表着中国人民的共同价值选择。因此，发展中国特色社会主义文化，坚守中华文化立场，必须坚持以马克思主义为指导思想，以社会主义核心价值观为引领，以此形成具有中国特色、中国气派的文化话语和人文力量。

（一）以马克思主义为指导思想

党的二十大报告明确指出："我们必须坚定历史自信、文化自信，坚持古为今用、推陈出新，把马克思主义思想精髓同中华优秀传统文化精华贯通起来、同人民群众日用而不觉的共同价值观念融通起来，不断赋予科学理论鲜明的中国特色，不断夯实马克思主义中国化时代化的历史基础和群众基础，让马克思主义在中国牢牢扎根。"这意味着，坚守中华文化立场首先要坚持马克思主义在意识形态领域的指导地位，将马克思主义立场、观点和方法贯穿在中国特色社会主义文化建设的全领域和发展全过程。我国是社会主义国家，所体现的是马克思主义所倡导的价值理念，马克思主义指导思想明确了中国特色社会主义事业的道路、理论、制度和文化的基本方向。党的二十大报告中指出马克思主义是"我们立党立国、兴党兴国的根本指导思想。实践告诉我们，中国共产党为什么能，中国特色社会主义为什么好，归根到底是马克思主义行，是中国化时代化的马克思主义行。拥有马克思主义科学理论指导是我们党坚定信仰信念、把握历史主动的根本所在。"因此，在科学世界观和方法论的指导下深入学习中国文化，是树立文化自信的关键，因为马克思主义为我们认识世界、改造世界提供了科学的思想方法。毛泽东《在延安文艺座谈会上的讲话》中曾指出："马克思主义叫我们看问题不要从抽象的定义出发，而要从客观存在的事实出发，从分析这些事实中找出方针、政策、办法来。我们现在讨论文艺工作，也应该这样做。"关于这一点，在"德法"课程中的第二章第二节"坚定信仰信念信心"中得到充分体现，其中对马克思主义的科学性、人民性、实践性和开放性等特点作出了充分的梳理，可以让学生理解马克思主义的创造力及其对中华文明所产生的深刻影响。但也正是如此，在强调发挥马克思主义指导作用的同时，也应该认识到，马克思主义必须与中国具体实际相结合、同中华优秀传统文化相结合，才能更好地发挥其生命力和感召力。

（二）以社会主义核心价值观为引领

坚守中华立场要坚持以社会主义核心价值观为引领，紧紧围绕举旗帜、聚民心、育新人、兴文化、展形象的使命任务，不断提高国家文化软实力，增强中华文化影响力。社会主义核心价值观是凝聚人心、汇聚民力的强大力量，是多元价值背景下的一种价值指引和精神坚守，是中国人民所共同认同价值观的"最大公约数"。党的二十大报告明确指出，必须"以社会主义核心价值观为引领，发展社会主义先进文化，弘扬革命文化，传承中华优秀传统文化，满足人民日益增长的精神文化需求，巩固全党全国各族人民团结奋斗的共同思想基础，不断提升国家文化软实力和中华文化影响力"。一方面，要用社会主义核心价值观铸魂育人，把社会主义核心价值观融入文化建设，融入老百姓的日常生活，提升社会主义精神文明程度，不断满足人民的精神文化需求。当今世界，越来越多的国家把提升文化软实力确立为国家战略，价值观之争日趋激烈。习近平总书记指出："核心价值观是文化软实力的灵魂、文化软实力建设的重点。这是决定文化性质和方向的最深层次要素。"① 社会主义核心价值观是文化软实力的灵魂、文化软实力建设的重点，一个国家的文化软实力，本质上就在于其核心价值观的生命力、凝聚力和感召力。因此，培育和践行社会主义核心价值观，有利于"增强社会主义意识形态的竞争力，掌握话语权，赢得主动权，逐步打破西方的话语垄断、舆论垄断，维护国家文化利益和意识形态安全，不断提高我们国家的文化软实力"②，对于增进国际社会对中国的理解、扩大中华文化影响力、展示社会主义中国的良好形象具有非常重要的意义。

　　另一方面，也要重视中华优秀传统文化的继承和发展，以先进文化滋养社会主义核心价值观，不断丰富社会主义核心价值观的历史底蕴。习近平在中共中央政治局第十八次集体学习时强调指出，"要重视中华传统文化研究，继承和发扬中华优秀传统文化。实现中华民族伟大复兴的中国梦，必须要有中国精神，而中国精神必须在坚持社会主义核心价值体系的前提下，积极深入中华民族历久弥新的精神世界，把长期以来我们民族形成的积极向上向善的思想文化充分继承和弘扬起来，使之为培育和践行社会主义核心价值观服务，为建设社会主义先进文化服务，为党和国家事业发展服务。"从这可以看出，中国梦的实现需要在社会主义核心价值观的引领下不断弘扬中国精神，深入挖掘中华优秀传统文化。中华优秀传统文化作为涵养社会主义核心价值观的重要源泉，是中华民族的精神命脉。正如党的二十大报告中所指出的："中华优秀传统文化源远流长、博大精深，是中华文明的智慧结晶，其中蕴含的天下为公、民为邦本、为政以德、革故鼎新、任人唯贤、天人合一、自强不息、厚德载物、讲信修睦、亲仁善邻等，是中国人民在长期生产生活中积累的宇宙观、天下观、社会观、道德观的重要体现，同科学社会主义价值观主张具有高度契合性。"因此，培育和弘扬社会主义核心价值观，必须立足中华优秀传统文化，将中华民族一脉相承的精神追求、精神特质、精神脉络融入社会主义核心价值观的建设当中，融入国家、社会、公民的价值追求当中，不断继承和升华中华优秀传统文化的丰富内涵，并赋予中华优秀传统文化以新的

---

① 习近平. 习近平谈治国理政 ［M］. 北京：外文出版社，2014：163.
② 《思想道德与法治（2021 年版）》编写组. 思想道德与法治（2021 年版）［M］. 北京：高等教育出版社，2021：114.

时代气质。

二、坚守人民立场

坚持以马克思主义为指导，就是要解决好为什么人的问题。党的二十大报告指出："人民性是马克思主义的本质属性，党的理论是来自人民、为了人民、造福人民的理论，人民的创造性实践是理论创新的不竭源泉。一切脱离人民的理论都是苍白无力的，一切不为人民造福的理论都是没有生命力的。我们要站稳人民立场、把握人民愿望、尊重人民创造、集中人民智慧，形成为人民所喜爱、所认同、所拥有的理论，使之成为指导人民认识世界和改造世界的强大思想武器。"我国是社会主义国家，我们党作为为人民服务的党，一切工作的出发点和落脚点就是如何维护和实现最广大人民的根本利益。因此，坚守中华文化立场，建设中国特色社会主义先进文化，意味着要坚持以人民为中心的发展原则。关于文化建设中的人民立场问题，"德法"教材中对此并没有专门论述，但关于"以人民为中心"的价值立场却在不同章节中得到充分体现，如马克思主义的人民性问题、社会主义核心价值观彰显人民至上的价值立场、社会主义道德坚持以为人民服务为中心的原则等内容。从这些内容可以看出，坚持以人民为中心的发展思想，体现了人民群众的历史主体地位和以人民为中心的价值导向，体现了我们党和国家的理想信念、性质宗旨和初心使命，是中国共产党人将马克思主义基本原理与中国具体实践相结合的生动体现。

坚守文化立场，就是坚持源于人民、属于人民、为了人民的根本立场。中国共产党领导人民打江山、守江山，守的是人民的心，为民造福是立党为公、执政为民的本质要求。坚持以人民为中心的创作导向，是繁荣发展文化事业和文化产业的重要立场。毛泽东《在延安文艺座谈会上的讲话》曾指出："什么是我们的问题的中心呢？我以为，我们的问题基本上是一个为群众的问题和一个如何为群众的问题。不解决这两个问题，或这两个问题解决得不适当，就会使得我们的文艺工作者和自己的环境、任务不协调，就使得我们的文艺工作者从外部从内部碰到一连串的问题。""为群众"和"如何为群众"指明了我们党"以人民为中心"的根本立场，"为群众"说明了文艺工作的来源、依据和最终目的，说明了人民群众才是"创作的源头活水，只有扎根人民，创作才能获得取之不尽、用之不竭的源泉"①。扎根人民意味着文化文艺工作者要走进实践深处，真正以人民生活为创作基点，以人民心声为创作动力，把真正优秀的文化作品奉献给人民。

---

① 习近平. 习近平谈治国理政：第三卷［M］. 北京：外文出版社，2020：324.

首先，"为群众"的问题是文化建设和文艺创作的基本立场。文化由人民创造，失去人民群众即失去文化之根，失去传承与创新动力，建设方向就会出现偏差。马克思主义最根本的政治立场，就是始终站在广大劳动人民的立场上，以广大劳动人民的解放为旨归。这份立场不是私人情绪的出发点，而是"为了谁"的问题，即"人民"立场。人民是历史的创造者，也是时代的创造者。因此，发展社会主义文化事业须坚持以人民为中心的创作导向，深入人民群众的生活，感知人民群众的真实需要，不断提升中华文化的感染力、亲和力和生命力。

其次，是"如何为群众"的问题，这里涉及文化建设过程中的具体方式、态度和方法的问题。坚持以人民为中心的发展思想，就是坚持人民至上、植根人民、依靠人民和造福人民为根本宗旨，这就要求文化工作者必须首先深入人民群众的生活当中，去了解他们的所思所想、所追所求，领悟人民心声，洞悉生活本质。毛泽东曾在《在延安文艺座谈会上的讲话》中指出："许多文艺工作者由于自己脱离群众、生活空虚，当然也就不熟悉人民的语言，因此他们的作品不但显得语言无味，……"只有紧紧依靠人民，与人民群众保持血肉联系，才能真正连接人民情感，了解人民诉求，掌握人民话语，才能更好地让文化文艺走向大众，更好地满足人民群众的精神需求。文化只有真正走向人民、走向大众，才不会失去其生命力的源泉。文化的大众化就是要求"我们的文艺工作者的思想感情和工农兵大众的思想感情打成一片"，就是要"把自己的思想倾向和情感同人民融为一体，把心、情、思沉到人民之中，同人民一道感受时代的脉搏、生命的光彩，为时代和人民放歌"①。这意味着，文化建设工作必须首先要贴近实际、关照现实，以解决现实问题、回答现实课题为导向，尤其是立足中国现实，植根中国大地，把握时代脉搏，将文化建设与中国特色社会主义建设紧密结合，展现中国精神、中国价值、中国力量；其次要贴近生活、贴近群众，贴近生活的文化才更有吸引力，贴近群众的文化才更有凝聚力，只有掌握生活之"源"，依靠人民之"本"，才能更好地推进文化建设，树立文化自信。

三、坚持守正创新

坚守中华文化立场，意味着必须坚持以"守正创新"为方法。党的二十大报告指出："守正才能不迷失方向、不犯颠覆性错误，创新才能把握时代、引领时代。""守正"意味着坚守初心不忘本，意味着坚持马克思主义基本原理不动摇，坚持党的全面领导不动摇，坚持中国特色社会主义不动摇；"创新"意味着紧跟时代步伐，顺应实践

---

① 习近平. 习近平谈治国理政：第四卷［M］. 北京：外文出版社，2022：323.

发展，意味着以新的理论指导新的实践，敢于突破陈规，时刻保持自强不息、锐意进取的精神状态。守正创新既是对民族精神的继承和弘扬，也是时代精神的重要体现。习近平总书记曾指出："文化是民族的精神命脉，文艺是时代的号角。"① 从方法论上讲，"故步自封、陈陈相因谈不上传承，割断血脉、凭空虚造不能算创新。要把握传承和创新的关系，学古不泥古、破法不悖法，让中华优秀传统文化成为文艺创新的重要源泉"②。中国特色社会主义先进文化建设必须从中华优秀传统文化中汲取营养，这就要求新时代文化工作者一方面必须尊重和传承中华民族优秀传统文化，不断挖掘其中的思想观念、人文精神、道德规范，将中华民族长期形成的向上向善的思想文化充分发扬；另一方面，则必须以时代精神激活中华优秀传统文化的生命力，不断推进中华优秀传统文化的创造性转化和创新性发展。

（一）尊重和弘扬中华优秀传统文化

"德法"教材关于中华优秀传统文化的部分散见于第三、四、五章的相关内容，主要包括培育和发展爱国主义情感需要尊重和传承中华民族历史文化、中国优秀传统文化作为涵养社会主义核心价值观的重要源泉、作为中华文化精髓的中华传统美德等。这些内容各有侧重，但底色都是中华优秀历史文化的重要性。习近平总书记指出："中华优秀传统文化是中华文明的智慧结晶和精华所在，是中华民族的根和魂，是我们在世界文化激荡中站稳脚跟的根基。"③ 历史文化作为中华民族生生不息的精神命脉，其中蕴含着丰富的思想营养和实践智慧，其独一无二的理念、气度、神韵，是中华民族文化自信的重要依托。但是，对于中华优秀传统文化的挖掘和阐发必须注意传统文化本身的"两重性"问题。毛泽东曾指出："清理古代文化的发展过程，剔除其封建性的糟粕，吸收其民主性的精华，是发展民族新文化提高民族自信心的必要条件；但是决不能无批判地兼收并蓄。必须将古代封建统治阶级的一切腐朽的东西和古代优秀的人民文化即多少带有民主性和革命性的东西区别开来。"④ 这意味着，传统历史文化中属于"精华"的部分，我们要大力弘扬。传承发展中华优秀传统文化就要大力弘扬讲仁爱、重民本、守诚信、崇正义、尚和合、求大同等核心思想理念。就要大力弘扬自强不息、敬业乐群、扶危济困、见义勇为、孝老爱亲等中华传统美德。就要大力弘扬有利于促进社会和谐、鼓励人们向上向善的思想文化内容。对于传统历史文化当中"糟粕"的方面，我们必须以科学的态度进行分析和鉴别，坚持古为今用、推陈出新、辩

---

① 习近平. 习近平谈治国理政：第四卷［M］. 北京：外文出版社，2022：321.
② 2021 年 12 月 14 日习近平在中国文联十一大、中国作协十大开幕式上的讲话。
③ 2022 年 5 月 27 日习近平在中共中央政治局第三十九次集体学习时的讲话。
④ 毛泽东选集［M］. 北京：人民出版社，1991：707－708.

证取舍的方法，将那些具有时代局限性的成分剔除，保留其中具有当代价值的理念、精神，并结合现实赋予其新的时代内涵，不断激活中华文化内在的生命力，构建中华文化独有的人文力，并形成一种具有中国特色的"文化场"。

（二）旗帜鲜明地反对文化虚无主义

改革开放以来，各种思潮不断涌现，其中历史虚无主义、全盘西化论等错误思潮对中国的文化自信形成了严峻的挑战。有的贬低中华优秀传统文化，否定中华民族的历史贡献，宣扬"全盘西化"才是现代化之正途；有的则主张文化、艺术等领域"去思想化""去价值化""去历史化""去中国化"的价值取向，从而模糊了该有的立场、界限和性质。

"增强文化自觉和文化自信，是坚定道路自信、理论自信、制度自信的题中应有之义。如果'以洋为尊'、'以洋为美'、'唯洋是从'，把作品在国外获奖作为最高追求，跟在别人后面亦步亦趋、东施效颦，热衷于'去思想化'、'去价值化'、'去历史化'、'去中国化'、'去主流化'那一套，绝对是没有前途的！"① 真正的文化自信，既是对中华优秀文化的传承，也是对民族历史的尊重。相反，历史虚无主义和文化虚无主义从根本上否定我国优秀传统文化、革命文化以及社会主义先进文化，是数典忘祖、妄自菲薄的消极表现。旗帜鲜明地反对历史和文化虚无主义，就是要"加强思想引导和理论辨析，澄清对党史上一些重大历史问题的模糊认识和片面理解，更好正本清源、固本培元"②，是坚定中华历史文化立场的深刻表现，是新时代大学生准确把握中华文明、民族历史发展的主题主线、主流本质的重要前提，更是其树立正确的大历史观、增强历史自觉和文化自信的重要立场。

（三）保有开放的文化胸怀

一直以来，中国特色社会主义的文化建设坚持为人民服务、为社会主义服务方向，坚持创造性转化、创新性发展，坚持百花齐放、百家争鸣方针，以文弘业、以文培元、以文立心、以文铸魂，展现了新时代中国文化发展的新气象。在经济全球化背景下，文化的建设和发展既要立足中国，也要面向世界。我们需要以一种开放的文化胸怀应对世界之变和时代之变，以解放思想、实事求是、与时俱进、求真务实的态度回答中国之问、世界之问、人民之问、时代之问，在对比和交流中扬长避短、吸收其长处，从而完善自身，以实现民族文化的现代化与科学化。文化只有民族的，才是世界的。文化的发展和传播需要立足本国、本民族，保持和提升国家民族文化的特色和立场，

---

① 习近平. 在文艺工作座谈会上的讲话（2014年10月15日）//十八大以来重要文献选编（中）[M]. 北京：中央文献出版社，2016：135－136.
② 2021年2月20日习近平在党史学习教育动员大会上的讲话。

才能更好地走向世界。一方面，在文明互鉴的进程中，坚持和而不同、求同存异。中华文明历来崇尚"以和邦国""和而不同""以和为贵"的价值理念，我们既要坚守中华文化的基本立场，也要"尊重各国的历史特点、文化传统，尊重各国人民选择的发展道路，从不同文明中寻求智慧、汲取营养，增强中华文明生机活力，又要积极倡导求同存异、交流互鉴，促进不同国度、不同文明相互借鉴、共同进步，共同推动人类文明发展进步"①。另一方面，在时代发展的进程中，坚持守正创新、百花齐放。我们既要坚持马克思主义在意识形态领域的指导地位，坚持社会主义核心价值观在文化建设领域中的引领作用；也要紧跟时代步伐，把握时代脉搏，勇于改革创新，以时代精神激活中华文化生命力，把"艺术创造向着亿万人民的伟大奋斗敞开，向着丰富多彩的社会生活敞开，从时代之变、中国之进、人民之呼中提炼主题、萃取题材，展现中华历史之美、山河之美、文化之美，书写中国人民奋斗之志、创造之力、发展之果"②，展现新时代中国文艺新气象，铸就中华文化新辉煌。

四、树立文化自信

习近平总书记指出："文化是一个国家、一个民族的灵魂。文化兴国运兴，文化强民族强。没有高度的文化自信，没有文化的繁荣兴盛，就没有中华民族伟大复兴。"③文化软实力作为国家综合国力的重要标志，在国家强国战略、国际竞争力等方面具有举足轻重的意义。在经济全球化、价值多元化的时代背景下，各种文化形式相互激荡，其中既有融合也有冲突，社会主义文化建设面临重大挑战。面对这一情形，文化自信显得尤为重要，是事关民族精神独立、国运兴衰的大事。文化自信是一个民族、一个国家对自身文化价值的充分肯定，是人们对祖国悠久历史、灿烂文化的深刻认同，是对社会主义先进文化发展的坚定信心。习近平总书记曾指出："我们说要坚定中国特色社会主义道路自信、理论自信、制度自信，说到底是要坚定文化自信。文化自信是更基本、更深沉、更持久的力量。"④ 这里特别强调了文化自信对于建设中国特色社会主义的重要地位，强调文化自信是根本，是灵魂，更是人存在的根和魂。我们拥有绵延不断、生机勃勃的中华文化，这是我们坚定中国特色社会主义道路的深厚基础和历史底蕴。因此，我们要树立高度的文化自觉和文化自信，深入挖掘中华优秀传统文化蕴

① 《思想道德与法治（2021 年版）》编写组. 思想道德与法治（2021 年版）[M]. 北京：高等教育出版社，2021：88.

② 习近平. 习近平谈治国理政：第四卷 [M]. 北京：外文出版社，2022：322.

③ 习近平. 决胜全面建成小康社会 夺取新时代中国特色社会主义伟大胜利——在中国共产党第十九次全国代表大会上的报告 [M]. 北京：人民出版社，2017：40 - 41.

④ 2016 年 5 月 17 日习近平在哲学社会科学工作座谈会上的讲话。

含的思想观念、人文精神、道德规范，结合时代要求继承创新，让中华文化展现出永久魅力和时代风采。

（一）推进先进文化建设

中国特色社会主义先进文化的建设既要传承中华优秀传统文化及其文明成果，也要在融合革命文化的基础上再造社会主义先进文化和中华现代精神文明。习近平总书记指出："在5 000多年文明发展中孕育的中华优秀传统文化，在党和人民伟大斗争中孕育的革命文化和社会主义先进文化，积淀着中华民族最深层的精神追求，代表着中华民族独特的精神标识。"① 中华优秀传统文化是中华民族在其悠久历史长河中所孕育的智慧结晶，革命文化是近代以来党和人民在伟大斗争中所培育的精神谱系，革命文化作为中华文化不可分割的组成部分，是中国人民在面临国难家祸时的精神动力，是中华民族文化自信不可或缺的重要内容。社会主义先进文化是新中国成立以来在中国共产党的领导下，以马克思主义为指导思想，在中国特色社会主义伟大实践中所建构起来的文化体系。以史明理，学史增信，辉煌的中华历史铸就了丰富的中华文化，孕育了独特的中国精神。以爱国主义为核心的民族精神和以改革创新为核心的时代精神所展现的是中国人民和中华民族同心同德、自强不息的精神风貌，是激励中国人民维护民族独立和民族尊严、在历史洪流中奋勇向前的强大精神动力，更是实现中华民族伟大复兴、建设中国特色社会主义事业的精神支柱。

（二）提升精神文明程度

文明是社会进步的重要标志，也是社会主义现代化国家的重要特征，是实现中华民族伟大复兴的重要支撑。党的二十大报告指出："中国式现代化是物质文明和精神文明相协调的现代化。物质富足、精神富有是社会主义现代化的根本要求。物质贫困不是社会主义，精神贫乏也不是社会主义。我们不断厚植现代化的物质基础，不断夯实人民幸福生活的物质条件，同时大力发展社会主义先进文化，加强理想信念教育，传承中华文明，促进物的全面丰富和人的全面发展。"丰富人民精神世界，实现全体人民共同富裕，创造人类文明新形态是中国式现代化发展的本质要求，富强、民主、文明、和谐、美丽是社会主义现代化强国的应有之义。党的十八大以来，党和国家高度重视精神文明建设工程，在社会主义核心价值观的指引下，推动社会树立文明观念、提升文明素质、展示文明形象，不断提高全社会文明程度，从而满足人民群众对美好生活的向往。"社会文明程度得到新提高"作为"十四五"时期经济社会发展主要目标之一，围绕培育和践行社会主义核心价值观这个主题主线，强调人民思想道德素质、科

---

① 2016年7月1日习近平在庆祝中国共产党成立95周年大会上的讲话。

学文化素质和身心健康素质得到明显提高，公共文化服务体系和文化产业体系更加健全，人民精神文化生活日益丰富，中华文化影响力进一步提升。

（三）增强中华文化影响力

"中华文化既是历史的、也是当代的，既是民族的、也是世界的。"① 在世界文明的交流互鉴进程中，我们始终秉持一种开放的文化胸怀，既尊重和珍惜自己民族的优秀传统文化，又放眼世界，理性地对待其他民族和国家的文化。以科学的态度取长补短，从不同文明中寻求智慧、汲取营养，在不断提升国家文化软实力和中华文化影响力的同时，共同努力推动人类文明发展进步。

党的十八大以来，我们党大力推动中华文化的国际传播工作，强调要着力构建一种"提高国际传播影响力、中华文化感召力、中国形象亲和力、中国话语说服力、国际舆论引导力"② 的中国特色战略传播体系。在这一"大外宣格局"的背景下，习近平总书记特别强调要进一步加强建构中国话语和中国叙事体系，增强中华文明传播力影响力。习近平总书记指出："坚守中华文化立场，提炼展示中华文明的精神标识和文化精髓，加快构建中国话语和中国叙事体系，讲好中国故事、传播好中国声音，展现可信、可爱、可敬的中国形象。加强国际传播能力建设，全面提升国际传播效能，形成同我国综合国力和国际地位相匹配的国际话语权。深化文明交流互鉴，推动中华文化更好走向世界。"一方面以中国理论阐释中国实践，旗帜鲜明地展现中国故事及其背后的思想力量和精神力量，围绕中国精神、中国价值和中国力量进行多视角深入研究，生动展现文化领域的中国气派和中国风范，广泛宣介中国主张、中国智慧、中国方案；另一方面，开展各种形式的人文交流活动，以文载道、以文传声、以文化人，以"胸怀天下"的大格局推动人类文明共同进步。以开放的世界眼光，构建对外话语体系，"深刻洞察人类发展进步潮流，积极回应各国人民普遍关切，为解决人类面临的共同问题作出贡献，以海纳百川的宽阔胸襟借鉴吸收人类一切优秀文明成果"，从而不断深化文明交流互鉴，推动中华文化更好走向世界，共同构建更加美好的世界。

---

① 习近平. 习近平谈治国理政：第二卷［M］. 北京：外文出版社，2017：352.
② 习近平. 习近平谈治国理政：第四卷［M］. 北京：外文出版社，2022：316.

党的二十大精神融入"马克思主义基本原理"课教学的逻辑理路

袁三标　杜奋根*

"马克思主义基本原理"课（以下简称"原理"课）是落实立德树人根本任务的关键课程之一，而党的二十大报告是"原理"课"最鲜活、最有说服力的教材"，将党的二十大精神有机融入"原理"课教育教学，深入推动党的二十大精神进教案、进课堂、进头脑，用习近平新时代中国特色社会主义思想铸魂育人，无疑是当前高校思想政治理论课教学与研究的首要政治任务和核心主题。

一、融入的关键与原则

党的二十大精神融入"原理"课教学，必须发挥教师的关键作用，因为"办好思想政治理论课关键在教师，关键在发挥教师的积极性、主动性、创造性"①。"原理"课教师要以内在的意识自觉，增强历史主动，创造性地发挥"关键"作用。"亲其师，信其道"，学生能否"有理想、敢担当、能吃苦、肯奋斗"，在很大程度上取决于思政课教师能否做"为学为人的表率"。"原理"课教师要彰显"关键"作用，"原理"课要产生"关键"效应，贵在"守正创新"，在守"正"中创"新"，在创"新"中守"正"，守"正"才能不迷失方向，创"新"才能见之于实效，要从"四个相统一"的内在关系和逻辑联系中深入思考融入问题，提升融入实效。

（一）坚持理论阐释与精神涵养相统一

"理论只要说服人，就能掌握群众；而理论只要彻底，就能说服人。"② 深刻的理论

---

* 袁三标，广东财经大学马克思主义学院副教授，研究方向为主流意识形态安全问题。杜奋根，广东财经大学马克思主义学院教授，研究方向为马克思主义中国化、社会主义经济理论与实践。

① 习近平. 用新时代中国特色社会主义思想铸魂育人　贯彻党的教育方针落实立德树人根本任务 [N]. 人民日报，2019 - 03 - 19（01）.

② 马克思恩格斯文集：第一卷 [M]. 北京：人民出版社，2009：11.

性是"原理"课的鲜明底色。党的二十大精神融入"原理"课教学首先要强化理论阐释，要紧扣时代脉搏，融入新时代十年伟大变革中各种鲜活而生动的素材，并从"原理"课的学理结构和学科逻辑出发，贯之以透彻的学理分析。同时，还要发挥党的二十大精神的涵养作用，重点展现中国共产党立志于中华民族千秋伟业，致力于人类和平与发展崇高事业的豪迈气概和历史自信，使中国共产党踔厉奋发、勇毅前行，将向第二个百年奋斗目标进军的精神风貌展现出来，将"不信邪、不怕鬼、不怕压"的志气、骨气、底气有声有色地呈现出来，不断增强党的二十大精神对学生的精神感召力。

（二）坚持问题导入与辩证分析相统一

将党的二十大精神有机融入"原理"课教学，要增强问题意识，坚持问题导入与辩证分析相统一。要从"原理"课的特点、教学内容、学科逻辑出发，针对百年未有之大变局加速演进背景下大量复杂而深刻的现实问题，设计不同专题，引导学生运用辩证思维去理解，既要看到我国发展所面临的新战略新机遇，又要看到国内还面临不少"躲不开、绕不过"的深层次、顽固性的矛盾和问题。面对不确定、难预料因素不断增多，各种"黑天鹅""灰犀牛"事件随时可能发生的严峻未来，要引导学生坚信唯有"政治过硬，本领高强"的中国共产党才能集聚起万众一心的磅礴力量，始终成为风雨来袭时中国人民最可靠的主心骨，从而树立坚定不移"听党话、跟党走"的政治信念。

（三）坚持全面融入与"精准滴灌"相统一

"原理"课教学，既要系统准确地体现党的二十大精神，又要坚持"精准滴灌"，突出融入重点，增强针对性。全面融入不是"大水漫灌"式的重复和复述，也不是"生搬硬嵌"党的二十大报告具体话语，而是运用普遍联系的观点和系统观念，将党的二十大精神放到马克思主义中国化时代化的历史进程中作整体理解和透彻把握。同时，坚持"精准滴灌"思维，不断推动党的二十大精神扎根学生心中，既要精准衔接"原理"课教学章节的重点内容，找准融入的契合点和着力点，实现党的二十大资源的精准供给；又要精准把握当代大学生的现实需求、个人成长的主体需求、服务社会的能力需求，制定满足学生需求的精准融入策略。

（四）坚持全球视野与中国视角相统一

将党的二十大精神有机融入"原理"教学，既要引导学生树立开阔的全球视野，放眼世界、放眼未来，从全球看问题；又要从中国实际出发，坚持中国视角。坚持全球视野，就是要将中国百年征程置于人类发展进步的大潮流中去理解，将中国式现代化置于为人类谋进步、为世界谋大同的胸襟中去领悟。与此同时，要从中国视角把握当今世界之变、时代之变、历史之变，生动呈现中国积极参与全球治理，努力推动和平世界建设所展现出来的中国担当和负责任大国形象，深度诠释马克思主义基本原理所展现出来的历史洞见和历史智慧，以及对于人类走向美好未来不可或缺的引领价值，以增强大学生对新理念新命题新格局的理性认同。

二、融入的目标与重点

中国共产党走过的百年奋斗历程，是马克思主义中国化时代化的生动写照，是深度理解马克思主义基本原理的"鲜活教材"。党的二十大精神融入"原理"课的根本目标，就是阐释清楚"中国共产党为什么'能'，中国特色社会主义为什么'好'，中国化时代化的马克思主义为什么'行'"之间的内在逻辑关系。从理论内涵到实践品格，从真理性存在到主导性力量，从"行"之可能到"行"之实现，我们必须紧扣这一相互衔接的逻辑运行图景，深刻诠释"中国化时代化的马克思主义'行'"的要义与真谛，并将其作为"原理"课的核心主题和灵魂贯穿教育教学全过程。

（一）讲清楚百年奋斗实践对马克思主义生命力的充分展现

马克思主义之所以"行"，是因为它不是书斋里的学问，不是纯粹解释世界的学说，而是指引人民改造世界并不断发展的科学真理和行动指南。马克思主义"对世界各国社会主义者所具有的不可遏止的吸引力，就在于它把严格的和高度的科学性（它是社会科学的最新成就）同革命性结合起来，并且不仅仅是因为学说的创始人兼有学者和革命者的品质而偶然地结合起来，而是把二者内在地和不可分割地结合在这个理论本身中"[①]。马克思主义之所以具有强大的生命力就在于科学性与革命性的高度统一，科学性是马克思主义生命力的内核，革命性是马克思主义生命力的动力。中国共产党已走过的百年奋斗历程，从根本意义上说是马克思主义生命力充分展现的过程，是马克思主义科学性和革命性充分彰显的过程。

百年来，马克思主义科学理论在指引中国共产党领导全国各族人民进行伟大社会革命的征程中，其革命性呈现为鲜明的人民性、实践性和发展性特征。"实践证明，马克思主义命运早已同中国共产党的命运、中国人民的命运、中华民族的命运紧紧连在一起，它的科学性和真理性在中国得到了充分的检验，它的人民性和实践性在中国得到了充分的贯彻，它的开放性和时代性在中国得到了充分彰显！"[②] 将党的二十大精神融入"原理"课教学，尤其要讲清楚新时代十年的伟大变革，在时代化中国化上充分彰显马克思主义蓬勃、深邃的生命力。在新时代十年的伟大变革中，在应对各种风险

---

① 列宁选集：第一卷［M］. 3 版. 北京：人民出版社，2012：83.
② 习近平. 在纪念马克思诞辰200周年大会上的讲话［N］. 人民日报，2018－05－05（01）.

挑战和严峻考验的历史进程中,在推进中华民族从富起来到强起来的伟大飞跃中,在推进中华民族伟大复兴进入不可逆转的历史进程中,马克思主义在 21 世纪的中国焕发出前所未有的蓬勃生机。

(二) 讲清楚中国共产党对发展马克思主义的原创性贡献

马克思主义之所以"行",是因为它是一个动态的、开放的、不断发展的理论体系。中国共产党之所以"能",是因为百年来一代又一代的共产党人把握时代脉搏、植根中国实践、融通中华文化,不断推进马克思主义中国化时代化,对坚持和发展马克思主义作出了原创性贡献。中国共产党自诞生以来,坚持马克思主义与中国革命、建设和改革开放实践相结合,深入回答了不同历史时期的一系列重大时代课题。在艰苦的革命实践时期,通过对"革命道路、革命动力、革命形式"等基本问题的实践探索和经验总结,形成了毛泽东思想,实现了马克思主义中国化的第一次历史性飞跃。在改革开放时期,通过对"什么是社会主义,怎样建设社会主义,建设什么样的党,怎样建设党,实现什么样的发展,怎样实现发展"等一系列重大问题的实践探索和理论回应,形成了中国特色社会主义理论体系,实现了马克思主义中国化的第二次历史性飞跃。在新时代十年的伟大变革中,通过对"新时代坚持和发展什么样的中国特色社会主义、怎样坚持和发展中国特色社会主义"等重大时代课题的科学回答和实践创新,创立了习近平新时代中国特色社会主义思想,实现了马克思主义中国化时代化的第三次历史性飞跃。

将党的二十大精神融入"原理"课教学,不仅要讲清楚中国共产党人与发展马克思主义之间的内在逻辑关联,更要引导学生理解和把握习近平新时代中国特色社会主义思想对马克思主义原创性贡献的层次结构及其内在逻辑。一是遵循"随时随地都要以当时的历史条件为转移"的基本原则,并基于新的历史方位和历史条件对马克思主义基本立场、观点和方法进行创造性运用。二是基于时空转换和具体情势的变迁对马克思主义原有观点、主张、论断、命题进行承继性延展,并以新的逻辑理路进行拓展创新,从而实现对马克思主义理论的整合性贡献。三是基于中国宏大且独特的实践创新,对科学社会主义理论进行创新性探索,并以全新的思想形态、理论形态和逻辑结构完成新的创造性跃迁,从而实现对马克思主义的原创性贡献。正如毛泽东曾深刻指出的,"我们的实践超过了马克思,实践当中是要出道理的"[①]。"原创性"的中国实践,必将催生"原创性"的道理,习近平新时代中国特色社会主义思想就是当今时代最宏大的"道理"。

---

① 中共中央文献研究室. 毛泽东年谱 (1949—1976):第三卷 [M]. 北京:中央文献出版社,2013:345.

（三）讲清楚中国共产党对中国式现代化道路的成功开创

马克思主义之所以"行"，是因为它创立并发展了科学社会主义基本原则。中国特色社会主义之所以"好"，是因为它始终坚持科学社会主义基本原则不动摇，始终坚持科学社会主义基本原则与中国具体实际、中华优秀传统文化相结合，并不断推进和拓展中国式现代化。在"原理"课教学中融入党的二十大精神，应重点讲清楚中国式现代化之所以成功，归根结底是因为中国共产党领导之"能"，"党领导人民成功走出中国式现代化道路，创造了人类文明新形态，拓展了发展中国家走向现代化的途径，给世界上那些既希望加快发展又希望保持自身独立性的国家和民族提供了全新选择"①。具体而言，可从演进路径、本质特征、价值指向等方面准确阐释中国式现代化的独特内涵和世界意义，以充分彰显中国共产党的历史主动精神、责任担当精神和开拓创新精神。

一是要从唯物史观视角向学生阐释清楚现代化的演进过程，"现代化"是人类社会诞生的一系列现代要素综合发酵并突破传统束缚的变革过程，是不可阻挡的历史发展潮流，无论是西方国家还是东方国家，都要以"现代化"来推动国家发展与民族进步。二是要从世界范围内不同国家现代化模式的比较中，引导学生深刻认识中国式现代化的特殊性。发源于西方的现代化虽然在历史上推动了生产力的快速发展，创造了前所未有的巨大财富，但是伴随着难以克服的严重痼疾和问题，比如内在矛盾的对抗性、发展的失衡性和分配的不公性，以及外在的带有殖民时代痕迹的掠夺性、侵略性和扩张性。与西式现代化不同，中国式现代化克服了以资本为中心的驱动逻辑，是物质文明与精神文明协调并进、均衡发展的接续性现代化，是以人民为中心的、追求和平发展道路的现代化。三是要阐释清楚中国式现代化的社会主义性质，中国式现代化实践之所以能够超越以资本逻辑主导的西式现代化，破解资本主义现代化道路中的诸多难题，归根结底是因为中国式现代化与社会主义实现了本质融合，是以中国共产党为领导核心的社会主义现代化。正如习近平总书记所指出的，"世界上既不存在定于一尊的现代化模式，也不存在放之四海而皆准的现代化标准。我们推进的现代化，是中国共产党领导的社会主义现代化"②。

---

① 中共中央关于党的百年奋斗重大成就和历史经验的决议［M］. 北京：人民出版社，2021：64.

② 习近平. 在省部级主要领导干部"学习习近平总书记重要讲话精神　迎接党的二十大"专题研讨班的重要讲话［N］. 人民日报，2022－07－28（01）.

三、融入的逻辑与路向

习近平总书记指出："上思政课不能拿着文件宣读，没有生命、干巴巴的。"① 党的二十大精神融入"原理"课，既不能生硬"加入"，也不能简单重复其具体结论和文本词句，而应采用一种润物细无声的叙事逻辑，以实现党的二十大精神的有机融入。在融入过程中，既需要在教学内容上以宏大深邃的哲学视野，深挖新观点、新论断、新思想的哲理内涵，达成理性认同；又需要围绕教学目标和核心主题，创新教学方法，以灵活多样的形式实现方法协同，提升融入实效。

（一）党的二十大精神融入"原理"课教学的哲学路向

"理论在一个国家实现的程度，总是取决于理论满足于这个国家需要的程度。"② 马克思主义哲学是以科学的实践观为基础，正确地解决了人与自然、人与社会的关系，并实现了唯物论与辩证法、唯物主义自然观和历史观有机统一的理论体系。百年来，中国共产党自觉接受马克思主义哲学智慧的滋养，坚持运用马克思主义哲学武装全党，坚持运用辩证唯物主义分析问题、解决问题，坚持运用历史唯物主义夯实党的群众基础和历史基础，从而始终保持了马克思主义的蓬勃生机和旺盛活力。在"原理"课教学中，要牢牢把握这一哲学路向，将党的二十大精神深度融入课堂教学中。

一是要突显马克思主义哲学所内含的辩证法维度及其革命性和斗争性。"辩证法在对现存事物的肯定的理解中同时包含着对现存事物的否定的理解。"③ 矛盾规律是唯物辩证法的核心，是认识世界和改造世界的根本原则和根本方法，它"提供理解一切现存事物的'自己运动'的钥匙"④。矛盾就是问题，问题是矛盾的表现形式，矛盾的普遍性和客观性，决定了中国共产党对待矛盾和问题的正确态度，即直面矛盾和问题，在解决矛盾和问题的过程中，发扬斗争精神，推动党和国家事业向前发展。新时代十年伟大变革，中国共产党正是勇于面对一系列长期积累以及新近出现的深层次矛盾和问题，坚持发扬斗争精神，展示革命意志，"不信邪、不怕鬼、不怕压，知难而进、迎难而上"，才成功攻克了许多长期没有解决的难题，办成了许多事关长远的大事要事，如期实现了中国共产党第一个百年奋斗目标。

二是要彰显马克思主义哲学所内含的历史维度及其自觉性和主动性。马克思主义的彻底性和主动性集中体现在历史唯物主义之中，"自从历史也得到唯物主义的解释以

① 习近平."大思政课"我们要善用之［N］.人民日报，2021－03－07.
② 马克思恩格斯选集：第一卷［M］.北京：人民出版社，2012：11.
③ 马克思恩格斯选集：第二卷［M］.北京：人民出版社，2012：94.
④ 列宁全集：第55卷［M］.2版（增订版）.北京：人民出版社，2017：306.

后，一条新的发展道路也在这里开辟出来了"，"不是人们的意识决定人们的存在，相反，是人们的社会存在决定人们的意识"①，社会存在与社会意识辩证关系原理是科学把握人类社会发展规律的基础和前提。"原理"课教学要从这一基础和前提出发，深入阐释党的二十大精神。一个社会的发展理念是否正确，取决于其能否从"人们的现实生活过程"出发，正确反映社会存在。新时代中国特色社会主义的基本方略、党治国理政的一系列新理念新思想新格局，正是基于中国发展不平衡不充分的基本国情和人民日益增长的美好生活需要而作出的顶层设计，充分体现了社会意识对社会存在的反作用，充分彰显了人民群众的历史主体地位。在新时代十年的伟大变革中，中国共产党正是坚持以历史唯物主义作为兴党兴国的哲学基石和方法论基础，坚定历史自信、增强历史主动，才深刻而准确地把握了共产党执政规律、社会主义建设规律、人类社会发展规律。正如习近平总书记所指出的，"只有坚持历史唯物主义，我们才能不断把对中国特色社会主义规律的认识提高到新的水平，不断开辟当代中国马克思主义新境界"②。

三是要透显马克思主义哲学所内含的实践维度及其首要性和基本性。实践的观点是马克思主义哲学的首要和基本观点，社会生活在本质上是实践的，马克思主义哲学的根本任务在于改变世界。马克思主义哲学之所以具有生机和活力，关键就在于它自觉地植根于实践之中，以批判的态度对待现存事物，以批判的精神对待自己，并依据实践的发展，不断验证并发展自己的真理性认识。在"原理"课教学中，要从这一实践维度出发，坚持实践第一的观点，深度阐释中国共产党走过的百年奋斗历程，就是一个在革命、建设和改革发展实践中追求真理、揭示真理、验证真理、笃行真理的过程。中国共产党人的道路自信、理论自信、制度自信和文化自信正是建立在百年伟大实践基础之上的，因而具有充分可靠的历史依据和现实基础。在第二个百年奋斗征程中，只要牢牢地根植于新的中国式现代化实践的发展，守正创新，创造性丰富和发展自己的理论，并根据实践发展及时修正某些不合时宜的观点，中华民族伟大复兴的千秋伟业就一定能够如期实现。

（二）党的二十大精神融入"原理"课教学的方法协同

党的二十大精神要有机融入"原理"课教学，离不开形式新颖、穿透力强的教学方法。正如毛泽东所说，"我们不但要提出任务，而且要解决完成任务的方法问题。我们的任务是过河，但是没有桥或没有船就不能过。不解决桥或船的问题，过河就是一

① 马克思恩格斯选集：第二卷［M］.北京：人民出版社，2012：2-3.
② 习近平在中共中央政治局第11次集体学习时强调：推动全党学习和掌握历史唯物主义 更好认识规律更加能动地推进工作［N］.人民日报，2015-12-05（01）.

句空话。不解决方法问题，任务也是瞎说一顿"①。要让党的二十大精神在学生心中扎根，同样要解决"船"或"桥"的问题，也就是教学方法的问题。在"原理"课教学中有机融入党的二十大精神，采取线上线下相结合的方式，实现主题研讨与翻转展示，实践教学与情感体验，案例教学与榜样激励的协同融合尤为重要。

主题研讨就是精选议题，以研促学，以辩促思，以达到激发学习兴趣、加深问题理解、培养探究精神之目的的一种教学方法。在主题研讨中，以班为单位分成若干小组，以党的二十大报告中提及的若干热点、难点、重点问题以及新观点、新举措为研究切入点，同时展开问卷调查，征集学生的关切点，并结合"原理"课的教学内容和学生专业特点凝练不同主题。研讨小组完成线上主题研讨后，开展线下"翻转"展示活动，从马克思主义的基本立场、观点和方法出发，以灵活多样的形式集中展示各小组研讨成果，并结合师生点评互动、提问小结等环节，形成师生相互启发，"虚""实"有机融合的教学效果。这种主题研讨与"翻转"展示协同的教学方法，不仅可以强化学生对马克思主义基本立场观点方法的理解和运用，还可以助力学生运用所学"原理"知识理解和把握党的二十大精神。

唯物史观与唯心史观的区别在于，"它不是从观念出发解释实践，而是从物质实践出发来解释各种观念形态"②，实践修正、检验并赋予理论无限活力。因此，从实践出发拓展"原理"课教学方法是提高思想政治教育效果的应有之义。为了培养学生运用马克思主义基本原理分析现实问题的能力，加深学生对新时代新征程新使命新任务的理解和把握，"原理"课应充分挖掘并利用各种具有地域特色的契合"原理"课程的红色资源，适时安排学生进行社会实践活动，并在实践活动中感悟现实问题，激发情感体验，提升家园感、使命感和责任感。

案例教学就是根据党的二十大精神融入"原理"课教学的需要，精选新时代十年伟大变革中那些具有历史穿透力、思想感染力和精神感召力的现实案例，引导学生运用习近平新时代中国特色社会主义思想的世界观和方法论进行深度解读，理性剖析，以提升学生分析和洞察社会现实问题的能力。与此同时，在案例教学中，要改变"原理"课重"理"轻"情"的偏向，情理并蓄，融入中国共产党百年栉风沐雨、淬火成钢的故事，给予学生强烈的情感震撼和榜样激励，引导学生直面现实难题，关心国家发展，坚定历史自信，涵养家国情怀，强化历史担当。

---

① 毛泽东选集：第一卷 [M]. 北京：人民出版社，1991：139.
② 马克思恩格斯选集：第一卷 [M]. 北京：人民出版社，2012：172.

“中国化时代化的马克思主义行”教学设计*

陈思璐　李腾凯**

一、点题入题

课程名称：马克思主义基本原理

对应章节：导论　马克思主义的鲜明特征/马克思主义的当代价值

马克思主义自诞生以来，受到诸多反马克思主义和非马克思主义观点的非议和质疑，其中就有马克思主义过时论、终结论、失败论。它们诋毁马克思主义已经“过时”“失灵”甚至“死去”，认为“马克思主义已经终结。在当今这个阶级差异日渐消融、社会流动性日益增强的后工业化西方社会里，马克思主义绝对没有一点用武之地”①。

然而，《共产党宣言》发表170多年来，马克思主义在世界上得到广泛传播。在人类思想史上，没有一种思想理论像马克思主义那样对人类产生了如此广泛而深刻的影响。马克思主义不仅深刻改变了世界，也深刻改变了中国。正如习近平总书记在党的二十大报告中指出：“中国共产党为什么能，中国特色社会主义为什么好，归根到底是马克思主义行，是中国化时代化的马克思主义行。”这个论断深刻总结了马克思主义中国化时代化的重大理论价值和实践意义。

马克思主义到底是过时了还是继续焕发生机？以观点的争论为切入点，引发学生对马克思主义当代价值问题的自主思考，激发学生对理论的好奇心。

---

* 本书系广东省本科高校教学质量与教学改革工程建设项目“广东财经大学‘大思政课’实践教学基地”（粤教高函〔2023〕4号）阶段性成果。

** 陈思璐，广东财经大学马克思主义学院2022级硕士研究生。李腾凯，广东财经大学马克思主义学院副教授、硕士生导师。

① 特里·伊格尔顿. 马克思为什么是对的［M］. 李杨，任文科，郑义，译. 重庆：重庆出版社，2018：18.

二、主题解析

本节课主要围绕"中国化时代化的马克思主义行"设计教学内容，遵循"是什么、为什么、怎么做"的教学逻辑，引导学生准确把握中国化时代化的马克思主义的内涵、深刻理解中国化时代化的马克思主义为何行，自觉投身建设中国特色社会主义新的伟大实践。

1. 什么是"中国化时代化的马克思主义"

（1）21世纪马克思主义。

2015年1月，习近平总书记在十八届中央政治局第二十次集体学习时，首次明确提出"21世纪中国的马克思主义"，他指出："要根据时代变化和实践发展，不断深化认识，不断总结经验，不断实现理论创新和实践创新良性互动，在这种统一和互动中发展21世纪中国的马克思主义。"①"21世纪马克思主义"是习近平总书记在准确研判时代变化和实践发展的基础上提出的原创性概念，本质上属于立足新时代、面向世界和未来的马克思主义理论形态。

（2）中国化的马克思主义。

"中国化的马克思主义"是马克思主义中国化的理论成果，是中国共产党人把马克思主义基本原理同中国具体实际相结合、同中华优秀传统文化相结合的过程中对马克思主义的坚持和发展。一方面体现为在革命和社会主义建设实践中学习和运用马克思主义理论，用马克思主义指导实践的过程；另一方面体现为在总结革命和社会主义建设实践经验的基础上，丰富和发展马克思主义的过程。从内容上看，包括毛泽东思想、中国特色社会主义理论体系、习近平新时代中国特色社会主义思想。

（3）习近平新时代中国特色社会主义思想。

党的十八大以来，中国特色社会主义进入新时代。面对国内外形势新变化和实践新要求，我们党勇于进行理论探索和创新，以全新的视野深化对共产党执政规律、社会主义建设规律、人类社会发展规律的认识，取得重大理论创新成果，集中体现为习近平新时代中国特色社会主义思想。习近平新时代中国特色社会主义思想是当代中国马克思主义、21世纪马克思主义，是中华文化和中国精神的时代精华，实现了马克思主义中国化时代化新的飞跃，开辟了马克思主义中国化时代化新境界。在当代中国，坚持和发展习近平新时代中国特色社会主义思想，就是真正坚持和发展马克思主义。

---

① 习近平在中共中央政治局第二十次集体学习时强调 坚持运用辩证唯物主义世界观方法论 提高解决我国改革发展基本问题本领［N］. 人民日报，2015－01－25（01）.

2．中国化时代化的马克思主义为什么行

（1）理论维度：中国化时代化的马克思主义"行"在科学性。

恩格斯在马克思墓前的讲话中说道："一生中能有这样两个发现，该是很够了。即使只能作出一个这样的发现，也已经是幸福的了。但是马克思在他所研究的每一个领域，甚至在数学领域，都有独到的发现，这样的领域是很多的，而且其中任何一个领域他都不是浅尝辄止。"①

中国化时代化的马克思主义和马克思主义基本原理既一脉相承又与时俱进，中国化时代化的马克思主义的科学性根植于马克思主义基本原理的科学性。马克思主义创始人吸收人类思想精华，"在批判旧世界中发现新世界"中形成科学理论。马克思曾经写道："在科学上没有平坦的大道，只有不畏劳苦沿着陡峭山路攀登的人，才有希望达到光辉的顶点。"他博览群书、广泛涉猎，不仅深入了解和研究哲学社会科学各个学科知识，而且深入了解和研究各种自然科学知识，努力从人类创造的一切文明成果中汲取养料。马克思在给友人的信中谈到，为了《资本论》的写作，"我一直在坟墓的边缘徘徊。因此，我不得不利用我还能工作的每时每刻来完成我的著作"。经过毕生的不懈努力，其创立了唯物史观和剩余价值学说，科学揭示了人类社会的发展规律。

（2）历史维度：中国化时代化的马克思主义"行"在发展性。

毛泽东同志曾告诫过我们："马克思活着的时候，不能将后来出现的所有的问题都看到，也就不能在那时把所有的这些问题都加以解决。"② 邓小平同志也曾反复叮嘱："绝不能要求马克思为解决他去世之后上百年、几百年所产生的问题提供现成答案。列宁同样也不能承担为他去世以后五十年、一百年所产生的问题提供现成答案的任务。真正的马克思列宁主义者必须根据现在的情况，认识、继承和发展马克思列宁主义。"③

例如，马克思恩格斯在《共产党宣言》中对资本主义现代化展开无情的批判，"资产阶级在它已经取得了统治的地方把一切封建的、宗法的和田园诗般的关系都已经破坏了。它无情地斩断了把人们束缚于天然尊长的形形色色的封建羁绊，它使人和人之间除了赤裸裸的利害关系，除了冷酷无情的'现金交易'，就再也没有任何别的联系了。它把宗教虔诚、骑士热忱、小市民伤感这些情感的神圣发作，淹没在利己主义打算的冰水之中"④。如何探索符合国情的现代化道路、克服西方现代化的弊端？马克思主义创始人没有给出也无法给出现成的方案，他们认为"一切以历史条件为转移"。党

---

①　马克思恩格斯选集：第三卷［M］. 北京：人民出版社，2012：1003.
②　毛泽东文集：第八卷［M］. 北京：人民出版社，1999：5.
③　邓小平文选：第三卷［M］. 北京：人民出版社，1993：291.
④　马克思恩格斯选集：第一卷［M］. 北京：人民出版社，2012：402－403.

的二十大报告指出："在新中国成立特别是改革开放以来长期探索和实践基础上，经过十八大以来在理论和实践上的创新突破，我们党成功推进和拓展了中国式现代化。中国式现代化，是中国共产党领导的社会主义现代化，既有各国现代化的共同特征，更有基于自己国情的中国特色。"中国式现代化的成功实践证明，只有不断推进马克思主义中国化时代化，才能使马克思主义在历史长河中不断焕发新的生机。

（3）立场维度：中国化时代化的马克思主义"行"在人民性。

马克思主义是人民的理论，是人民实现自身解放的思想体系。人民性是马克思主义的根本立场，也是根本的价值导向，是根本性、原则性问题。中国共产党自成立以来，始终践行马克思主义政党的人民立场。上海、北京等地的共产主义小组出版的最早一批刊物《劳动者》《劳动界》都是针对底层工人群众的读物。新民主主义革命时期，党提出完整的群众路线工作原则，成为中国革命和社会主义建设时期非常重要的理论创新，建立了以工农联盟为基础的人民民主专政的国家政权。

进入新时代，习近平总书记提出坚持以人民为中心的发展思想，党团结带领全国各族人民，全面建成小康社会，实现第一个百年奋斗目标。以脱贫攻坚战为例，根据国务院新闻办公室网站公布的数据，五年来，习近平总书记几乎走遍全国14个集中连片特困地区，精准扶贫、精准脱贫基本方略在一个个贫困山乡落地生根。2013—2016年我国贫困人口每年减少超过1 000万人，累计脱贫5 564万人，相当于一个中等国家的人口总量；贫困发生率从2012年底的10.2%下降到2016年底的4.5%。精准扶贫、精准脱贫的中国智慧和成功实践赢得世界点赞。截至2020年底，全国所有贫困人口全部实现脱贫摘帽。这些成功实践印证了唯物史观关于人民是历史的创造者的立场、观点，彰显了中国化时代化的马克思主义"以人民为中心"的历史发展主体意蕴。

（4）现实维度：中国化时代化的马克思主义"行"在实践性。

"我不是马克思主义者"，这是马克思曾经针对19世纪70年代法国形形色色马克思主义的自嘲，后来恩格斯在不同场合多次引用过这句话。例如，1890年8月27日，恩格斯在《致保尔·拉法格》的信中写道："马克思曾经说过：'我只知道我自己不是马克思主义者。'马克思大概会把海涅对自己的模仿者说的话转送给这些先生们：'我播下的是龙种，而收获的却是跳蚤。'"

马克思为什么说他不是"马克思主义者"？这是因为，在马克思主义创始人看来，那些打着马克思主义旗号的教条主义者完全背离了"新唯物主义"的实践品质。教条主义者往往以遵循理论的原始含义为借口，把经典文本幻化为解决一切现实问题的灵丹妙药，这种做法否定了马克思主义的实践性和发展性。毛泽东在《反对本本主义》中批判了不进行调查研究、不掌握实际情况、不从实际出发的"本本主义"，在六届六中全会上明确提出"使马克思主义在中国具体化"，在延安整风期间发表《改造我们的学习》《整顿党的作风》《反对党八股》三篇重要文献，肃清了党内遗存的教条主义风气，深刻阐释了坚持"与时俱进"与"实事求是"的实践辩证法。党的奋斗历程取得的一系列重大成就也已经充分证明：我们党的历史就是一部在实践中不断推进马克思主义中国化时代化的历史。

3. 如何不断推进马克思主义中国化时代化

2022 年，社交网络上"摆烂"一词火了，各种"摆烂"表情包泛滥，以青年为主体的"摆烂大军"愈发浩荡。所谓"摆烂"，指的是一种消极生存态度，不再采取措施应对问题，而是任由其往坏的方向继续发展，有点像俗语"破罐子破摔"的意思。国际劳工组织发布的《世界就业和社会展望：2023 年趋势报告》指出，15 岁至 24 岁的青年在寻找和保持体面就业上面临严重困难，这一群体的失业率是 25 岁及以上成年人的 3 倍。近年来，我国 16 岁至 24 岁城镇青年调查失业率一直偏高。① 微博评论里有网友说：既然赶上了"有史以来"最难找工作的毕业季，那就"摆烂"吧，干脆在家躺。

习近平总书记在党的二十大报告中指出："青年强，则国家强。当代中国青年生逢其时，施展才干的舞台无比广阔，实现梦想的前景无比光明。全党要把青年工作作为战略性工作来抓，用党的科学理论武装青年，用党的初心使命感召青年，做青年朋友的知心人、青年工作的热心人、青年群众的引路人。广大青年要坚定不移听党话、跟党走，怀抱梦想又脚踏实地，敢想敢为又善作善成，立志做有理想、敢担当、能吃苦、肯奋斗的新时代好青年，让青春在全面建设社会主义现代化国家的火热实践中绽放绚丽之花。"

针对学生的讨论总结如下：一是认真学习马克思主义基本原理，学习人文社会科学理论知识，提升自身的理论素养；二是弘扬中华优秀传统文化、传承红色革命文化、践行社会主义先进文化，增强文化自信自强，践行社会主义核心价值观；三是树立对马克思主义的信仰、对中国特色社会主义的信念、对中华民族伟大复兴中国梦的信心，融入推进中国式现代化的火热实践，在报效祖国、服务人民中书写青春华章。

三、问题与解答

1. 马克思主义中国化、时代化、大众化之间有什么关系

马克思主义中国化、时代化、大众化分别指向马克思主义的实践性、发展性、人

---

① 熊丽. 尽最大努力破解青年就业难［N］. 经济日报，2023 - 05 - 20（08）.

民性，三者之间有着密不可分的内在联系。它们构成一个环环相扣、有机统一的整体，是一个动态的历史过程，同时它们之间既各有侧重，又相互促进。我们要在整体上考虑和把握，在整体上推进和实施，才能保证马克思主义理论创新的科学性和系统性。

2. 马克思主义中国化时代化为何要实现文化根基与世界文明的互动融合

马克思主义中国化时代化不是教条主义和照搬照抄，也不是"另起炉灶"和凭空想象，而是创造性地把马克思主义基本原理同中国具体实际相结合、同中华优秀传统文化相结合。马克思主义的传播和发展实际上是其在中国传统文化中重新释义的过程，同时也是对中国传统文化进行融合重塑，推动中华优秀传统文化创造性转化、创新性发展的过程。马克思主义是开放的理论体系，需要世界优秀文明成果融会贯通，从而得到滋养和壮大、实现创新和发展。马克思主义理论本身就是在对世界一系列优秀文明成果批判继承的基础上创立的。中国共产党通过批判地吸收和借鉴世界其他优秀文明成果，促进马克思主义的中国化时代化，创造了马克思主义世界化、民族化最成功的范例。

四、课后问题与思考

（1）党的百年历史中马克思主义中国化时代化的宝贵经验有哪些？

（2）为何说习近平新时代中国特色社会主义思想开辟了马克思主义中国化时代化新境界？

（3）谈谈青年群体推进马克思主义中国化时代化的典型案例及其现实启发。

五、推荐阅读文献和书目

（1）马克思. 黑格尔法哲学批判导言//马克思恩格斯文集：第一卷［M］. 北京：人民出版社，2009.

（2）毛泽东. 论新阶段//中共中央文件选集：第11册［M］. 北京：中共中央党校出版社，1999.

（3）习近平. 在庆祝中国共产党成立100周年大会上的讲话［M］. 北京：人民出版社，2021.

（4）李腾凯，刘煜婷. 归根到底是中国化时代化的马克思主义行［N］. 南方日报，2022-11-07.

（5）石仲泉. 中国共产党与马克思主义中国化［M］. 北京：中国人民大学出版社，2011.

"中国化时代化的马克思主义"的人民性解读[*]

岳丽艳^{**}

2022 年 10 月 16 日，习近平总书记在中国共产党第二十次全国代表大会的报告中提出："马克思主义是我们立党立国、兴党兴国的根本指导思想。实践告诉我们，中国共产党为什么能，中国特色社会主义为什么好，归根到底是马克思主义行，是中国化时代化的马克思主义行。"① 这一重要论断深刻地诠释了中国共产党的"能"与中国特色社会主义的"好"及中国化时代化的马克思主义"行"之间的辩证关系，中国共产党坚定信仰、把握历史主动性的根本就在于中国化时代化的马克思主义。

一、中国化时代化的马克思主义的深刻内涵

中国化时代化的马克思主义，是同中国具体实际相结合的马克思主义。中国化时代化的马克思主义坚持运用辩证唯物主义和历史唯物主义，正确回答时代和实践提出的重大问题，是马克思主义在中国发展的新阶段、新境界。中国化时代化的马克思主义是马克思主义在中国发展的百年历程最新成果。马克思主义在不断回答不同历史时期的中国之问、世界之问，不断解决中国实际问题，同时也是对世界问题进行解决的理论创新史。在社会主义国家建设的新征程中，通过迎接各种风险挑战，制定道路制度战略部署等，给中国及世界人民一个最好的答案。习近平新时代中国特色社会主义思想是当代中国马克思主义、21 世纪马克思主义。以习近平同志为主要代表的中国共产党人，顺应时代发展，创立了习近平新时代中国特色社会主义思想，实现了马克思主义中国化时代化新的飞跃。"中国共产党人深刻认识到，只有把马克思主义基本原理

* 本文系教育部哲学社会科学研究重大课题攻关项目"全过程人民民主的法治保障体系建设研究"（批准号 22JZD017）阶段性成果。

** 岳丽艳，辽宁阜新人，哲学博士，广东财经大学马克思主义学院副教授，主要从事马克思主义社会发展理论研究。

① 习近平. 高举中国特色社会主义伟大旗帜　为全面建设社会主义现代化国家而团结奋斗——在中国共产党第二十次全国代表大会上的报告 [M]. 北京：人民出版社，2022：21.

同中国具体实际相结合、同中华优秀传统文化相结合，坚持运用辩证唯物主义和历史唯物主义，才能正确回答时代和实践提出的重大问题，才能始终保持马克思主义的蓬勃生机和旺盛活力。"

中国化时代化的马克思主义，是同中华优秀传统文化相结合的马克思主义。一部马克思主义在中国的发展史就是马克思主义植根中国、植根中华民族历史文化沃土的成长史。马克思主义同中华优秀传统文化源远流长、博大精深。天下为公、民为邦本、为政以德、革故鼎新、任人唯贤、天人合一、自强不息、厚德载物、讲信修睦、亲仁善邻等，是中国人民在长期生产生活中积累的宇宙观、天下观、社会观、道德观的重要体现，同科学社会主义价值观主张具有高度契合性。以古为今用、推陈出新为原则，把马克思主义思想精髓同中华优秀传统文化精华有机贯通，同人民群众的共同价值理念与价值追求有机统一，让马克思主义在中国牢牢扎根，迸发出强大的生命力。

中国化时代化的马克思主义是中华文化和中国精神的时代精华，其以全新的视野深化对共产党执政规律、社会主义建设规律、人类社会发展规律的认识，以耀眼的理论魅力、雄浑的精神伟力、强大的实践威力，形成党和国家事业发展的有力统领与指引。

习近平总书记在党的二十大报告中指出："继续推进实践基础上的理论创新，首先要把握好新时代中国特色社会主义思想的世界观和方法论，坚持好、运用好贯穿其中的立场观点方法。"我们要不断深化对马克思主义中国化时代化的认识，不断提高用中国化时代化的马克思主义分析和解决问题的能力。中国化时代化的马克思主义始终坚持人民群众是历史的主体，是历史的创造者。马克思和恩格斯指出"历史活动是群众的事业"，在历史发展的任何时期，人民群众都是物质财富的创造者，也是精神财富的创造者，是推动历史发展的动力源泉，是社会变革的决定力量。

二、中国化时代化的马克思主义本质是人民性

人民性是中国化时代化的马克思主义的本质属性。"江山就是人民，人民就是江山。中国共产党领导人民打江山、守江山，守的是人民的心。治国有常，利民为本。"这是新发展阶段对党的群众史观的再主张和再宣誓，是党的初心使命的再阐释和再动员，是党的性质宗旨的再号召和再发动。

中国共产党，是一个在最大的社会主义国家执政70多年、拥有9 900多万党员的世界上最大的马克思主义执政党。

中国共产党始终坚持将马克思主义作为立党兴党的根本指导思想，将人民立场作为根本政治立场。一部中国共产党的百年奋斗史和理论创新史，"人民至上"始终贯穿

其中。中国共产党从诞生之时就肩负起为中国人民谋幸福、为中华民族谋复兴的初心使命，党的一大将"推翻资本家阶级的政权""消灭资本家私有制""承认无产阶级专政"作为党的纲领，党的二大明确提出"中国共产党是中国无产阶级政党。他的目的是要组织无产阶级，用阶级斗争的手段，建立劳农专政的政治，铲除私有财产制度""工人阶级的利益在中国共产党占第一位"。为了践行初心使命，一代代中国共产党人付出巨大牺牲、前仆后继，团结带领全国各族人民，为争取民族独立、人民解放和实现国家富强、人民幸福而不懈奋斗。

在中国革命和社会主义建设的不同时期，中国共产党始终站在人民的视角观察世界、分析社会，牢牢把握满足人民需要这条主线，善于抓住社会主要矛盾、解决主要矛盾、促进社会发展。新民主主义革命时期，中国共产党紧紧抓住帝国主义和中华民族、封建主义和人民大众这两对矛盾，毅然扛起反帝、反封建的大旗，争取民族独立和人民解放；社会主义革命和建设时期，中国共产党抓住社会主要矛盾，巩固新生的人民政权，迅速完成生产资料的社会主义改造，确立社会主义制度，社会主要矛盾随之转变为人民对于经济文化迅速发展的需要同当时经济文化不能满足人民需要的状况之间的矛盾；改革开放和社会主义现代化建设新时期，党明确我国社会的主要矛盾是人民日益增长的物质文化需要同落后的社会生产之间的矛盾，大力解放和发展生产力，使人民摆脱贫困，尽快富裕起来，也使中华民族大步赶上了时代。

伟大的实践造就伟大的思想，中国共产党的不懈奋斗史同时也是一部理论创新史，人民至上的根本立场同样闪耀在马克思主义中国化的理论成果中。不论是把"群众路线"作为毛泽东思想活的灵魂、把"是否有利于提高人民的生活水平"作为评价改革成败的标准之一，还是把"始终代表中国最广大人民的根本利益"作为"三个代表"重要思想的组成部分、把"以人为本"作为科学发展观的核心，中国共产党始终坚持全心全意为人民服务的根本宗旨，将人民拥护不拥护、赞成不赞成、高兴不高兴、答应不答应作为衡量一切工作得失的根本标准。

进入新时代，以习近平同志为主要代表的中国共产党人面对国内外形势新变化和实践新要求，坚持马克思主义基本原理同中国具体实际相结合、同中华优秀传统文化相结合，创立了习近平新时代中国特色社会主义思想，始终牢记江山就是人民、人民就是江山，始终把人民利益摆在至高无上的地位，始终把人民群众的安危冷暖放在心中，提出以人民为中心的发展思想，明确新时代我国社会主要矛盾是人民日益增长的美好生活需要和不平衡不充分的发展之间的矛盾，并紧紧围绕这个社会主要矛盾推进各项工作。习近平总书记指出："人民对美好生活的向往就是我们的奋斗目标。"这一目标聚焦人民之问，坚持一切为了人民、一切依靠人民，坚持发展为了人民、发展依靠人民、发展成果由人民共享，坚定不移走全体人民共同富裕道路。在脱贫攻坚的战场上，从党的总书记到村党支部书记"五级书记"抓扶贫，300多万名第一书记和驻村干部同贫困地区干部群众吃在一起、干在一起，完成脱贫攻坚、全面建成小康社会的历史任务，在中国大地上历史性地解决了绝对贫困问题，实现了"全面小康路上一个也不能少"的庄严承诺。习近平新时代中国特色社会主义思想形成于新时代中国特色社会主义建设的伟大实践，也不断指导实践，在实践和认识的螺旋上升中不断丰富和发展，人民至上的价值追求也在实践和理论的发展中不断深化。

三、中国化时代化的马克思主义是党的价值理念根基

中国化时代化的马克思主义是新时代中国特色社会主义建设事业的伟大思想指引。任何一个政党都有自己的党章，都有自己的奋斗宗旨和价值理念。与为一个冥冥的神灵服务的政党、为一个威权的君主服务的政党、为少数特权阶级阶层服务的政党不同，共产党为"绝大多数人谋利益"，"始终同人民在一起，为人民利益而奋斗，是马克思主义政党同其他政党的根本区别"[1]。人民立场是马克思主义政党区别于其他政党的显著标志。

中国共产党作为以马克思主义武装起来的无产阶级政党，是中国工人阶级的先锋队，同时是中国人民和中华民族的先锋队，团结带领广大无产阶级和劳动人民，为了自身的彻底解放，进而为了人类的解放而奋斗。1945年，毛泽东在《论联合政府》中将抗日战争称为人民战争，提出八路军和新四军"这个军队之所以有力量，是因为所有参加这个军队的人，都具有自觉的纪律；他们不是为着少数人的或狭隘集团的私利，而是为着广大人民群众的利益，为着全民族的利益，而结合，而战斗的。紧紧地和中国人民站在一起，全心全意地为中国人民服务，就是这个军队的唯一的宗旨。""人民，只有人民，才是创造世界历史的动力。"[2] 1949年6月30日，毛泽东《论人民民主专政》中明确提出："人民是什么？在中国，在现阶段，是工人阶级，农民阶级，城市小资产阶级和民族资产阶级。这些阶级在工人阶级和共产党的领导之下，团结起来，组成自己的国家，选举自己的政府，向着帝国主义的走狗即地主阶级和官僚资产阶级以及代表这些阶级的国民党反动派及其帮凶们实行专政，实行独裁，压迫这些人，只许他们规规矩矩，不许他们乱说乱动。如要乱说乱动，立即取缔，予以制裁。对于人民内部，则实行民主制度，人民有言论集会结社等项的自由权。选举权，只给人民，不给反动派。这两方面，对人民内部的民主方面和对反动派的专政方面，互相结合起来，

---

① 习近平. 在纪念马克思诞辰200周年大会上的讲话 [M]. 北京：人民出版社，2018：23.
② 毛泽东选集：第三卷 [M]. 北京：人民出版社，1991：1039，1031.

就是人民民主专政。"① 中华人民共和国宪法第一条规定："中华人民共和国是工人阶级领导的、以工农联盟为基础的人民民主专政的社会主义国家。"第二条规定："中华人民共和国的一切权力属于人民。"《共产党宣言》指出："在无产阶级和资产阶级的斗争所经历的各个发展阶段上，共产党人始终代表整个运动的利益。"这就把作为无产阶级政党的阶级性和先进性有机统一起来。"为了广大无产阶级、团结广大无产阶级、依靠广大无产阶级"不仅是共产党人自身的阶级使命，也是其始终走在时代前列的政治保障，更是其始终具有不惧惊涛骇浪、勇毅前行不竭动力的政治密码。

在中国革命、建设、改革开放中，历代领导人始终坚持人民主体地位。2015年10月，党的十八届五中全会强调六个必须遵循的原则，其中第一个原则就是"坚持人民主体地位"。坚持人民主体地位，意味着发展为了人民，发展依靠人民，发展成果由人民共享。党的十八大以来，以习近平同志为核心的党中央坚持以人民为中心，"我们的目标就是让全体中国人都过上更好的日子"，"人民是我们党执政的最大底气"，"始终把人民放在心中最高位置"。② 坚持人民主体地位，既彰显了国家的性质，也明确了国家发展的动力，明确了为改革开放和社会主义现代化建设贡献了智慧和力量的广大工人、农民、知识分子、干部、解放军指战员、武警部队官兵、公安干警七类主体的劳动贡献。中华人民共和国成立70多年来辉煌成就的取得，取决于以上七类主体主观性的充分发挥和彰显。人民是中国成长与壮大的核心力量。

因其广泛的代表性、先进的政治性，中国共产党能够凝聚共识、凝聚智慧、凝聚力量，形成劳动、创造、发展的广泛主体，充分挖掘蕴藏在以上主体的积极性、主动性、创造性。正是这种价值理念，使得一系列不可能变成了可能："中华民族迎来了从站起来、富起来到强起来的伟大飞跃！中国特色社会主义迎来了从创立、发展到完善的伟大飞跃！中国人民迎来了从温饱不足到小康富裕的伟大飞跃！"③

中国化时代化的马克思主义以人民性为中心，坚持人民是历史创造者的观点，强调坚持以人民为中心的发展思想，人民是价值主体，是价值创造、价值享受的主体，维护人民根本利益，增进民生福祉，不断实现发展为了人民、发展依靠人民、发展成果由人民共享，这一主体理念要求中国共产党一切为了人民，永远保持马克思主义政党的鲜明本色；运用辩证唯物主义和历史唯物主义世界观和方法论，坚持社会基本矛盾分析法，全面把握社会的基本面貌和发展方向，提出社会主要矛盾的变化是关系全局的历史性变化；让现代化建设成果更多更公平惠及全体人民；坚持运用生产力与生

① 毛泽东选集：第四卷 [M]. 北京：人民出版社，1991：1475.
② 习近平. 习近平谈治国理政：第三卷 [M]. 北京：外文出版社，2020：133-139.
③ 习近平. 在庆祝改革开放40周年大会上的讲话 [M]. 北京：人民出版社，2018：19.

产关系、经济基础与上层建筑辩证关系的原理考察当代中国的改革发展，着力推动经济高质量发展，实现物质文明建设与精神文明建设和人的全面发展的有机统一；等等。这一系列原创性治国理政新理念新思想新战略，是中国化时代化马克思主义价值理念的有力彰显。

四、中国化时代化的马克思主义的时代亮点

中国化时代化的马克思主义以人民为中心，保障人民的根本利益，其时代亮点就是党的自我革命的坚定性。2021年11月，在党的十九届六中全会上，习近平总书记作出响亮回答——"毛泽东同志在延安的窑洞里给出了第一个答案，这就是'只有让人民来监督政府，政府才不敢松懈'。经过百年奋斗特别是党的十八大以来新的实践，我们党又给出了第二个答案，这就是自我革命。"

中国共产党是中国人民和中华民族的领导力量，也是推动构建人类命运共同体的中坚力量，世界爱好和平的人民对中国共产党充满期待。这种地位、责任、担当的确立，是中国共产党奋斗、牺牲、自我革命获得的。中国共产党成立以来，一个个成绩的获得，"关键在于我们始终坚持党要管党、全面从严治党不放松，在推动社会革命的同时进行彻底的自我革命"[①]。党的二十大报告的最后一部分是"坚定不移全面从严治党，深入推进新时代党的建设新的伟大工程"。在提出要全面加强党中央集中统一领导和坚持不懈用新时代中国特色社会主义思想凝心铸魂之后，要完善党的自我革命制度规范体系。全面加强党的建设和完善自我革命是对中国共产党引领"社会革命"和开展"自我革命"的理论自觉和行动宣言。这不仅仅是对"坚持党的领导"的深化和扩展，更体现着党的思想自觉和政治自觉。它是党的十八大以来以习近平同志为核心的党中央治国理政基本经验的概括总结，也是对"使命""初心""推动构建人类命运共同体"的庄严承诺。

进入新时代，中国共产党更加宣誓"自我革命""全面从严治党永远在路上"。自我革命的内容包括：其一，自我革命是一个丰富的理念系统，包括"党是最高政治领导力量""坚持党对一切工作的领导""打铁必须自身硬""思想建党和制度治党同向发力"；其二，自我革命引领社会革命。"党的自我革命"是一个严密的系统工程。它涵盖党的政治建设、思想建设、专业化干部队伍建设、基层组织建设、作风建设、反腐败斗争、健全党和国家监督体系，目标是全面增强执政水平。"自我革命"既是理论的，又是实践的。党的十八大以来，既加强党纪政纪等纪律宣传和落实，又加强对违

---

① 习近平. 在党史学习教育动员大会上的讲话 [EB/OL]. (2021-03-31). http://cpc.people.com.cn/n1/2021/0331/c64094-32066280.html.

规违纪的处罚，保证自我革命的坚定性。几年来，纪委监察委系统实现了对公权力运行的全覆盖，对犯罪及违纪违规的处理处罚赢得了党心、民心、军心。世界上没有哪个政党像中国共产党有如此宽广的不谋一党之利的胸怀，也没有哪个政党像中国共产党有壮士断腕、刮骨疗毒来保持自身纯洁性的勇气。

　　根据十九届中央纪委工作报告，从党的十九大至党的二十大这5年间，全国纪检监察机关共接收信访举报1 695.6万件次，其中检举控告类734.4万件，处置问题线索831.6万件。问责党组织3.9万个，问责党员领导干部、监察对象29.9万人。① 中国共产党坚持不懈地全面从严治党，不断把党风廉政建设和反腐败斗争推向深入，真正保证了中国化时代化马克思主义的自信自强、守正创新，成为21世纪马克思主义焕发蓬勃生命力的有力保障。

　　"江山就是人民、人民就是江山，打江山、守江山，守的是人民的心。坚持以人民为中心的发展思想，人民生活全方位改善，人民群众的获得感、幸福感、安全感不断增强。"② 立党为公、执政为民的中国共产党在新发展阶段赶考历史之问、时代之问、人民之问，保证承载14亿中国人梦想、寄托80亿世界人厚望的远洋巨轮行稳致远。

---

① 十九届中央纪律检查委员会向中国共产党第二十次全国代表大会的工作报告［N］．人民日报，2022 - 10 - 27（01）．

② 为中国人民谋幸福，为中华民族谋复兴——党的十八大以来以习近平同志为核心的党中央治国理政纪实［EB/OL］．（2022 - 10 - 15）．https://news. cnr. cn/native/gd/sz/20221015/t20221015_ 526035602. shtml.

大学生总体国家安全观认同的目标层级建构*

蒋华林**

一、问题的提出

党的二十大报告指出，"国家安全是民族复兴的根基"，要"全面加强国家安全教育……增强全民国家安全意识和素养，筑牢国家安全人民防线"。① 大学生在中华民族伟大复兴视域下作为对象的被期待性与作为主体/角色所指向的当下表率性和未来建构性，使得加强和改进大学生国家安全教育显得尤为紧要。总体国家安全观作为习近平新时代中国特色社会主义思想的重要组成部分，是"马克思主义国家安全理论中国化的最新成果，是中国共产党和中国人民捍卫国家主权、安全、发展利益百年奋斗实践经验和集体智慧的结晶"②，是新时代全面推进国家安全体系和能力现代化建设的根本遵循和行动指南。提升大学生国家安全意识和素养，最基础也是最重要的任务是增进大学生对于总体国家安全观的认同内化、铸牢大学生对于总体国家安全观的信心与信念，在内化与外化的循环往复之间，做到知行协同、知行合一，继而以青年大学生为方法、导向及引领，厚植总体国家安全观的民心基础与社会基石。

"国家安全是头等大事。"③ 加强大学生的国家安全教育既是高等教育目标之一，也

---

　* 本文系 2020 年度教育部人文社会科学研究专项任务项目（高校辅导员研究）"新时代大学生国家安全教育现状调查与对策研究"（项目编号：20JDSZ3035）、广州市哲学社会科学发展"十三五"规划 2020 年度共建课题"广州大学生引领大湾区青年铸牢中华民族共同体意识建构路径研究"（项目编号：2020GZGJ129）的阶段性研究成果。

　** 蒋华林，广东财经大学马克思主义学院副教授，法学博士，主要研究方向为高校思想政治教育理论与实践、马克思主义法治理论。

　① 习近平. 高举中国特色社会主义伟大旗帜　为全面建设社会主义现代化国家而团结奋斗——在中国共产党第二十次全国代表大会上的报告 [M]. 北京：人民出版社，2022：52-53.

　② 中共中央宣传部，中央国家安全委员会办公室. 总体国家安全观学习纲要 [M]. 北京：学习出版社，人民出版社，2022：4-5.

　③ 中共中央党史和文献研究院. 习近平关于总体国家安全观论述摘编 [M]. 北京：中央文献出版社，2018：3.

是高等教育整体目标顺利实现的根本保障。近年来，大学生国家安全教育得到了社会各级各层面的重视，如教育部先后出台《关于加强大中小学国家安全教育的实施意见》《大中小学国家安全教育指导纲要》等指导性文件，大学生国家安全意识和素养、维护和塑造国家安全能力等均得到一定程度的提升。在看到成效的同时，一些深层次问题、结构性矛盾、体制机制障碍、理论整体目标实现与个体需要动态发展的对接与衡平诸事宜的破解拓展依然有待持续关注①，投射到大学生总体国家安全观认同层面，呈现出悬浮化、非理性化、功利化、知行分离化（分散化、碎片化和浅层化）等现实性问题②。这为新时代境遇下进一步优化大学生国家安全教育、增进大学生总体国家安全观认同提出了新的要求与挑战。理论认同是理论自信的前提。新时代大学生总体国家安全观认同，即在新时代国家安全时与势下，大学生群体对于总体国家安全观的核心要义、价值旨归及实践要求等层面的一种归属感、赞同度与行动力。毋宁说，这是坚定走中国特色国家安全道路及党的国家安全创新理论与时俱进的意识形态资源和心理支柱。认同（identity）作为一个学理概念，有其深刻而丰富的内涵，指向同一、归属、身份、承认等，是认同主体对于认同客体的认可、喜爱、赞同、支持、拥护的心理活动过程和目标实现状态。"认同是社会行为意义的掌控，是个体成员社会化过程的完成。"③ 就其要素内涵来看，具有层次性，可以分为认知认同、情感认同、价值认同和行为认同。国家安全教育作为一种重要的思想政治教育实践，直面大学生这一思维活跃群体与不断发展变化的外部环境，需要我们结合大学生个体成长、认知及理论接受规律与总体国家安全观的理论要素、核心要义、价值意蕴，在遵循思想政治工作规律、教书育人规律、学生成长成才规律基础上，作出学理阐释与学术回应，对于大学生总体国家安全观认同这一总任务予以目标层级分解，分阶段、分层级地确立真知—真学—真信—真用这一适宜、科学、有效的阶段递进式目标，促成对于国家安全教育整体目标由静态理解上升为动态把握，充分发挥层级目标（大目标下的小目标）的方向设定、运行依据、评判标尺等价值与作用，循序渐进、螺旋上升，不断夯实大学生总体国家安全观认同基础，增进大学生对于总体国家安全观的认同，提升大学生维护国家安全等各方面的能力，自觉维护国家发展与安全利益。

二、大学生总体国家安全观"认知认同"目标：真知

马克思在《〈黑格尔法哲学批判〉导言》中指出："理论一经掌握群众，也会变成

---

① 曹晓飞. 大学生总体国家安全观教育的战略意义及实现路径 [J]. 思想理论教育导刊, 2018 (2)：125 - 126.
② 赵庆寺. 新时代高校国家安全教育的理念、逻辑与路径 [J]. 思想理论教育, 2019 (7)：99.
③ 詹小美，王仕民. 文化认同视域下的政治认同 [J]. 中国社会科学, 2013 (9)：37.

物质力量。理论只要说服人，就能掌握群众。"① "此岸世界的真理"的确立，关键在于"以理服人"、实现"深入人心"，进而在增进认知认同过程中实现理论体系真正"掌握群众""武装群众"，实现科学理论转化为现实生产力，推动社会发展。认知，作为一个多学科范畴，是指"通过思维活动认识、了解"②。认知认同，是对认识对象的认识和赞同的态度倾向，以及建立在赞同基础上的心理归属感。③ 认知过程就是人接受外界输入的信息，并将这些信息经过神经系统的加工处理，转换成内在的心理活动或观念，并存储在头脑中，当需要时提取相应的观念，转化为语言或行为活动。④ 大学生总体国家安全观认知，就是指大学生对于总体国家安全观的理论内涵、核心要义、精神实质、制度优势的看法、感知、记忆与想象，以及对于"以人民安全为宗旨"的国家安全核心价值观的体认等。⑤ 对于总体国家安全观的学习途径，显然是多方面的，既有作为主渠道的课堂教育，也有互动交流、社会空间、总体环境的养成与熏陶，最终促成受教育者接受一定社会所要求的思想观念、道德规范与法律要求，实现对总体国家安全观的认知认同。

根据人类认知发展的基本规律，对于外界事物、理论知识、社会关系等的认知往往都是一个从低级向高级、从浅层向深层逐步提升的过程。青年总体国家安全观的认知前提是准确把握世情、国情、党情、民情。⑥ 新时代大学生总体国家安全观认知认同层面的目标指向，在于通过总体国家安全观理论与实践层面的交叉输送、多元训练，促进大学生对于总体国家安全观的学习由感性认识上升到理性认识，由不稳定的认同向稳固的认同转化，由本能的心理归属向理性的心理归属递进，由碎片化的认识到系统性的把握，超越浅层次的仅仅只是概念甚至是停留于名称上的"知道"——其实并非真知，迈进到对于总体国家安全观理论体系的真知与把握，如熟稔地把握总体国家安全观的"一个总体""五大要素""五对关系""十个坚持"，以及基本观点、逻辑体系、科学方法、实践纲领等，对总体国家安全观作为习近平新时代中国特色社会主义思想体系重要组成部分的科学性和价值性的审视，作为马克思主义国家安全思想体系内的总体国家安全观与一般非马克思主义国家安全观的区别，进步性体现，彰显出对马克思主义立场、观点与方法等知识、概念、逻辑的把握，由此达到对于总体国家安

① 马克思恩格斯文集：第一卷 [M]. 北京：人民出版社，2009：11.
② 中国社会科学院语言研究所词典编辑室. 现代汉语词典[M]. 6版. 北京：商务印书馆，2012：1096.
③ 邢鹏飞. 大学生中国特色社会主义理论体系认同研究 [M]. 北京：社会科学文献出版社，2019：12.
④ 曹文秀. 关于思想生成的心理参与机制分析——基于思想政治教育视角 [J]. 思想政治教育研究，2020 (5)：3.
⑤ 刘跃进. 总体国家安全观指导下的总体国家安全教育 [J]. 河南警察学院学报，2019 (1)：10.
⑥ 李景瑜，王宇航. 推动总体国家安全观教育在高校落地生根 [J]. 人民论坛，2021 (10)：106.

全观的"真知",超越假性知道、瞬时记忆。诚然,将大学生总体国家安全观认知认同目标建构设定为"真知",必须置于人的自由而全面发展这一视阈内予以考量,这也就决定了对于大学生总体国家安全观认知认同的目标建构需要遵循由"理想的人"到"现实的人"最终落实到"发展的人"这一作为主体的具体的现实性的人的认知转换逻辑图式,①避免刻板范式限制人的活力与想象力,为青年大学生总体国家安全观认知认同注入强大的内生动力、积蓄具有改变性的现实力量。

大学生总体国家安全观认知认同,虽然只是浅表的认同心理活动,其稳定性和持久性相对较弱,也比较容易受到其他对象和外界环境的影响和冲击,但这是建构认同的第一步,是基础环节。换言之,大学生首先要搞懂我们所提倡的国家安全观是一种什么样的国家安全观。大学生只有真正了解与理解总体国家安全观的内涵、本质与主旨,将之转化为稳定的思想认识,才能有效识别马克思主义与各种非马克思主义、反马克思主义国家安全思潮主张,才能有助于转化为情感认同、价值认同,形成科学的价值观与方法论,进而驱动总体国家安全观认同从自发到自觉、从认识到行动、从理论到实践。

三、大学生总体国家安全观"情感认同"目标:真学

情感是认知转化为认同、知识把握上升为价值体认的中间环节。马克思指出,"激情、热情是人强烈追求自己的对象的本质力量"②。此言讲明了情感的力量。而情感体验及其建构是由"知"(知道)到"信"(信道)进而发展为"行"(做到)的必要条件与必经阶段,是思想道德发展路径中的特殊要求。③ 情感有积极与消极之分、有肯定与否定之别。情感认同指向的是正向的、积极的,带有理性认知的感性的情感推动力。正如列宁所指出的,"没有'人的情感',就从来没有也不可能有人对于真理的追求"④。列宁所提及的"人的情感",标定的即是正向的、协同的情感认同。如果受教育者对于总体国家安全观的内涵、目标、价值体系等持有的是一种消极、冷漠、无所谓的情感,比如在总体国家安全观认同实践中受教育主体"有获得但无感"等,教育效果显然会事倍功半、大打折扣。反之,受教育者在原有认知结构中对总体国家安全观持有积极的情感指向则会在教育者的引导之下,沿着一定的目标,主动参与教育活动,建立对于总体国家安全观的亲近、热爱、信赖、赞美、拥护、追随等主观情感倾

---

① 李东坡,李欣明. 马克思"人的解放学说"的思想政治教育意蕴及启示 [J]. 教学与研究, 2022 (9):78.
② 马克思恩格斯文集:第一卷 [M]. 北京:人民出版社, 2009:211.
③ 侯选明. 新时代马克思主义中国化的情感建构 [J]. 甘肃社会科学, 2018 (2):58.
④ 列宁全集:第25卷 [M]. 北京:人民出版社, 1988:117.

向，引发受教育者的共鸣，铸牢总体国家安全观认同的感性基础，在凝聚人心、团结奋斗层面发挥潜移默化的作用等。可以说，"真学"所标识的大学生总体国家安全观情感认同，在国家安全理论反思与熔铸中起到催化作用，激发出"人的对象化的本质力量"[1]，有利于大学生将总体国家安全观所深蕴的情感和观点与自身言行的真实动机和出发点实现交叠重合，增进真学、真心认同。

意识形态认同意义上的情感，需要以个体的直觉和想象为基础，同样也依赖于个体生理和心理层面的感知体验，但同时更要求个体超越直觉和想象的表层情感体验，转而进入到伦理意义上的相对理性冷静的情感体验。[2] 所谓真学之"真"，所关注、引导与培植的是大学生主体在话语符号的表达、复合传播的引导和递进教育的实施进程中对于总体国家安全观真心赞同、真情实感地学，是一种正向的积极的情感。真知未必一定推导出真学，部分认知也可以建立在外在的强迫与威权压制之上。虽然这样一种认知、理论接受难以持久、扎不了根，但它可以造成一种假象、一种表面的繁荣甚至是热闹。总体国家安全观情感认同并非无中生有，对于总体国家安全观的情感认同，是建立在古今中外国家安全思想理论的融通性、适应性与实效性的对比之中，在总体国家安全政策、制度、战略实施对于大学生个体的利益增进、需求满足之中。在历史维度、现实维度与理论维度中提升总体国家安全观话语的"述情性"与"共情力"，激发大学生在体系化的国家安全叙事中认识到总体国家安全观的人民性、实践性、社会性、先进性、真理性，促进大学生对于国家安全知识、理论、观念、价值与方法等的习得从自发走向自觉，并在认知深入系统推进、规律性把握过程中实现一种反思性建构，清晰分辨总体国家安全观与其他国家安全思想学说的差异和界限，通过理论阐释和实践锻炼等主动建构总体国家安全观与大学生社会心理之间的情感关联，促进大学生在热爱、信赖、亲近的良好情感倾向中深化对总体国家安全观的学习与实践，推动实现大学生对于总体国家安全观持续性的"带着信念学、带着感情学、带着使命学，把每一点都领会到位、领会透彻，做到知其表更知其里，知其言更知其义"[3]。在培养大学生道德崇敬感、集体归属感、生活获得感中，引发其群体情感共鸣基调，由此生发出来总体国家安全观积极情感认同对于增强国家安全意识、责任意识、忧患意识，自觉做国家安全的维护者、塑造者等实践行动起着催化剂的作用。

与此同时，我们还应该认识到，"认同，是对同一性的肯定与归属，更是对异质性

① 马克思恩格斯文集：第一卷 [M]. 北京：人民出版社，2009：193.
② 宋健林. 中国共产党意识形态认同培育机制研究 [J]. 思想教育研究，2022（10）：68.
③ 中共中央宣传部，中央国家安全委员会办公室. 总体国家安全观学习纲要 [M]. 北京：学习出版社，人民出版社，2022：147.

的排斥与批判"①。这样一种一体两面的情感趋向，前者把"我"变成"我们"，后者区分"我们"与"他们"，既强化了大学生对于总体国家安全观的心理恳认、赞同赞赏与实践维护，也有利于推动大学生个体在杂芜多元的国家安全社会思潮面前明辨是非正误，敢于发声、敢于"亮剑"，争当"战士"而非"绅士"，在现实与虚拟空间中积极驳斥、抨击并反对舆论场中不时出现的抹黑、歪曲、质疑总体国家安全观等论调，以实际行动维护总体国家安全观的声誉和地位。相较于认知认同，大学生总体国家安全观情感认同目标层级设置在认同感的强度和韧性方面均有所提升，有助于铸牢大学生与总体国家安全观之间的情感关联、情感沟通、情感支撑，破解具体个体与抽象理论之间的情感疏离、情感冷漠、情感单向度，夯实总体国家安全观"话语权"的心理基础、情感基础与精神基础，有效提升总体国家安全观这一党的国家安全创新理论"掌握群众"的能力，持续增进大学生对于总体国家安全观理论发展与实践创新的关注、接受进而实现内外化的主动性与自觉性。

四、大学生总体国家安全观"价值认同"目标：真信

价值感、意义感是链接认知与行为的桥梁纽带，是超越知而不行、知行脱节从而迈向知行合一的关键环节。价值认同与价值观的标尺紧密关联。价值观是关于客观对象的作用、意义，亦即关于客观对象的价值有无及大小的总看法、总观点。具体地讲，"价值观念不回答客观对象的本来面目是什么，也不具体揭示客观对象的本质和规律，或预测客观对象的未来趋势，而是反映某类事务对于人和人类的意义和价值"②。如果知识性要求是"成才教育"，那么，在知识传授过程中融贯主流价值观同时促成特定价值理念的认同，则是更为高层次的"成人教育"、一种精神上的个人与社会发展所需要的成长。成才是成人的基础，成人是成才的目标，二者相互促进、紧密关联。认同何以建构，其核心是确证价值/意义的过程。大学生总体国家安全观价值认同目标设定，着眼于大学生相信中国特色国家安全道路的价值与意义，接受并认可总体国家安全观这一马克思主义中国化时代化国家安全理论所蕴含的价值、意义、理念等，与自身及所在群体的价值理念具有高度一致性。

总体国家安全观并非只是一套关于国家安全的知识系统，也是一种具有浓厚社会主义核心价值理念贯通始终的国家安全知识体系，是知识与价值的一体化——知识是骨架，价值是灵魂。将总体国家安全观纳入"我"的信念系统并赋予或确认一种价值/

① 盛馨. 中国特色社会主义理论大众认同研究［M］. 北京：人民出版社，2022：48.
② 袁贵仁. 价值观的理论与实践［M］. 北京：北京师范大学出版社，2006：130.

意义，① 是为"真信"作为大学生总体国家安全观价值认同目标的应然建构。总体国家安全观的稳固树立，需要建构起较为系统、扎实的总体国家安全观知识理论基础。但是，如果将大学生总体国家安全观认同教育仅仅停留于总体国家安全观单纯知识的教育，那么，教育实践也就止步于生硬的国家安全知识传送，满足的也仅仅是大学生的外在需要，是一种较浅层次的教育认知活动，忽视了大学生情感体验、生命体验与道德人格的形成，未能引起内在行为动机，实现思想共振，并不能为总体国家安全观的内化生成提供价值指向，难免不让受教育者产生枯燥、乏味、厌弃、远在天边、与己不相关的心理感知。习近平指出，"学生有兴趣才会记忆，这种记忆是牢靠的，没有兴趣死记硬背就是死知识。知识是载体，价值是目的，要寓价值观引导于知识传授之中"②。总体国家安全观是建立在爱国主义、集体主义、社会主义核心价值观、共同价值、人类命运共同体的价值立场之上的，也是建立在总体国家安全观的关注、关切与青年大学生群体的利益需要高度一致的利益关联基础之上的。

确立价值性与知识性相统一，推进大学生总体国家安全观认同实践，才能有效有序推动大学生对于总体国家安全观"真信"这一价值认同目标的树立与实现。这就必须同时更加注重对大学生进行爱国主义、集体主义与社会主义核心价值观教育，引导大学生树立正确的历史观、民族观、国家观、文化观，在历史、现实与未来交互中融入中国共产党成立 100 余年来、新中国成立 70 余年来、改革开放 40 余年来、中国特色社会主义进入新时代 10 余年来所取得的重大成就、发生的伟大变革等之于青年大学生成才发展与梦想实现的紧密关联性。尤其是要着力于教育引导青年大学生对于党的二十大所提出的统筹发展与安全、以中国式现代化全面推进中华民族伟大复兴这一宏伟蓝图给青年大学生施展才干、实现梦想所提供的广阔舞台、无限机遇和光明前景等的认识，增进党的国家安全工作指导思想之于大学生的吸引力、凝聚力、向心力。通过全方位全领域系统化的渠道与途径，加强党的国家安全创新理论的阐释，让大学生真切感受到总体国家安全观的出发点、落脚点同自身利益是息息相关的，据此不断升华，立足现实并形成共同的崇高理想，以理想来改造和提升现实，把"小我"融入"大我"、把个人前途命运与民族、国家的前途命运结为一体。促进大学生自觉认同中国特色国家安全道路的核心价值理念，将总体国家安全观的知识与价值整合到自身原有的价值体系之中，提升大学生的认知图式，不断完善大学生的认知结构，从而形成崭新的安全观念和价值认同，对总体国家安全观自觉自愿表达肯定、赞赏乃至尊崇。在归属感、共同感、获得感、安全感中不断筑牢大学生主体对于总体国家安全观的信任、

---

① 侯选明. 认同问题的信念内核与逻辑结构［J］. 宁夏社会科学，2022（4）：53.
② 习近平. 思政课是落实立德树人根本任务的关键课程［J］. 求是，2020（17）：12.

信服乃至信仰机制，使其在国家安全观念思想价值领域，能自觉抵制外界的不良干扰，拒斥各种不良诱惑，增强对抗各种质疑的勇气，以总体国家安全观为指导并规范自己的思想和行为。

五、大学生总体国家安全观"行为认同"目标：真用

社会生活的本质是实践的。"只有经过'行'的生活实践，才能够真正实现主体体认的义理与文本蕴含的义理、思想观念中的义理与现实生活中的义理的融通。"① 知行合一、行胜于言，是传统中国哲学所倡导的修身立德的基本理念，也是马克思主义理论的鲜明特质，正如马克思所言，"思想要得到实现，就要有使用实践力量的人"②。由认知认同、情感认同到价值认同，最终落实到实践践履，是总体国家安全观认同的完整历程和外化表现。

知是为了行，行是新知的来源、已知的运用和对于未知的探索。知与行相互结合、两相促进，是一切理论知识、价值规范转化为现实生产力、推动行为革命、现实问题化解更新的基本路径，也是人类特有的、改造世界的对象性活动。只有在用的过程中，才能真正将理论、抽象的道理、抽象的感知与人的思维世界进行具体的链接，进而加深对于理论的理解与现实问题的把握度、谋划力、行动力。解释世界很重要，但深入实践、改造世界更为要紧。只有将解释世界的理论与结论用于改造世界，在实践中推动了客观事物的向前发展，用于解释世界的理论、所得出的规律性认识才得到证成。唯有如此，在行动之中，才能不断筑牢对于真理的认识与对于真理的认同。美国学者曼纽尔·卡斯特指出，"认同尽管能够从支配性的制度中产生，但只有在社会行动者将之内在化，并围绕这种内在化过程构建其意义的时候，它才能够成为认同"③。行为认同是新时代大学生总体国家安全观内化效果的高阶目标、最终环节，是统筹发展与安全视野下的"有原则高度的实践④，也是大学生总体国家安全观认同活动质量几何与效度评价的标准。新时代我国国家安全面临诸多新变化、新矛盾、新风险、新趋势，需要大学生在总体国家安全观理论知识习得、价值反思的基础之上，更多地直面生活、面向社会、走向实践，从自己做起、从身边小事做起，在实实在在践行总体国家安全观的多次反复行为中，形成维护和塑造国家安全的行为习惯。这样的行为习惯的养成势必进一步加深大学生对于总体国家安全观的认识、认知、认同，促进大学生对于总

---

① 朱汉民. 实践—体验：朱熹的《四书》诠释方法 [J]. 中国哲学史，2004（4）：55.
② 马克思恩格斯文集：第一卷 [M]. 北京：人民出版社，2009：320.
③ 曼纽尔·卡斯特. 认同的力量 [M]. 曹荣湘，译. 2 版. 北京：社会科学文献出版社，2006：5.
④ 马克思恩格斯文集：第一卷 [M]. 北京：人民出版社，2009：11.

体国家安全观积极情感的培养、价值的锤炼，牢固树立对中国特色社会主义国家安全道路的信念和共产主义远大理想，在自觉维护与塑造国家安全的实际行动中强化对于总体国家安全观的认知认同、情感认同与价值认同，主动以总体国家安全观的要求来指导并约束自己的言行举止，确保自己的思想、行为与总体国家安全观的具体要求、精神主旨行驶在同一条轨道之上。

从整体上看，总体国家安全观不仅仅包含并延续了马克思主义的批判性，更重要的是其在超越西方国家安全观及其教育思想基础上的面向中国、立足本土的建构性。人的国家安全思想观念的形成带有主观性。但在这种形式上的主观性之背后，又具有其客观基础与有迹可循的规律性。在对大学生总体国家安全观认同教育实践活动的社会调查基础上，对于"四个认同"目标层级的相互递进式线性回归分析发现①，将情感认同度作为被解释变量，认知认同度为解释变量，大学生对总体国家安全观的认知认同度平均每提升 1 个单位，情感认同度会平均增加 0.209 个单位②；将价值认同度作为被解释变量，情感认同度为解释变量，大学生对总体国家安全观的情感认同度平均每提升 1 个单位，价值认同度会平均增加 0.704 个单位；将行为认同度作为被解释变量，价值认同度为解释变量，大学生对总体国家安全观的价值认同度平均每提升 1 个单位，行为认同度会平均增加 0.242 个单位。由此观之，大学生对于总体国家安全观的认知认同—情感认同—价值认同—行为认同均具有较强的正相关关系。这就要求我们遵循马克思主义思想政治教育规律，从认知—情感—价值—行为这一逻辑图式建构循序渐进地推动青年大学生总体国家安全观认同最终目标的达致，引导大学生在总体国家安全观知识、观念及价值认同的基础上作出价值实践创新，夯实国家安全基础。

---

① 在统计学中，回归分析（regression analysis）指的是确定两种或两种以上变量间相互依赖的定量关系的一种统计分析方法。为了深入探究大学生总体国家安全观认同实践四个目标层级（认知认同、情感认同、价值认同和行为认同）之间的相互影响关系，本研究在对新时代大学生总体国家安全观认同教育现状及其成效的社会调查基础上，对于此四个认同度之间分别进行线性回归分析。

② 通过利用主成分分析方法，对于大学生总体国家安全观认知认同、情感认同、价值认同和行为认同分别进行综合评价，计算出每个样本的认知认同度、情感认同度、价值认同度和行为认同度。据此，首先对大学生总体国家安全观认知认同度和情感认同度进行回归分析。认知认同度和情感认同度的皮尔逊相关系数为 0.341，单侧检验的 P 值为 0.000（小于显著性水平 0.05），两者之间存在着一定的正相关关系。情感认同度作为被解释变量，而认知认同度为解释变量，认知认同度和情感认同度的回归分析模型为：可决系数为 0.117，对于回归系数的 t 检验统计量为 13.881，对应的概率 P 值为 0.000 000（小于显著性水平 0.05），可以认为回归系数有显著性意义。由此测量得知，大学生对总体国家安全观认知认同度每提升 1 个单位，情感认同度会平均增加 0.209 个单位。依循这一方法，可以继而测量分析得出大学生总体国家安全观情感认同度与价值认同度、价值认同度与行为认同度之间相互关联。

六、结语

关于新时代大学生总体国家安全观认同的四个目标层级设定，按照先后顺序渐进提升、螺旋发展，显然只是一种理想状态。现实情境中，四个认同是相互影响、相互制约、相互渗透的，有时候会循环反复，有时候会断裂跳跃式发展，在一些特殊时空节点上还存在同步提升，或是停滞不前等。教育者在紧紧把握总体国家安全观核心要义、精神实质、丰富内涵以及大学生成长成才规律基础上，聚焦大学生个体"第一需要"①，在把握阶段与总体、要素与系统、静态与动态等的辩证统一关系中，对于大学生总体国家安全观认同教育的实施步骤、目标推进、调整反馈等予以统筹谋划。作为一种理论上的探讨、逻辑上的推演、实践上的验证，分层分类确定大学生总体国家安全观认同的层级结构、阶段性目标，有利于教育者、管理者等遵循大学生群体特质并立足一定外界环境精准化开展国家安全教育，从而为提升大学生总体国家安全观认同确立行动指引、设定目标预期。与此同时，又必须充分认识到四个认同目标层级结构本身并非割裂的、孤立存在的，四个认同在其主旨实质、精神内涵上必然统一于中国共产党的全面统一领导下，培养担当民族复兴大任的时代新人与德智体美劳全面发展的社会主义建设者和接班人这一新时代总体育人目标。换言之，新时代大学生总体国家安全观认同教育在认知、情感、价值、行为认同等目标层级建构实施上，最终所指向的育人目标为"时代新人"。"时代新人"作为总体目标体系，统辖四个认同分体目标的科学设定与协调运行。结合当下大学生总体国家安全观认同及国家安全教育现状，在新时代国际国内社会环境背景下，依托"大思政"格局、精准思政、课程思政、三全育人、"十大育人体系"构建等"总体性"方法与方向，注重思想政治教育的普遍贯通，② 进一步加强并优化大学生总体国家安全观认同教育，实现总体国家安全观对于青年大学生群体的价值内化、素养提升、能力养成等，不断增强大学生国家安全教育的针对性、实效性、吸引力与感染力，最终实现大学生对于总体国家安全观的认知认同、情感认同、价值认同、行为认同的递进稳步提升，做到真知、真学、真信、真用，自觉做总体国家安全观的践行者，在现实生活中自觉捍卫国家安全，从自我做起，在集聚中扩散，影响整个社会，带动全民国家安全教育成效的提升，开创新时代全民国家安全教育新局面，切实夯实国家安全和社会稳定基层基础，最大程度维护国家安全和发展利益，以国家安全体系和能力现代化全面护航中华民族伟大复兴。

---

① 项久雨. 利益·情感·精神：个体第一需要与德育认同的三重逻辑［J］. 南京师大学报（社会科学版），2021（4）：5.

② 骆郁廷. 论思想政治教育的普遍贯通［J］. 马克思主义研究，2022（9）：74.

以党的二十大精神引领大学生心理健康发展[*]

曹秀华[**]

党的二十大报告强调"青年强,则国家强",对广大青年提出了"立志做有理想、敢担当、能吃苦、肯奋斗的新时代好青年"的重要要求,充分体现了党对青年健康成长的关怀和期待。大学生是青年中的特殊群体,年龄正处于青少年期向成年期过渡的特殊时期。这是一个充满变化、充满活力、不断探索和追求的时期,也是一个充满焦虑和困惑的时期,有关自我认同、个体独立性、亲密关系发展和道德观价值观等课题非常突出,发展不顺则可能出现心理问题,严重者会发展成心理疾病甚至走向自我毁灭。因此大学生健康成长既要重视心理健康教育,也要重视精神上的正确引导。党的二十大宣示了我们党在新时代新征程举什么旗、走什么路、以什么为遵循、保持什么样的精神状态、朝着什么样的目标前进的重大问题,为大学生筑牢信仰之基、补足精神之钙、把稳思想之舵,对大学生顺利完成发展任务、妥善解决好人生发展课题、引领他们健康成长为有理想、有信念、有担当的新时代好青年具有重要意义。

一、大学生心理发展理论概论

发展心理学的研究表明,人在不同的阶段具有不同的心理。大学生心理发展的整体水平处于迅速走向成熟而又没有达到真正成熟的阶段,正是剧烈变化的阶段。埃里克森的心理社会发展理论、哈维格斯特的综合发展理论,为我们理解大学生的核心发展任务提供了理论视角。

按照心理学家埃里克森(Erikson,1963)的理论,"人生每个阶段都有要完成的心

---

[*] 本文系广东财经大学校级项目"线上线下混合式课程教学改革实践——'大学生心理健康教育'"(粤财大〔2023〕93 号)阶段性成果。

[**] 曹秀华,湖南常德人,教育学硕士,广东财经大学马克思主义学院副教授,研究方向为马克思主义思想政治教育及心理健康教育。

理发展任务，每个阶段都有亟待解决的危机"①。大学生正处在青少年向成年初期过渡的重要阶段，这一阶段的主要任务是青少年时期（12～18岁）任务和成年初显期（18～25岁）任务的叠加，即"形成自我同一性、防止角色混乱与获得亲密感、避免孤独感和体验爱情感等两项心理发展任务"叠加在一起。② 一般来说，每一阶段发展任务顺利完成是建立在上一阶段任务完成的基础之上的。

发展心理学家哈维格斯特（R. J. Havighurst）专门对青年期的发展任务作了系统的研究，他认为发展任务是个体在人生各阶段必须获得的机能、知识、技能、态度等，这既是个体的要求，也是社会的要求。人为了度过幸福的人生，在各个时期有该时期必须做的事情，错过就不行。哈维格斯特列举了10项青年期的发展任务，即"学习与同龄男女之间的新的交际方式；学习作为男性或女性的社会任务及角色；认识自己的身体结构；在精神上独立于父母及其他成人，发展独立性；具有在经济上自立的自信；选择职业及为其准备；做结婚及家庭生活的准备；发展作为社会成员所必须具备的知识和态度，发展人生观；追求并完成负有社会责任的行动；学习作为行动指针的价值观念和伦理体系"。③

由上可见，青年期大学生发展的核心任务是要认识自己、发展独立性、亲密关系的建立、设计人生规划、人生观与价值观形成等。这些任务顺利完成，个体则得到健康发展；如果完成得不好，个体则可能出现心理困扰、心理疾病或精神困惑。

二、当前大学生健康发展的现实状况

最美好的时光、最麻烦的年纪，这是大学年龄阶段的生动写照。2022年5月对广东高校891名在校大学生进行的心理健康综合问卷调查数据显示，20%以上的大学生存在不同程度的心理困惑、心理疾病，还有相当一部分大学生存在精神困惑，校园"内卷"严重，"躺平主义"盛行，当下大学生心理状况不容乐观。

（一）大学生心理困惑比较普遍

大学生心理困惑指因各种发展性问题、适应问题、应激问题以及人际关系问题等引起心理上的冲突，个体出现不良情绪，轻者情绪可控且不影响日常生活与学习，严重者情绪时有失控、人际关系受损、影响一定社会功能，但还没达到病的范畴。当前大学生心理困惑有多种表现：

（1）自我意识偏差问题比较突出。很多大学生不能正确认识自己，不了解自己，

---

① 埃里克·H. 埃里克森. 同一性：青少年与危机 [M]. 孙名之，译. 杭州：浙江教育出版社，1998：205.
② 戴维·迈尔斯. 心理学 [M]. 黄希庭，等译. 北京：人民邮电出版社，2013：188－189.
③ HAVIGHURST R J. Developmental tasks and education [M]. New York：Longman，1972.

因而出现自卑、自负等。大学生普遍对自己个性不满意，问卷显示 891 名学生中 52.19% 认为是个人的性格引起心理问题，"非常自信" 和 "比较自信" 的仅占 37.71%。

（2）独立性发展不够，亲子冲突突出。891 名学生中有 456 名学生认为自己缺乏来自父母的关心，认为严重缺乏的有 68 人，因而内心痛苦。数据显示大学生产生自杀意念的第一位因素是家庭问题（见图 1）。问卷显示，对于 "上大学后您认为自己最大的挫折是什么" 这个问题的选项，"自我管理能力不强" 以 40.89% 占到第 1 位。可见大学生对父母依赖性比较强，离开父母不适应，独立性发展不够。

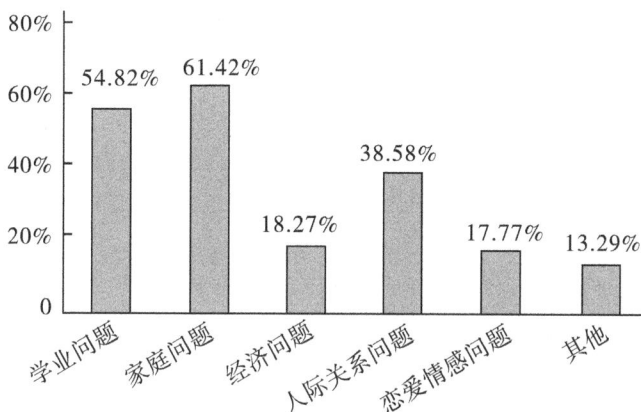

图 1　产生自杀念头的原因

（3）人际关系压力大。问卷显示人际关系是大学生压力来源，本次问卷显示 16.39% 的学生经常觉得孤独、对自己交友满意的占 11.78%，认为自己没朋友的占 7.18%。大学宿舍常常存在多个微信群，有的一个宿舍 4 个人有 4 个群。大学男生宿舍同学之间一些关系好的以 "父子" 相称，对能力较强、年龄较大的同学以 "老大" 称之，这些称呼虽是关系好的表现，但也反映出大学生情感的依赖性，而同学关系可能因此变味，被称为 "爸爸" "老大" 的同学深感自豪与骄傲，因为 "我比你厉害"，而 "儿子" 或地位最低的同学角色往往不愿意主动提起。此外在公开可见的自杀或伤害事件中，人际关系常是悲剧的导火线。

（4）错误恋爱观、婚姻观、生育观及性心理。首先表现在恋爱观功利、婚育愿望低。本次问卷中渴望与异性交往的占 47.79%，大部分人表示没有需求；891 人中处于恋爱中的占 20.2%，63.08% 表示常年没有爱慕对象；关于大学生恋爱原因，因为爱情的仅占 40.97%，55.44% 是因为满足生理心理需要、打发时间、调节压力、从众等功利性原因。在一个对于未来美好生活展望的选项中，与婚育相关的维度大多数人选择了回避。

（5）大学生活适应不良因而负面情绪突出。一些大学生对大学学习与生活普遍表现出不适应、不满意。问卷显示，对自己的大学生活满意的占 21.55%，不满意的占13.58%，而 64.87% 的人表示无感。大学生"最经常出现的情绪"中，积极、快乐、忙碌充实的占 36.59%，而负面情绪如无聊、枯燥、烦躁、焦虑、抑郁、悲伤则占到27.5%，"经常后悔"的占 15.49%。

（二）心理疾病呈现上升趋势

现代社会变化大，不确定感增加导致焦虑更严重；如果家长进一步给予压力，则导致抑郁和焦虑更甚。多重数据显示大学生中常见的心理疾病如抑郁症和焦虑症近年呈现上升趋势。

《中国国民心理健康发展报告（2019—2020）》中披露，2020 年青少年的抑郁检出率为 24.6%，其中，轻度抑郁的检出率为 17.2%，重度抑郁为 7.4%。此外 19～22 岁群体检出重度焦虑症达 5.4%。① 2022 年 6 月 29 日，"人民日报健康客户端"发布《2022 年中国抑郁症蓝皮书》显示，目前我国患抑郁症人数 9 500 万，其中学生占到50% 以上，18 岁以下的抑郁症患者占总人数的 30.28%，18～24 岁青年抑郁症患者占总人数的 35.32%；青少年抑郁症患病率已达 15%～20%，接近于成年人；77% 和69% 的学生患者在人际关系和家庭亲子关系中易产生抑郁；更值得重视的是，青少年的自杀率要比成人高出近 3 倍，且大约 60% 的青少年自杀事件与抑郁症有关。

（三）精神困惑现象突出

大学生精神困惑是指大学生个体存在着的意识或无意识层面的内在困境，并向外呈现出的一种疑惑状态。这种精神困惑表现出既非心理疾病范畴、但又非健康积极的状态，常见表现主要为"空心病""躺平""愤青"等状态。这些状态下的大学生对生命的意义及自我价值产生了消极的认知和极端的情感体验，不利于他们自身的成长和社会的进步。"空心病"是北京大学心理健康教育与咨询中心副主任徐凯文在 2016 年11 月的一次演讲中提出的概念，是价值观缺陷导致的心理障碍，症状为觉得人生毫无意义，对生活感到十分迷茫，不知道自己想要什么，也有大学生因此产生自杀倾向。"躺平"是一种消极的生命状态，表现为对生存世界无欲无求或采取消极回避态度。而"愤青"则表现为缺乏理性思考、遇事往往急于"抒发"个人观点、抨击不赞成自己的观点。②

---

① 傅小兰，张侃，陈雪峰，等. 心理健康蓝皮书：中国国民心理健康发展报告（2019—2020）［M］. 北京：社会科学文献出版社，2021.
② 徐伟. 当代青年精神困惑的内在逻辑与理性应对［J］. 当代青年研究，2020：68－73.

大学生心理成长的重要任务之一就是价值观的养成，错误引导后果严重。目前基础教育仍旧唯分主义、功利主义，到了大学又受到躺平主义、虚无主义、犬儒主义等影响，价值观缺失导致心理障碍。此外社会环境对大学生价值观的影响不可小觑，如大众传媒良莠不齐、低俗炒作，腐蚀价值观及审美标准；影视节目唯美却不唯真，腐化价值观很容易吸引尚未成熟的大学生；电影电视、广告、印刷品过度使用滤镜，严重失真，绚丽的色彩、美好的画面营造出一个个洞穴世界，让一些大学生失去思考能力，价值观歪曲从而影响心理健康。

由以上分析可见，大学生心理健康发展问题就是大学生从青少年到成年初期转变过程中阶段性发展任务完成不充分或失败导致的。因此大学生健康成长，就是要顺利完成青少年期向成年初期转变的阶段性任务，让大学生正确认识自我、树立远大理想与信念。只有价值观正确，自立、自强、自信，敢于担当，才能健康发展；反之则可能出现心理问题，严重者会发展成心理疾病甚至走向自我毁灭。

三、以党的二十大精神引领大学生心理健康发展

党的二十大的主题是"高举中国特色社会主义伟大旗帜，全面贯彻新时代中国特色社会主义思想，弘扬伟大建党精神，自信自强、守正创新，踔厉奋发、勇毅前行，为全面建设社会主义现代化国家、全面推进中华民族伟大复兴而团结奋斗"[1]。青年是国家的未来和中华民族复兴的希望，大学生的健康发展不仅影响到自身，还对祖国未来的发展有着决定性的影响。高校大学生心理健康教育教师应该把党的二十大作为工作指南，以党的二十大精神引领新时代大学生心理健康成长，以习近平新时代中国特色社会主义思想凝心铸魂，让大学生能够担起民族复兴的大任，撑起新时代的希望。

（一）党的二十大是大学生心理健康教育工作的指南

党的二十大赋予青年新时代的历史使命，包含着对大学生健康成长的必然要求。"青年强，则国家强。当代中国青年生逢其时，施展才干的舞台无比广阔，实现梦想的前景无比光明。"[2] 当今时代，是全党全国各族人民迈上全面建设社会主义现代化国家新征程、向第二个百年奋斗目标进军的关键时刻，而对于当代青年人来说，是青年成长成才、人生发展的黄金时期。当今中国，正处于一个从"站起来"到"富起来"走向"强起来"的历史发展阶段，对于广大青年群体来说，正是他们的人生发展面临的

---

① 习近平. 高举中国特色社会主义伟大旗帜　为全面建设社会主义现代化国家而团结奋斗——在中国共产党第二十次全国代表大会上的报告［N］. 人民日报，2022 - 10 - 26（01）.

② 习近平. 高举中国特色社会主义伟大旗帜　为全面建设社会主义现代化国家而团结奋斗——在中国共产党第二十次全国代表大会上的报告［N］. 人民日报，2022 - 10 - 26（01）.

新的历史起点。青年能否担起国家的前途、民族的命运，关键在于青年的健康成长。

党的二十大对青年的重视及对青年工作的方法和态度，对大学生心理健康教育发展有重要借鉴作用。"全党要把青年工作作为战略性工作来抓，用党的科学理论武装青年，用党的初心使命感召青年，做青年朋友的知心人、青年工作的热心人、青年群众的引路人。"在重要性上，全党都要把青年工作作为战略性工作来抓；在工作方法上，要"用党的科学理论武装青年，用党的初心使命感召青年"，也就是让党的科学理论和党的初心使命进入青年的脑和心；在工作态度上，要"做青年朋友的知心人、青年工作的热心人、青年群众的引路人"。这是党对青年及青年工作的态度和工作方法，也应该成为大学生心理健康教育教师的工作方法。

党的二十大提出"新时代好青年"的标准，为大学生心理健康发展指明了方向。何为"新时代好青年"？一是思想政治方向要走对，新时代好青年首先要"听党话、跟党走"。二是具备好的品质与素质，新时代好青年要"怀抱梦想又脚踏实地，有理想、敢担当、能吃苦、肯奋斗"。三是具备一定的创新能力，"敢想敢为又善作善成"。四是有健全的自我意识。怀抱梦想、敢想敢为、能立志、让青春在全面建设社会主义现代化国家的火热实践中绽放绚丽之花的青年，是自我意识健全的人。具有健全自我意识的人，是一个有自知之明的、能正确评价自我和发展自我的人，是自我认识、自我体验和自我控制相协调一致的人，是能够积极自我肯定的、独立的并与外界保持一致的人，是理想自我与现实自我统一的人，是有积极的目标、能积极进取永无止境的人。

党的二十大提出育人的根本在于立德，与大学生心理健康教育目标高度契合。党的二十大指出"教育、科技、人才是全面建设社会主义现代化国家的基础性、战略性支撑，育人的根本在于立德"[①]，立德树人，既是大学生心理健康教育的最终目标，也是大学生心理健康的前提。大学生心理健康教育是提高大学生心理素质、促进其身心健康和谐发展的教育，是高校人才培养体系的重要组成部分，也是高校思想政治工作的重要内容。对于高校来说，全面贯彻党的教育方针，落实立德树人根本任务，培养德智体美劳全面发展的社会主义建设者和接班人，要以党的二十大精神为引领，切实提升心理育人质量。

（二）倡导科学的健康观，培养全面成长的"新时代好青年"

党的二十大高度重视人民健康，明确提出人民健康是民族昌盛和国家强盛的重要标志，倡导全面、科学的健康观，提出把保障人民健康放在优先发展的战略位置，并从身体健康、心理健康和精神健康、生活方式健康等角度全面提出完善人民健康促进

---

① 习近平. 高举中国特色社会主义伟大旗帜　为全面建设社会主义现代化国家而团结奋斗——在中国共产党第二十次全国代表大会上的报告［N］. 人民日报，2022 - 10 - 26（01）.

政策。实现国民健康长寿，是国家富强、民族振兴的重要标志，也是全国各族人民的共同愿望。

必须倡导科学的健康观，促进大学生全面成长为"新时代好青年"。党的二十大提出了"新时代好青年"的标准，就是实现了立德树人根本任务，符合"德智体美劳全面发展的社会主义建设者和接班人"的标准。因此一个真正健康的大学生不仅身体健康，而且心理健康，他们内心愉快、乐观、充满自信，处于逆境的时候能够乐观面对。倡导科学的健康观，一是要关心大学生生理健康，使其保持机体的活力，有充沛精力去适应生活、解决人生中遇到的任何困难。二是要关注大学生的社会适应能力，引导大学生理性认识、分析社会，审视自己言行是否符合社会要求、与社会保持一致；引导大学生与社会保持良好接触、适度参与到社会中去。三是要提高大学生的道德素养，培养大学生正确道德观，引导大学生检视自己的道德认同是否与社会主义道德规范相一致。通过倡导科学的健康观，实现大学生德智体美劳全面发展，心理健康、情绪积极，行动充满力量，对未来充满希望、提升生命的价值感，实现自我的意义。

（三）开展理想信念教育，为大学生健康成长提供精神动力

党的二十大报告标题郑重宣示：高举中国特色社会主义伟大旗帜，为全面建设社会主义现代化国家而团结奋斗。中国共产党从成立之日起就是一个有崇高理想和坚定信念的伟大的党，这个理想信念，就是马克思主义信仰、共产主义远大理想和中国特色社会主义共同理想。共产党之所以能屹立百年不倒而且越来越兴旺发达，正是因为理想信念，这是共产党人能够经受住任何考验的精神支柱。一百年来，中国共产党在生死斗争和艰苦奋斗中经受住各种风险考验、付出巨大牺牲，始终坚持崇高的理想和坚定的信念，牢记初心使命，反映了党的理想信念的伟大精神力量。

缺乏理想与信念，这既是大学生思想上的问题，也是大学生心理健康问题的主要来源。理想是人们前进的目标和方向，信念是实现理想的一种精神动力。习近平总书记说，"理想信念是精神之钙"。没有理想信念就会得软骨病。理想信念是大学生积极发展的动力，能给人力量和信心，大学生在正确的理想信念引导下能够以正确的观念积极去看待社会、看待自身发展。大学生在追逐梦想、实现理想的过程中会发现自己的不足、发扬自身的优点，挖掘自身的潜力，不断地调整自己、完善自己，甚至超越自己。反之，如果大学生缺乏理想和信念，就失去动力、失去生活的目标。

开展大学生理想信念教育，就要以党的二十大精神引领大学生树立共产主义远大理想和中国特色社会主义共同理想，使大学生补足"精神之钙"，获得精神力量，能够放眼长远，放眼未来，能够理性对待成长过程中的困难和挫折，增强大学生健康成长的内动力。

（四）弘扬伟大建党精神，为大学生健康成长注入强大正能量

党的二十大指出，必须坚持在发展中保障和改善民生，鼓励共同奋斗创造美好生活，不断实现人民对美好生活的向往。然而，当前我国社会物质发展水平不平衡不充分，物质生活和幸福并非同步发展。当代大学生出现"空心病""躺平"以及"愤青"等精神困惑，正是物质和精神发展不同步的表现。这些精神困惑本质是心理过程的认知、情感、意志行为呈现出不和谐的状态，从而表现出认知、情感或行为的消极退化。要让大学生尽快走出精神困惑，需要从这几个环节入手进行干预：重建理性认知、体验积极情感、坚定意志信念，如通过弘扬伟大建党精神，为大学生注入精神能量以助其走出精神困惑。

习近平总书记在庆祝中国共产党成立 100 周年大会上首次提出了伟大建党精神，并对其内涵进行了系统概括：一百年前，中国共产党的先驱们创建了中国共产党，形成了坚持真理、坚守理想，践行初心、担当使命，不怕牺牲、英勇斗争，对党忠诚、不负人民的伟大建党精神，这是中国共产党的精神之源。[①] 党的二十大指出"弘扬伟大建党精神，自信自强、守正创新、踔厉奋发、勇毅前行"，这既突出了用系统的伟大建党精神统领我们党的精神状态，也突出了中国共产党人的精神特质，同时也成为大学生健康成长的精神食粮。在大学生健康教育中要融入中国共产党伟大建党精神，帮助青年大学生走出精神困惑。一是以理性之光照亮大学生。"坚持真理、坚守理想"的伟大建党精神是认知层面的求真精神，蕴含对马克思主义真理的坚持、对共产主义和社会主义理想信念的坚守。通过传授知识、纠正学生的认知偏差，引导学生理性思考，发挥知识对大学生精神世界的"关照"。二是在践行中体验积极情感、强化责任担当。"践行初心、担当使命"是伟大建党精神之魂，是理想目标层面的实践精神，指明了中国共产党和中国人民的实践方向。践行初心，有明确的价值指向，就不会迷失方向；担当使命，就会有强大的奋斗动力，就不会精神懈怠。"空心病"正是缺乏实践行动、没有积极情感体验带来的精神空虚，"践行"与"担当"正是走出"空心病"的良方。三是挫折体验中的反省、成长。"不怕牺牲、英勇斗争"是伟大建党精神的价值取向，属于意志层面的奋斗精神，体现了斗争性。中国共产党在惊涛骇浪中启航，在腥风血雨中成长，在遏制打压中愈来愈强。在心理挫折的调适部分可以引导学生建立积极的心理防御机制、培养进取性品质。四是生命教育中克服虚无。"对党忠诚、不负人民"是伟大建党精神的根本立场和政治品格，属于党性情怀层面的奉献精神，体现了人民性。在生命意义的部分可以引导学生激发梦想、努力奋斗、有所担当，引导学生为实现个人梦、中国梦而奋斗，真正成长为中国特色社会主义建设需要的人才。

---

① 习近平《在庆祝中国共产党成立 100 周年大会上的讲话》单行本出版［N］. 人民日报，2021 – 07 – 03（01）.

中国式现代化的历史演进与世界意义

——兼论融入"思想道德与法治"教学的维度选择

陈　娟*

习近平总书记在中国共产党第二十次全国代表大会上的报告中指出：从现在起，中国共产党的中心任务就是团结带领全国各族人民全面建成社会主义现代化强国、实现第二个百年奋斗目标，以中国式现代化全面推进中华民族伟大复兴。① 报告同时明确了中国式现代化的五大特征与本质要求，并在此基础上提出了党在新时代新征程的历史使命。中国式现代化在报告中的重要性可见一斑，也吸引了众多关注。在高校的思想政治理论教学中向学生讲好中国式现代化的基本特征和本质要求，帮助学生深刻理解它的历史演进与世界意义显得格外重要，唯有如此才能进一步引导学生坚定理想信念，听党话、跟党走，增强"四个意识"，坚定"四个自信"，做到"两个维护"，激发学生立志做有理想、敢担当、能吃苦、肯奋斗的新时代好青年，为全面推进中华民族伟大复兴贡献青春力量。

一、中国式现代化的历史演进

党的二十大报告指出："在新中国成立特别是改革开放以来长期探索和实践基础上，经过十八大以来在理论和实践上的创新突破，我们党成功推进和拓展了中国式现代化。"由此可见，中国式现代化是中国共产党人在探索现代化建设的实践过程中不断完善、不断丰富的创新理论，是基于现实的正确选择。

从广义来讲，现代化（modernization）是指工业革命以来人类社会所发生的深刻变化，包括从传统农耕社会向现代工业社会转变的各个方面，如经济、政治、文化与社会等方面的深刻转变。洋务运动、戊戌变法、辛亥革命等，一定意义上都可以看作是

---

* 陈娟，河南焦作人，历史学博士，广东财经大学马克思主义学院副教授，主要研究方向为思想政治教育。

① 习近平. 高举中国特色社会主义伟大旗帜　为全面建设社会主义现代化国家而团结奋斗——在中国共产党第二十次全国代表大会上的报告［N］. 人民日报，2022－10－26（01）.

中国现代化的尝试和探索。中国共产党自成立以来，始终将为中国人民谋幸福、为中华民族谋复兴作为自己的初心使命。早在 1944 年 5 月 22 日，毛泽东在陕甘宁边区工厂职工代表会议举行的招待会上就强调"要打倒日本帝国主义，必需有工业。要中国的民族独立有巩固的保障，就必需工业化。我们共产党是要努力于中国的工业化的"①。在 1949 年的七届二中全会上，毛泽东提出未来新中国要实现农业国向工业国转变。

新中国成立后，中国仍然是一个"一穷二白"的落后农业国家，工业基础极其薄弱，中国共产党对现代化的理论探索付诸实践，计划通过三个五年计划初步实现工业化，取得了一定的成绩。1964 年在第三届全国人大会议上，周恩来提出"把我国建设成为一个具有现代农业、现代工业、现代国防和现代科学技术的社会主义强国，赶上和超过世界先进水平"。这是我党历史上第一次提出四个现代化的目标。但由于"左"倾错误路线的干扰，当时这个目标并未付诸实践。

改革开放以后，中国共产党关于现代化的理论探索与实践进入快速发展阶段。1979 年 3 月，邓小平首次提出"中国式的现代化"，并在党的十二大开幕式上明确指出"我们的现代化建设，必须从中国的实际出发"，必须"把马克思主义的普遍真理同我国的具体实际结合起来，走自己的道路，建设有中国特色的社会主义"②。解放思想、求真务实激发了巨大的生产力，现代化建设取得了空前的成功，中国用短短几十年时间走完了发达国家几百年的工业化历程。

党的十八大以来，中国特色社会主义进入新时代，现代化进程加速推进，取得新时代十年的伟大变革。随着全面建成小康社会的实现，党的十九大制定了分两步走把我国建成社会主义现代化强国的奋斗目标，提出到本世纪中叶，把我国建成富强民主文明和谐美丽的社会主义现代化强国，并进一步指出"现代化强国"的内涵：物质文明、政治文明、精神文明、社会文明、生态文明将全面提升，实现国家治理体系和治理能力现代化，成为综合国力和国际影响力领先的国家，全体人民共同富裕基本实现，我国人民将享有更加幸福安康的生活，中华民族将以更加昂扬的姿态屹立于世界民族之林。

2021 年，在中国共产党成立 100 周年大会上，习近平总书记指出：我们坚持和发展中国特色社会主义，推动物质文明、政治文明、精神文明、社会文明、生态文明协调发展，创造了中国式现代化新道路，创造了人类文明新形态。2022 年 10 月中国共产党第二十次代表大会胜利召开，党的二十大报告中对中国式现代化的基本特征与本质要求作出深刻阐释，明确提出在新时代新征程中以中国式现代化推进中华民族伟大

---

① 毛泽东文集：第三卷 [M]. 北京：人民出版社，1996：146.
② 邓小平文选：第二卷 [M]. 北京：人民出版社，1994：164.

复兴。

从工业化到现代化，再到中国式现代化，中国人追寻现代化的道路风雨兼程上百年。纵观这段历史，它在不同阶段的发展演进给我们带来了不同的启示。1949 年之前的现代化探索由于时局不稳，战乱频仍，更由于缺乏一个强有力的主导而寸步难行，难有成就。历史告诉我们，不改变旧中国半殖民地半封建的社会性质，没有国家独立和民族解放，是不可能真正实现现代化的。

1949 年新中国成立之后，中国仍然是一个"一穷二白"的落后农业国家，工业基础极其薄弱，以"工业化"为核心追求的现代化建设取得了一定的成绩。随后，由于政治上的错路路线和罔顾现实的急功冒进，即使在 20 世纪 60 年代提出了农业、工业、国防和科技四个现代化的目标，最终也难以实现。直至改革开放以后，中国共产党人以马克思主义理论为指导，结合中国具体现实提出中国式现代化，现代化建设取得了空前成功。事实证明，中国的现代化建设只有在中国共产党的坚强领导下，在党的创新理论的指导下，实事求是，结合中国的具体实际才能焕发出巨大的生产力。

党的十八大以后，富起来的中国站到了新的历史节点，对现代化提出了新的战略谋划。党的十九大对"基本实现社会主义现代化"和"全面建成社会主义现代化强国"作了宏观展望和总体描绘，[①] 这为党的二十大报告总结中国式现代化的基本特征和本质要求做了铺垫，奠定了坚实基础。面对新的时代条件，中国式现代化的理论探索与实践与时俱进，永不止步。

二、中国式现代化的世界意义

在人类社会发展史上，现代化是标志现代资本主义社会和工业文明的核心术语，是人类从传统社会逐渐跃升到现代社会的阶段性历史过程，是一场持久、剧烈而影响深远的革命性社会变革。一般认为人类社会现代化最早起源于西欧，标志性事件是工业革命，与之相伴随的是席卷欧洲的重商主义、文艺复兴、宗教改革和随后的圈地运动与城市化，创造了现代社会所独有的机遇和条件，如早期的城市化、商业化、工业化、世俗化等，这一过程被称作"早发内源型"的现代化过程。由于工业化和商业化带来的现代生产方式在世界范围内催生了世界市场，产生了连锁反应，直接后果就是"使半开化或未开化的国家从属于文明的国家，使农民的民族从属于资产阶级的民族，使东方属于西方"[②]。因此马克思认为在世界历史领域中，现代化不是一个民族或一个国家单独的变革，而是代表了经济落后、工业不发达国家的共同发展趋势，而后者的

---

① 习近平. 习近平谈治国理政：第三卷［M］. 北京：外文出版社，2020：15.
② 马克思恩格斯文集：第二卷［M］. 北京：人民出版社，2009：36.

现代化往往被称为"后发外生型"现代化，具体有不同的表现模式，如依附模式或趋同模式等。

中国式现代化是在中国共产党领导下的社会主义现代化，既有现代化的共同特征，更有基于自己国情的中国特色。从中国实际出发，独立自主、自力更生、开拓创新，既不是西方国家现代化的翻版，也不是其他社会主义国家现代化的再版。其开辟了现代化发展的新道路，丰富了世界现代化理论，开拓了人类文明的新形态，具有重要的世界意义。

（1）中国式现代化开辟了现代化发展的新道路。马克思在批判西方现代化时指出，工业较发达的国家向工业较不发达国家所显示的只是后者未来的景象。西方现代化发展道路很长时间以来被认为是现代化发展的唯一路径，在西方中心论话语体系下人们相信现代化等于西方化。中国在早期现代化探索阶段也难以摆脱这个阴影，一直落入"全盘西化"或"中西调和"的窠臼，认为现代化就是西方化。中国共产党人在马克思主义理论的指引下，紧紧围绕发展生产力这一根本任务，结合具体实际，走出了一条不同于西方的现代化道路。

在现代化发展路径选择上，作为一种后发型现代化，中国没有因循守旧地沿袭西方内生型现代化的发展路径，即先工业化，后城市化、农业现代化和信息化层层递进，依次推进，而是走出了一条"四化并举""四化同步"，齐头并进，相互协调，相互叠加的并联式发展路径，在短时间内取得了巨大成就。

在现代化的内涵发展上，中国式现代化具有鲜明的中国特色。中国式现代化是全体人民共同富裕的现代化，坚决防止西方现代化所必然带来的贫富两极分化，着力维护和促进社会公平正义。中国式现代化是物质文明与精神文明相协调的现代化，力求避免西方现代化发展中人的异化，注重人民对美好生活的向往，大力发展先进文化，传承中华文明，促进物的全面丰富与人的全面发展。中国式现代化同时还是人与自然和谐共生的现代化，超越以无止境地向自然索取甚至破坏自然的发展模式，坚持可持续发展，坚持节约优先、保护优先的方针，实现中华民族永续发展。这些都彰显了中国式现代化迥异于西方现代化的独特性。

（2）中国式现代化推动社会主义理论与实践发展迈向新阶段。中国式现代化是中国共产党领导的社会主义现代化，中国式现代化的探索同中国人民对社会主义道路的历史选择密切相关。不仅如此，社会主义道路的确立，特别是中国特色社会主义的确立为中国式现代化提供了根本前提，明确了性质方向，牢牢把握公有制为主体和共同富裕两个原则，深刻体现了社会主义现代化的本质属性。

20世纪90年代初，东欧剧变和苏联解体使世界社会主义运动进入低潮。很多西方学者提出"社会主义失败"论或者"历史终结"论,如美国学者福山曾在他的《历史的终结及最后之人》中写道:"在当今世界领域内,我们难以想象出一个从根本上比我们这个世界更好的世界,或一种不以民主主义和资本主义为基础的未来。"① 然而,中国特色社会主义的发展,中国式现代化道路在几十年间取得了经济快速发展与社会长期稳定的巨大成就,扭转了社会主义与资本主义竞争中的被动局面,坚持了科学社会主义的基本原则和立场,推进了科学社会主义理论与实践的丰富与发展。

在中国式现代化发展过程中,我们依然在实践基础上坚持马克思主义理论与中国具体现实相结合,促进马克思主义理论的中国化与时代化。比如,进入新时代我们提出"社会主义现代化强国"的目标,并将现代化强国的特征概括为物质文明、政治文明、精神文明、社会文明、生态文明将全面提升,实现国家治理体系和治理能力现代化,成为综合国力和国际影响力领先的国家,全体人民共同富裕基本实现等。这在中国特色社会主义理论体系中第一次出现,是为中国式现代化目标增添的全新内容、作出的原创性贡献。"国家治理体系和治理能力现代化"的提出,把现代化提升到制度现代化的新高度。又如,在回答"坚持和发展什么样的中国特色社会主义,怎样坚持和发展中国特色社会主义,建设什么样的社会主义现代化强国,怎样建设社会主义现代化强国"等重大时代课题的过程中我们对于社会主义和现代化的理解和认识不断丰富和发展。再如,在党的二十大报告中明确提出了中国式现代化的基本特征,更是对现代化理论的丰富,对社会主义理论的丰富,为世界社会主义的理论融入了新的内涵,是马克思主义理论中国化时代化的一个具体体现。

(3)中国式现代化提供了人类文明新形态,以共同价值与和平发展推动人类命运共同体构建。中国式现代化的伟大实践和巨大成功深刻地改变了世界文明格局和话语格局,中国式现代化坚持人民至上,坚持共同富裕,坚持精神文明与物质文明协调发展,成功创造了社会主义现代化文明发展的新形态,开创了后发国家走向现代化的中国道路。

在世界现代化进程中,西方现代化带有天然的资本与扩张特性,迫使一切民族采取资本主义的生产方式,如果不想灭亡,就要推行西方文明。而中国式现代化则以更加开放与包容的姿态提出国家之间、地区之间寻求共同价值观念、共同利益追求、共同行为准则以共享发展机遇,共担风险挑战。以和平发展促成合作共赢,以共同价值取代"普世价值"。中国式现代化坚定地站在人类文明进步的一边,坚定地站在历史正确的一边,提供了人类文明新形态,推动构建人类命运共同体,为维护世界和平与发展作出了巨大贡献。

---

① 弗朗西斯·福山. 历史的终结及最后之人 [M]. 北京:中国社会科学出版社,2003:52.

三、关于中国式现代化理论融入《思想道德与法治》教学的思考

目前，高校在校学生大多出生于 2000 年后，他们成长于现代化高速发展的新时代，现代化对他们而言是社会发展既定目标又是客观现实。这个时代对外开放程度前所未有，信息化时代带来资讯爆炸，现代化问题于他们就像一个熟悉的陌生人。虽然对"现代化"耳熟能详，但他们对中国为什么要选择现代化，怎样在百年实践中于困境中不断突破创新了解不够，对中国式现代化的深刻内涵、基本特征认识不深，对推进中国式现代化的重要意义、实践要求理解不清、把握不透，对中国式现代化进程中个人的价值追求站位不高、定位不准。因此，讲清讲透中国式现代化对青年学生至关重要。

《思想道德与法治》课程中与中国式现代化有关联的内容主要集中在第二、三、四章，其中尤以第二、四章突出。第二章第二节"坚定信仰信念信心"和第四章第二节"社会主义核心价值观的显著特征"是两章的教学重点，也是贯通基础理论与学生实践的重要桥梁。① 这两节内容为课堂教学提供一个很好的切入口，我们可从中国式现代化的历史演进和世界意义一纵一横两个维度进行融入，使教学内容入心入理入情，激发学生自觉树立坚定的理想信念和价值观自信。

（1）讲清讲透中国式现代化的历史演进，为融入教学提供了纵向维度，有助于贯通学生的四史教育，坚定学生的理想信念。

中国式现代化是历史形成的，是历史和人民选择的结果。从西欧工业革命以来的现代化浪潮在东方泛起的微弱涟漪开始，中国经历了从百日维新到辛亥革命的民主政治道路的失败，经历了受西方坚船利炮刺激而促发的洋务运动与实业救国的短暂春天，经历了中国共产党人在新旧民主主义革命历程中仍坚持不懈追求工业化梦想，却在错误政治路线之下饱受阻碍的失望与落寞。最终有着几千年伟大理想精神传承的中国人探索到马克思主义与中国实践相结合的最佳路径，在实践中越来越坚定中国式现代化。这一纵向历程既是"四史"教育的核心内容，也是《思想道德与法治》第二章的重要线索。

讲清讲透中国式现代化从"工业化"到"四个现代化"再到"中国式的现代化"之间的演变，才能帮助学生了解中华文明的深刻变革，了解其逐步"中国化的过程"，因为中国式现代化的理论与实践正是这样一个缩影。讲清讲透中国式现代化的发展之路上与中国特色社会主义相统一的内在逻辑，才能帮助学生深刻理解"中国特色社会

---

① 《思想道德与法治（2021 年版）》编写组. 思想道德与法治（2021 年版）［M］. 北京：高等教育出版社，2021.

主义不是从天上掉下来的,而是中国共产党人历经千辛万苦找到的实现中国梦的正确道路"。讲清讲透中国式现代化的历史演进,才能让学生深入理解"实现中华民族伟大复兴,中华民族近代以来最伟大的梦想",并深刻认识"以中国式现代化推进中华民族的伟大复兴"既是新时代新征程的中心任务,又是百年来中国人民追寻中国梦的必然结果。中国式现代化的历史演进提供了一个重要契机,在课堂上要利用好这个纵向维度,才能更好地帮助学生坚定马克思主义信仰,坚定对中国特色社会主义的信念和坚定实现中华民族伟大复兴的信心。

(2)讲清讲透中国式现代化的世界意义,为融入教学提供了横向维度,有助于强化学生的四个自信,从而坚定价值观自信。

现代化的发展虽然是以工业化为核心,但中国式现代化的选择与发展却给我们提供了巨大的价值自信之源。中国式现代化超越资本主义现代化的资本逻辑,避免了"物的世界的增值同人的世界的贬值成正比"①,坚持人民至上,以人民利益为中心,开创了人的现代化。党的二十大报告中提出中国式现代化是"人口规模巨大的现代化,是全体人民共同富裕的现代化,是物质文明和精神文明的现代化,是人与自然和谐共生的现代化,是走和平发展道路的现代化",这一独特内涵反映了中国式现代化的价值追求,展现了其以人民为中心的价值意蕴。

通过对中国式现代化的世界意义的概括,提供了重要的比较价值,能帮助学生深刻理解"社会主义核心价值观的显著特征",融会贯通社会主义核心价值观的先进性、人民性与真实性。其所反映人类社会发展进步的价值理念,彰显人民至上的价值立场,因真实可信而具有强大的道义力量,使学生有更深刻的体悟。

中国式现代化内容丰富、意义深远,为《思想道德与法治》教学提供了很好的理论支撑和融入角度。本文仅以中国式现代化的历史演进与世界意义入手,从纵横两个维度分析其融入路径,深化理论支撑,丰富教学内容,提升教学效果。在党的二十大精神指引下,作为站在思想政治教育讲台上的一线教师,须鼓励年轻一代怀抱梦想又脚踏实地,敢想敢为又善作善成,立志做有理想、有担当、能吃苦、肯奋斗的新时代好青年,让青春在全面建设社会主义现代化国家的火热实践中绽放绚丽之花!

---

① 马克思恩格斯文集:第一卷 [M]. 北京:人民出版社,2009:156.

"马克思主义基本原理"课程
与大学生数字素养培育研究[*]

黄　荟[**]

我国正在进入数字智能全面渗透与融合的现代化新发展阶段,《中华人民共和国国民经济和社会发展第十四个五年规划和 2035 年远景目标纲要》明确了建设"数字中国"的时间点和路线图。新一代信息技术在重塑我们的工作、学习、生活方式的同时,也在深刻改变着我们的思维方式,数字技术成为新时代人才标准的核心竞争力。在 2022 年 11 月 9 日世界互联网大会乌镇峰会弥合数字鸿沟论坛上,国家网信办特别发起《提升全民数字素养和技能倡议》,提出将数字素养相关内容纳入学历教育,优化数字技能职业教育培训体系,贯通学习、培训、认证等环节,培养具有数字能力和社会责任感的数字公民。作为国家数字化发展的主力军,大学生数字素养的提升具有高度战略价值,不仅是实现我国新发展阶段理念与使命的基础保障,也是维护国家网络空间安全核心力量,已然成为高校新时代立德树人的重要环节。本文从厘清数字素养与"马克思主义基本原理"课程的内在联系入手,结合大学生的学习特征以及课程特色,深入分析该课程提升大学生数字素养的能力目标,在此基础上,提出大学生数字素养培育路径。

一、数字素养概念分析

保罗·吉尔斯特(Paul Gilster)在 *Digital literacy* 一书中,首次提出比较完善的数字素养定义,他将数字素养称为素养的逻辑延伸,将其定义为:能够读懂、理解和使用通过电脑显示的各种数字资源及信息真正含义的能力,认为批判性思考技能是数字

---

* 本文系广东省高等教育学会"十四五"规划 2023 年度高等教育研究课题"高校思想政治课融入总体国家安全观的逻辑机理与实践探索研究"、广东省 2023 年度本科高校教学质量与教学改革工程建设项目"'大思政课'视域下思想政治综合实践课实践育人模式研究"阶段性研究成果。

** 黄荟,广东财经大学马克思主义学院副教授,主要研究马克思主义基本原理、伦理学理论。

素的核心。① 自此以后，随着数字环境的不断变化，对此术语的界定也处于不断的推进之中。

在西方社会，数字素养既是一个学术概念，也是一个实践培育体系。到目前为止，已有多位学者提出对数字素养的概念界定。② 在实践领域，到 2017 年，已经有 100 多种数字素养模型和框架。③ 但是，无论是学术概念界定还是模型和框架，都没有统一认识。但是很显然，西方社会非常关注民众的数字素养，将其作为数字时代的核心人才能力目标。

根据中国知网的相关数据，我国相关研究人员自 2006 年以来开始关注并深入这一研究领域，在译介西方相关研究成果的基础上，逐步提出了中国化的数字素养概念。如柯平将其界定为阅读和理解以超文本或多媒体形式呈现信息条目的能力，程萌萌等将其界定为有效地、批判地从一系列来源中获取和评估不同格式信息的能力。④ 史安斌教授认为，"数字素养"是一个跨领域、多维度且持续发展中的概念与实践体系：不仅指技术性层面媒介与信息通信技术相关的知识与技能的普及与提升；而且涵括了文化与社会性层面价值观、思维方式和行为的变革，并强调媒介与传播在人类社会发展中所扮演的重要角色。⑤ 中央网络安全和信息化委员会 2021 年印发的《提升全民数字素养与技能行动纲要》明确"数字素养与技能是数字社会公民学习工作生活应具备的数字获取、制作、使用、评价、交互、分享、创新、安全保障、伦理道德等一系列素质与能力的集合"⑥。可见，我国学界和相关部门也非常注重数字素养的研究和实践。

综观中西方研究人员的相关研究成果，我们可以发现，数字素养主要包括两方面能力，一个是数字技术性工具所需要的工具素养，另一个是怎样运用数字技术的综合素养。

二、"马克思主义基本原理"课程数字素养能力目标

本文研究主要围绕数字技术的综合能力素养。在"人人都是麦克风"的信息传播特色、各方利益群体推动以及国家之间意识形态对抗等因素的综合作用下，数字化的

① GILSTER P. Digital literacy [M]. New York: Wiley Computer Publishing, 1997: 25 – 48.
② 凌征强. 我国大学生数字素养现状、问题与教育路径 [J]. 情报理论与实践, 2020 (7): 43 – 53.
③ 马克·布朗, 肖俊洪. 数字素养的挑战：从有限的技能到批判性思维方式的跨越 [J]. 中国远程教育, 2018 (4): 42 – 53.
④ 凌征强. 我国大学生数字素养现状、问题与教育路径 [J]. 情报理论与实践, 2020 (7): 43 – 53.
⑤ 史安斌, 刘长宇. 全球数字素养：理念升维与实践培育 [J]. 青年记者, 2021 (10): 89 – 92.
⑥ 提升全民数字素养与技能行动纲要 [EB/OL]. (2021 – 11 – 05). http://www.cac.gov.cn/2021 – 11/05/c_1637708867754305.htm.

信息社会呈现出海量虚假信息和误导性信息相互交缠的复杂状态。作为个体，如何更好面对生存方式和生活方式的数字化，如何运用智慧加以调适、应对数字化时代带来的各方挑战，成为公众在数字化社会中生存和发展的必备技能和能力。首先，作为信息主体，数字化信息是我们的工具。随着社交媒体的发展，我们越来越多地独自面对各种数字信息，我们每个人都成为相对独立的数字信息制造者、发布者和接收者，这也意味着我们每个人同时都是信息筛选和过滤器，也意味着一个人的价值观和处理数字信息的综合能力会极大影响甚至决定着我们能接收到什么信息、愿意接受什么信息、怎样处理信息。我们只有通过提升数字素养才能不被碎片信息淹没，掌握信息获取与处理的主动权。其次，作为信息客体，我们的注意力和行为数据本身成为数字技术持续获取的内容和目标。这促使我们必须面对隐私保护、信息茧房、大数据杀熟、算法歧视与陷阱等问题，甚至可能给我们带来的注意力缺失、游戏与短视频成瘾等心理与行为失调。这些同样需要我们通过提升数字素养，独立批判反思数字技术对我们的认知与行为的影响，学会自我调适与适度节制，避免沉溺于数字娱乐不能自拔，掌握遨游数字世界的主动权，而不是被数字和算法驱使。

在数字化信息社会，"实时"多线程同步处理大量信息是我们的常态。① 不论我们作为理解和使用复杂信息的主体，还是作为数字信息本身的客体存在，我们都需要准确辨别虚假信息与误导性信息、高效获得有效信息，运用智慧积极健康地应对各种舆论冲突和复杂环境，提升数字素养综合能力无疑成为应对种种挑战和机遇的关键。"马克思主义基本原理"课程的核心学习目标就是学原理、用原理，通过对马克思主义基本观点、基本方法和基本立场的学习，掌握马克思主义基本原理并用其指导我们的实践。而当前，数字化时代就是我们面临的重大实践课题之一，在对本课程的学习过程中，有针对性地综合运用相关原理分析、解决数字化信息的相关现象、问题，并在其中提升大学生的综合数字素养，以增强他们区分现实与虚拟，化解网络成瘾、短视频沉迷，突破算法和数字的驱使，从而应对数字化时代难题和挑战的能力，促使他们成为数字化时代的主人，本是题中应有之义。面对这一实践课题，既需要我们有较高的理论知识水平，也需要我们有较强的理论分析能力，而这正是"马克思主义原理"课程的重要旨归之一。通过本课程的学习，我们期待增强大学生数字素养的能力目标如下：

（一）核心价值观实时引导能力目标

随着"数字化生存"成为常态，舆论冲突、数字战争已经成为全球意识形态对抗和冲突的主要表现形式之一。在各方利益团体的推动和敌对势力的搅动下，数字信息

---

① ESHET-ALKALAI Y. Thinking in the digital era: a revised model for digital literacy [J]. Issues in informing science and information technology, 2012, 12 (9): 267 – 276.

空间成为各方势力博弈、多元化个人和团体发出的多元声音充斥其中的复杂场域。对此，我们更要以社会主义核心价值观为统领，发挥针对大学生数字素养的塑造和引导作用，提升大学生核心价值观引领能力。运用核心价值观引领自己作出健康、合理的判断，辨别真伪、善恶与对错，仅仅知道和掌握核心价值观的内涵和意义还远远不够，更为关键的是如何在每一个具体的数字信息场景中依据核心价值观"实时"作出合理判断。这需要我们熟练运用马克思主义基本原理中的矛盾分析法，高效、准确地进行具体问题具体分析，宏观把握两点论和重点论的关系以及内部原因与外部原因的辩证关系。

（二）应对大数据综合思维能力目标

面对体量庞大、资源丰富的"大"数据，批判性认知和辨别数字信息、整合和管理数字信息、进行数字信息交流合作、运用数字化手段解决问题以及创造性"复制"等技术与能力，向我们展示出一个跨学科、多维度并且不断持续性发展的复杂问题域，而综合思维能力是我们分析、解决复杂问题的必备基本能力。

结合当前相关研究成果，无论作为学术性概念还是各个国家和地区的实践培育目标体系，对"数字素养"的界定仍然处于不断发展之中，并无一致性或权威性定义。但是，在思维方式变革层面有着一致性基础，正如史安斌教授所说："在数字素养的核心维度方面，国际学界与业界在以下三个核心维度上已经形成了一定的共识，即能力、认知和参与。……能力维度为"进阶"，是公众在数字化环境中自在生存的技能基础；认知维度为"中阶"，是公众在海量信息与算法控制中保持主体性自觉的意识追求；参与维度是"高阶"，强调公众在具备了能力与认知的基础上，创造性地参与数字化互动及数字传播。"[①] 无论是自在阶段、自觉阶段还是自为阶段，都需要综合性思维能力作为强大后盾。以底线思维能力与历史思维能力为基础，以辩证思维能力与战略思维能力为总体支撑，以系统思维能力与创新思维能力为动力，促进大学生熟练运用归纳与演绎、分析与综合、抽象与具体、逻辑与历史统一等具体思维方法，提升他们的综合理论思维能力以及分析和解决复杂问题的能力。

（三）实践创新能力目标

多个数字素养框架模型提到创新能力的重要性。在数字化信息社会，每个人都是数字信息数据同时又是内容的创造者。整合各种数字信息、进行创造性"复制"和创新，用数字化手段解决问题，以参与社会事务及服务社会，这决定了实践创新能力目标是基本数字素养重要能力目标之一。人类认识世界与改造世界的过程本身就是一个

---

① 史安斌，刘长宇. 全球数字素养：理念升维与实践培育 [J]. 青年记者，2021（10）：89 - 92.

包含着创新的发展过程，创新主要包括理论创新与实践创新两个方面。习近平总书记提出："要根据时代变化和实践发展，不断深化认识，不断总结经验，不断进行理论创新，坚持理论指导和实践探索辩证统一，实现理论创新和实践创新良性互动。"① 数字化信息是当代最大的实践课题之一，在海量、复杂的数字化信息空间进行创新，为了突破常规、开拓新方向，我们需要强大的理论支撑以及实践创新能力，实现两者的良性互动是我们实现数字化信息创新的必要条件。

三、"马克思主义基本原理"课程提升大学生数字素养能力培育路径

在"马克思主义基本原理"课程教学中积极开展大学生数字素养教育的理论与实践探索和研究，对他们提升数字化时代生存与发展的基本技能、在网络信息社会中健康成长，促进国家数字经济高质量发展具有重要意义。

（一）融入数字素养理念，提升实时价值观引领能力

在"马克思主义基本原理"课程教学过程中，适时融入数字素养概念以及数字素养能力目标相关内容，使学生在学习过程中逐步提升数字素养意识，了解数字化信息是当今时代重大实践课题，深刻理解并认识到提升数字素养的重要意义和当代价值，在潜移默化中增强提升数字素养能力的自觉自为性，以马克思主义基本立场、基本观点和基本方法为指导，在理性认知的基础上实现社会主义核心价值观对大学生数字素养的塑造和引导作用。

（二）融入数字化信息内容，提升综合理论思维能力

在"马克思主义基本原理"课程相关章节，增加数字资源学习素材，用相关原理解释数字化时代相关问题，从而提升学生的综合理论思维能力。在马克思主义的基本特征发展性与实践性部分，增加数字化时代本质与特征相关内容，体现马克思主义与时俱进的理论品质；在辩证法普遍联系与永恒发展、三大发展规律以及辩证思维方法与现代科学思维方法部分，增加数字化信息的批判性认知和辨别、碎片化信息整合与管理以及系统性处理等相关数字素养内容；在认识论实践与认识的辩证关系、认识世界与改造世界以及理论创新与实践创新良性互动部分，增加数字化信息的创造性"复制"、数字化手段解决问题以及解决复杂问题等相关数字素养内容；在人民群众在历史发展中的作用部分，增加数字化时代个人既是数字化信息的创造者又是数字信息本身

---

① 习近平. 习近平关于社会主义文化建设论述摘编［M］. 北京：中央文献出版社，2017：65.

等特征；在政治经济学部分，增加数字化经济时代的资本新特征，如"赢家通吃"① 现象等；在科学社会主义部分，增加数字化信息时代，实现社会主义价值观例如个人全面自由发展，公平公正的新形式、新特征以及新方法、新手段等内容。

（三）融入网络舆情案例，提升实践创新能力

近年来各种网络舆情事件、网络暴力事件、网络违法案件频发，根据中国互联网络信息中心（CNNIC）发布的第 49 次《中国互联网络发展状况统计报告》数据显示，截至 2021 年 12 月，我国网民规模达 10.32 亿，网络事件的影响力具有全民性、广泛性的特征，对国家安全和社会稳定有着巨大影响。我们适时将具有代表性的网络事件作为典型案例，带领学生进行案例分析，通过分析具体的案例，提升学生的各种数字素养。在案例分析过程中，实现马克思主义基本原理中相关原理与数字化信息实践的良性互动与双向促进，通过对具体案例的实践分析促进马克思主义基本原理相关理论的时代化发展，同时运用马克思主义相关立场、观点和方法指导我们的数字化信息实践。

总之，在数字化时代，大学生的数字素养培育尤为重要。一方面，这是大学生适应数字时代发展的必备技能；另一方面，数字化时代给我们带来了更加复杂的舆论环境。这些都需要我们能够在复杂的信息传播环境中辨别虚假信息与误导性信息，能够准确及时地获取有效信息，能够理性、积极健康地应对各种风险和国际舆论冲突。这是数字时代给全人类提出的重要课题，也意味着这一研究具有较大的普适性和推广价值。

---

① "赢家通吃"是市场竞争中的一种社会现象，指在市场竞争中，最后胜利者获得所有的或绝大部分的市场份额，失败者往往被淘汰出市场而无法生存。"赢家通吃"市场格局的形成，是由于在价格补贴竞争模式下，互联网企业为了吸引消费者必须投入大量的补贴费用，因价格低廉所以单纯依靠产品销售无法达到合理的利润率水平，以于市场无法维持多个竞争者的生存。"赢家通知"的排他性竞争减少了消费者选择的多样化。价格补贴对竞争对手的排斥，极大压缩了创业者的利润空间，新产品新服务可能还没等到合适的用户群体便因资金压力而被迫退出市场。见：刘文军. 互联网经济的竞争秩序研究 [J]. 上海经济，2019（5）：90-100.

把握新时代青年道德评价标准的三重逻辑[*]

刘　宁[**]

青年是当今社会生活中最富有特色的行为主体，他们不仅代表未来，而且以特有的思想方式和行为方式表征现在。中国特色社会主义新时代，青年作为富有生机和活力的先锋力量，积极主动参与中国式现代化的征程。党的二十大报告中，习近平总书记指出，"广大青年要坚定不移听党话、跟党走，怀抱梦想又脚踏实地，敢想敢为又善作善成，立志做有理想、敢担当、能吃苦、肯奋斗的新时代好青年，让青春在全面建设社会主义现代化国家的火热实践中绽放绚丽之花"。"好"与"坏"是道德评价，有理想、敢担当、能吃苦、肯奋斗的"新时代好青年"，既是对青年的殷切希望，更是对青年的道德要求。因此，对新时代青年的思想和行为进行正确的社会评价和道德评价，无疑具有重要意义。

一、道德评价对青年成长成才的理论依据

"好"与"坏"是与道德联系在一起的。"道德"一词最宽泛的意思是一种关于对与错的行为规范。除了对与错外，与"道德"相关的评价还有好与坏、善与恶、正确与错误、正当与不正当、应当与不应当等。在日常生活中，我们往往用"好"来作为"善"的代用词，用"坏"来作为"恶"的代用词。当我们说一个人是"好"人，这个人很正直或很"正"时，并不是指他有多么高的地位、占有多么大的财富、有多么好看的外表，而是指他是一个有道德的人，他具有道德上的"善"。相反，当我们说一个人不好或是一个坏人时，并不是指他的地位如何卑贱、家境如何贫困，更不是指他

---

　　[*] 本文系广东省本科教学质量和教学改革工程建设 2021 年项目"知行合一、实践育人，混合对分课堂教学模式创新与研究——以思想道德与法治课为例"、广东省社科规划 2023 年一般项目"网络热词与青年大学生价值培育研究（GD23CMK06）"、广东财经大学 2022 年度教学发展示范教师项目"基于师生权责对分理念的思政课混合教学模式创新研究"阶段性成果。

　　[**] 刘宁，河南开封人，法学博士，广东财经大学马克思主义学院副教授，主要研究方向为精神交往、大学德育。

的生理上有什么缺陷，而是指他是一个没有道德或道德败坏的人。在这里，"坏"与"恶"是同一个意思。"好"与"坏"是道德评价的结果，正当、合理、正确的道德评价对新时代中国青年追求进步、健康成长成才有着积极意义。

（一）正当的道德评价，是激发和强化青年主观能动作用的催化剂

一般来说，道德评价作为社会（精神）力量，有其激发与强化或抑制与削弱主体能动作用的功能，这一功能在当代青年身上显得更为突出。当代青年意识的一大特点：一方面是自信、自尊、自主、自强和自立意识空前强化；另一方面则强烈希望"自我"或"小我"，得到社会或"大我"的承认和肯定。这表现在道德方面，就是对社会道德生活和社会道德价值有自己的思考，同时对自己的人格尊严、道德价值和道德荣誉又有十分强烈的意识，特别关注自己在社会评价视野中的"道德形象"。社会对青年的道德评价如何，不仅会引起青年的正视和思索，而且会在更大程度上影响其对社会的态度和行为。正当的评价会使他们感到社会的公正和进步及社会对他们的尊重和爱护，使他们感到有一种真、善、美的巨大力量的呼唤和推动，因而激发他们献身社会进步的热情和能量，强化他们变革现实、建设美好未来的积极性和创造性。不正当的评价，不仅会挫伤和抑制他们献身社会的主观能动性，而且会引起他们的激愤，招致消极厌世，甚或酿成"逆反心理"和"反社会行为"。

（二）合理的道德评价，是青年道德个性、品质、思想和人格健康发展的指示器

人的思想、行为和品性的发展及其方向，一方面取决于自我评价（意识）如何，另一方面则取决于社会评价如何。这两种评价总是既作为"动力场"又作为"定向器"，分别从内在和外在两个不同维度推动、指导、制约和调整主体"实践—精神"的发展进程和发展趋向。新时代青年的自我评价、选择和调控的能力（自律能力），已经逐渐成熟，并达到相当的力度，但作为青年一般都具有的意识、行为、品性特点，诸如受动性、动摇性、从众性和可塑性等，并未基本消失。这样，社会期望和社会评价必然会在更大的范围内和更高的程度上调控其思想和行为的发展。合理的评价，会促使其思想和行为在正确的轨道上朝着社会的理想化方向发展；错误的评价则会促成其思想和行为的错误走向。虽然，从微观上看，青年思想和行为的走向与社会道德评价的意向是不尽一致的。但从宏观上看，社会的道德评价最终总会影响和制约青年思想和行为的发展及基本走向，从而影响和制约他们成为具有什么思想、个性和品质的人。

（三）正确的道德评价，是对青年施行成功的社会化思想教育的前提和基础

教育者必须了解、认识和把握以至理解、亲近和尊重被教育者，是教育理论的一条根本原则，也是教育实践的根本要求。唯有正确了解、认识和把握被教育者，才会

有科学的教育设想、方案和方式；唯有理解被教育者，才会有正确的教育态度；唯有正确的教育态度即亲近和尊重被教育者，才会赢得被教育者的理解和配合；唯有这一切，才会有教育实践的成功。因此，培养和教育新时代青年，必须首先把握和理解当代青年，必须有教育和对待青年的正确方案、方式和态度。道德评价作为人类把握世界的特殊方式，无疑也是我们把握青年的重要方式。通过对青年的道德评价，不仅可以把握他们思想和行为的价值属性以至整个道德个性和道德面貌，而且可以通过道德这一视角，把握其整个思想脉搏和精神面貌。因此，道德评价不仅是确立教育方案和方式的重要依据，还是决定教育者情感态度的重要因素。由此，可以肯定，错误的评价和期望，往往会导致失败的教育；只有作出正确的评价，才可能产生成功的教育。

二、新时代青年道德评价的价值维度

按照什么"标准"评价青年，是确立按照什么要求或规格塑造青年的重大问题，也是评价本身首先要解决的根本问题。在现实道德生活中，不少人往往用一些传统价值标准或高出现实可能性的理想要求去审度青年的道德水准，也有部分人则是习惯运用适合各个生命阶段的行为主体的一般道德标准去评估青年思想和行为的道德价值，还有的运用一些协调性的道德规定和度量评判青年道德品质的优劣，其结果就是作出了不恰当、不科学的评价。"新时代好青年"就涉及"对青年进行道德评标的标准"的伦理学问题。因此，中国特色社会主义新时代，对青年进行道德评价，主要价值标准应该聚焦在以下三个方面：

（1）有益于改革创新和中国式现代化的时代要求，是对新时代青年进行道德价值评价的根本标准。

一般来说，每一个历史时代，都有其重大的社会课题及其特定的政治、经济内容，与之呼应的是，也有其特定的时代要求和时代精神，以及反映这一时代要求和时代精神的哲学和道德，包括基本的价值观念和价值标准。以数千年大历史观观之，变革和开放总体上是中国的历史常态。自古以来，在"治世不一道，便国不法古"的理念下，中国大地发生了无数变法革新图强运动。正是这种变革和开放精神，使中华文明成为人类历史上唯一一个绵延5 000多年至今未曾中断的灿烂文明。

创新是改革开放的生命。当代中国，经济社会发展离不开改革创新。现在，我国已转向高质量发展阶段，全面深化改革，推进国家治理体系和治理能力现代化，需要不断的理论创新、实践创新、制度创新、文化创新以及各方面的创新。改革创新必然会引起作为历史积淀的文化价值结构发生变化或断裂。从现实意义上讲，当代中国社会的价值结构，必须以进行改革和现代化建设这一时代要求为其根本。一切外来的、传统的、新生的东西，都要在这一时代要求的"天平"上，接受价值检验、审度和评判。青年时期是创新创造的宝贵时期，青年置身于实现中华民族伟大复兴的时代洪流中，他们一切思想和行为的对象化过程也只有指向这一时代要求，才可能获得"价值生命"。青年的思想和行为，只有从根本上反映、表现和体现这一时代要求，才真正富于生命力，富于时代意义。因此，"是否有益于改革创新和中国式现代化"是衡量和评价新时代中国青年以至于整体当代中国人的社会价值和道德价值的根本标准。

与此相关，蕴含在传统文化中的传统价值标准，依然对青年有着重要的影响。但它作为一种观念形态，尽管可以相对独立，却不能作为独立于时代要求之外的价值标准。习近平总书记不止一次强调："要加强对中华优秀传统文化的挖掘和阐发，努力实现中华传统美德的创造性转化、创新性发展，把跨越时空、超越国度、富有永恒魅力、具有当代价值的文化精神弘扬起来，把继承优秀传统文化又弘扬时代精神、立足本国又面向世界的当代中国文化创新成果传播出去。"① 优良的传统价值观念和传统道德，只有注入当代社会生活内容，体现时代的根本要求，作为"精华"的升华溶化于中国特色社会主义道德要求之中，才能构成当代社会价值标准和道德标准的内容或因素。此外，作为社会主义道德要求的"集体主义原则"，以及"爱国主义""为人民服务"等道德规范，其实质内容也只能体现于"个人与改革、个人与现代化"的关系之中。所以，中国特色社会主义新时代，对于青年的道德要求和道德评价，既不能使他们局限于所谓"传统优良道德"的模式和框架内生活，循规蹈矩、按部就班；也不能一味要求他们践行未来社会的理想道德准则。评价其思想和行为道德与否，实质在于是否与时代要求根本一致。改革创新的时代精神，必然要求青年树立敢于突破陈规的意识，敢于大胆探索尝试，善于观察发现、思考批判，不唯书、不唯上、只唯实。如果"优良传统""现成规范""纯理想要求"等成为社会评价或审度新时代青年的根本道德标准，那么，"奋勇争先""锐意进取""责任担当"就可能被妄评为"不道德的行为"，青年可能成为道德谴责的对象，青年追求成长进步和幸福生活的方式或思想行为就会受到来自社会舆论和道德评价的审度或打击，这显然是荒谬的。

（2）以有志、成才和担当为中心内容的时代道德要求，是衡量新时代青年思想和行为的重要道德标准。

青年作为一个庞大的社会群体，相对于其他生命阶段的社会群体，不仅有其特殊的生理、心理和性格，而且有其特定社会地位和社会交往关系，以及特定的利益和责任。青年的这种"社会存在"，既是青年自身的"自然条件"所决定的，更是他们所处的社会所决定、所赋予的。列宁曾在《共青团的任务》中明确提出，青年的主要任

① 习近平. 在中国文联十大、中国作协九大开幕式上的讲话 [M]. 北京：人民出版社，2016：16.

务是学习，是要用人类创造的全部知识财富武装自己。青年是人民群众中的一个组成部分，他同全体人民有着共同的利益和要求，在改革创新和中国式现代化进程中，他们同全体人民一起担负着共同的任务，那就是实现中华民族伟大复兴。毛泽东指出："中国青年们的特殊任务是什么？就是争取自身的特殊利益。"[①] 具体地说，青年的任务就是学习，学习马克思主义的基本理论，学习科学文化知识，"德、智、体"全面发展。邓小平也强调学习的重要性，"没有专业知识，又不认真学习，尽管你抱了很大的热心建设社会主义，结果做不出应有的贡献，起不到应有的作用"[②]。青年素质和本领的强弱，直接影响民族复兴的进程。习近平多次指出，"青年人正处于学习的黄金时期，应该把学习作为首要任务，作为一种责任、一种精神追求、一种生活方式，树立梦想从学习开始、事业靠本领成就的观念，让勤奋学习成为青春远航的动力，让增长本领成为青春搏击的能量"[③]。

社会和时代赋予青年相应的任务和使命，青年必然有其特殊的利益要求。新时代青年道德主体意识增强、价值观呈现多元化：他们在面对学业、情感、择业等问题上，更彰显自我个体价值；在面对冲突和困境的时候，要求尊重和保护自我权益等。所以，对青年特定的道德问题和道德生活内容，社会必须从青年的实际出发，根据社会的现实需要和发展要求，对青年提出符合实际特性的不同于一般要求的道德标准。诸如，引导青年树立完善自身与奉献社会相统一为中心内容的学生道德要求、择业从业道德要求、婚恋道德要求、待人接物的社会交往道德要求等，并以此作为评价新时代青年思想和行为的道德价值标准。

社会赋予青年的使命是双重的：一方面青年要不断发展和强化自己的体力、智力和能力，即完善自身，准备担当重大的社会使命；另一方面青年要在既定的岗位上为国家发展和民族复兴尽其所能，作出应有的贡献。因此，新时代青年面临的基本的道德问题，从青年自身活动范围讲，就是完善自身与贡献社会的关系问题；从一般伦理学意义上讲，就是自身发展需要和他人发展需要、个人发展需要与社会发展需要的关系问题，即个人理想与社会理想的关系问题。对新时代青年来说，自觉按社会需要努力发展和完善自身，增长知识和才干，富于献身民族复兴和现代化事业的理想和志向，就是"好青年"的根本标志。如果一个青年在努力追求和实现理想目标的过程中，又能按照先人后己、先公后私的原则处理各种微观的人际关系和社会关系，那么，他在道德上就是个高尚的青年。

---

① 毛泽东选集：第二卷 [M]. 北京：人民出版社，1991：176.
② 邓小平文选：第三卷 [M]. 北京：人民出版社，1995：289.
③ 2016年4月26日习近平在知识分子、劳动模范、青年代表座谈会上的讲话。

（3）反映社会发展要求和青年生活特点的进取性道德要求，是评价新时代青年品德好坏的主要价值标准。

道德是人类改造自然和调整人与人关系的实践中产生的行为规范的总和。作为对人的行为的一种规定，道德必是协调性的内容要求和进取性的内容要求的有机统一。进取性道德规范是人类为了满足自己的基本要求，在改造、战胜自然的斗争中和人类自身的生存竞争过程中产生的，如勤劳、勇敢、顽强、智慧、诚实、热情、自信等。进取性道德规范的价值在于充分调动和发挥人的主动性、创造性，促进人类在更高程度实现人的本质。协调性道德规范则是为了调整人与人之间、个人与社会之间的关系，并在处理这些关系的实践过程中产生的，如团结互助、大公无私、仁、义、礼、智、信，自由、平等、博爱，集体主义、爱国主义等道德规范。协调性道德规范的作用在于使人与人之间、个人与社会之间的关系尽可能合理，以保证每个人的创造性、主动性在推动社会发展、使人们的物质生活和精神生活不断改善、让人在全面发展的目标下协调起来，解决好个人发展与社会发展的冲突。在阶级社会，协调性道德规范往往带有阶级性，表现出为一定阶级利益服务的倾向。共产主义社会的目标就是解放全人类，消灭阶级，实现人的自由而全面发展，所以，从马克思到毛泽东都很重视无产阶级的英勇顽强的斗争精神，并把具有这种斗争精神看作是无产者的优秀品质。青年所处的时代，是一个变革图强的时代，以改革和创新为实质内容的进取，是当代社会生活发展的基本要求，也是主体实践的本质特征。因此，社会主义道德必然包含进取性的内容要求；而进取性道德要求必然是新时代评价当代青年品质优劣的重要价值标准和道德标准。

同时，青年生活的特性和个体道德品质发展的一般规律，也决定了对青年的社会评价和道德评价必须以进取性道德要求为主要标准。青年是社会中最积极、最有生气的力量。青年正处在长身体长知识的黄金时期，他们充满朝气、精力充沛、求知欲旺，自信心强、力图有所作为。在心理和个性上，一方面，青年"初生牛犊不怕虎"，敢想敢干，具有一股闯劲；另一方面，青年涉世不深、阅历尚浅，面临和需要协调的社会关系比较单纯。青年的生活本质上就是一部生命进行曲。少年时代由教育的作用所形塑的一些协调性品质往往呈现削弱甚至退化的迹象，而少年时代孕育激发的进取性品质却得以空前强化和彰显。以传统的眼光来审视，这似乎是一种危险的征兆。但是，随着年龄的增长，他们告别浪漫进取的青年时代，走向成熟稳重的中年，在其进取性品质进一步强化并趋于稳定的同时，协调性品质也会得以复苏、发展和强化。这是个体的道德品质形成、发展的一般规律。如果忽视了青年生活特性的事实和个体道德品质发展规律，在评价新时代青年品质时，不以进取性的道德要求，而是以协调性的道德要求为主要标准，既不能正确反映青年的道德风貌，不利于其道德品质发展，又不利于青年担负起责任使命。当然，强调对青年的道德评价以进取性道德要求为主，并非就要放弃协调性道德方面的要求和教育，社会应当尽力促使青年同时获取这两方面品质的协调发展。

三、新时代青年道德评价的实践向度

道德评价作为人类意识活动的一种特殊形式，既具有伦理学意义，也具有认识论意义。道德评价过程，实际上就是人们通过事实分析和伦理分析认识评价对象价值属性的过程。要从道德方面正确认识和评价新时代青年，还涉及认识方法论的问题。一般说来，道德评价通过社会舆论、传统习俗、内心信念三种形式发挥作用，也可以说这是进行道德评价的三种方法，但此方法并非认识论意义上的方法。从认识论视域而言，道德评价的方法就是指如何实事求是地进行道德评价的思想方法或伦理学方法，即在道德评价过程中如何把握评价对象的善恶本质的认识方法。诸如，具体事物具体分析的方法，价值分析与事实分析相结合的方法，微观评价与宏观评价相结合的方法，定量评价与定性评价相结合的方法，基于行为活动的事实分析、综合考察行为动机和行为效果的系统分析法等，都可以说是认识论意义上的评价方法。这些作为"认识工具"的道德评价方法中，价值分析和事实分析相结合的方法，以及基于行为活动的事实分析，综合考察动机与效果的系统评价方法，是其中最基本和最具有实质意义的方法。正确运用这两种基本认识方法对青年进行道德评价，需要关注以下向度。

（1）在综合运用价值分析法和事实分析法对青年进行道德评价时，要把促成其行为效果的客观因素的事实分析放在首位。

道德评价作为把握行为价值属性的认识过程，本质上是一种伦理分析和价值判断的过程，但其前提必须是基于事实分析，即使从"合理"的原则出发，罔顾事实，也不一定能得出"合理"的结论。单纯地从伦理到伦理、从原则到原则的伦理分析和价值分析，必然导致道德评价的主观随意性。因为行为价值与行为事实本身就是构成行为机制的两个内在统一的不同方面。行为价值总是内涵和渗透于行为事实之中。对于青年来说，由于他们相对缺乏必要的社会生活道德经验，缺乏相对稳健的进行道德判断和行为选择的理性力量，因而他们的行为活动总是更多地受内在激情和外在因素的制约和影响。因此，对青年的行为进行道德评价时，如果忽视对其实际行为过程的事实分析，往往会得出错误的结论或作出错误的评判。

（2）运用以行为事实为前提综合考察行为动机与效果的系统分析方法对青年进行道德评价。

　　首先，道德评价必须关注"行为活动"，将其作为价值判断和事实分析的重要依据。作为道德评价的两个重要依据，"动机"与"效果"是对青年行为进行价值判断的两端。但价值判断离不开事实分析，所以道德评价还必须关注"行为活动"。从整体上来看，一是动机与效果在事实分析的过程中常常不尽一致或完全不一致，离开构成"行为活动"的事实，就无所谓"行为效果"，也难以求证"行为动机"的好坏。二是"动机"与"效果"都是价值论范畴，主要作为价值判断的重要依据。道德评价过程中的事实分析的主要依据，只能是属于"实践范畴"的"行为活动"。因此，"行为活动"既是被评价的对象，又是评价过程中进行事实分析的客观依据。通过行为活动的考察把握行为动机，是评价过程的重要环节，也是评价过程中的重要认识方法。

　　其次，在根据"动机"与"效果"作价值判断时，要更注重"动机"。如上所述，青年的道德经验及其理性力量相对不足，却富于激情和幻想，富于浪漫的理想主义精神和英雄主义精神。这使他们对行为过程中的复杂性和行为后果的可塑性，都缺乏必要的准备和预见。因而，青年行为本身的"发动"带有很大程度的盲目性、随意性和冲动性，行为效果也往往与行为动机的取向相反或相悖。"好心办坏事"的悲壮行为，总是更多的出自青年。我们如果只注重行为效果，轻视行为动机以至于无视青年为实现这一动机所作出的实际努力，在理论上会偏向非道德的纯功利主义；在实践中则会造成道德法庭上的"冤假错案"，大大挫伤青年追求进步的积极性。

　　最后，在考察青年行为效果时，要注重看其实际上和本质上有无促进社会发展和人类进步，在新时代看其是否有益于改革创新和现代化事业。新时代，道德教育和道德评价要有利于调动青年的积极性、创造性，有利于挖掘他们的潜在智慧和能力，而不是压抑他们的才能。即使在对青年作定性评价特别是否定性的定性评价时，也要注意寓教育于评价之中，对青年要重在教育和引导，给他们的热情和精力开挖正当的输出渠道，而不能用"堵"的办法，用道德的栅栏消极地把他们围起来。

党的二十大精神融入"概论"课程的初浅分析

——以党的二十大报告中部分内容与思想精神为例[*]

仇小敏[**]

认真学习宣传贯彻党的二十大精神，着力推动党的二十大精神深入人心、落地生根，着力用习近平新时代中国特色社会主义思想凝心铸魂，引导广大干部群众深刻领悟"两个确立"的决定性意义，增强"四个意识"、坚定"四个自信"、做到"两个维护"，以奋发有为的精神为全面建设社会主义现代化国家、全面推进中华民族伟大复兴而团结奋斗，这是当前各行各业的一个首要的政治任务。高校思政课负有传播党的方针政策的重要责任，具有为国家和民族的复兴培养人才的重要使命，如何把党的二十大精神融入高校思政课堂，事关强国人才的培育，意义重大。因此，本文就如何把党的二十大精神融入"毛泽东思想和中国特色社会主义理论体系概论"（以下简称"概论"）中涉及"毛泽东思想"部分的课堂进行初浅的分析。党的二十大内容丰富、思想深邃，我们无法在一篇文章中全面阐述如何把它们融入"概论"中涉及"毛泽东思想"的所有课堂之中，在此我们只能针对一部分重要内容和思想精神如何融入"概论"课堂的问题作初浅的分析，以抛砖引玉和尽可能地以飨读者，仅供同行参考、借鉴和批评。

一、关于"中国化时代化的马克思主义行"融入"概论"课堂的初浅分析

"中国化时代化的马克思主义行"是一个新的思想观点，是对"马克思主义行"的发展、继承与创新。这一论断出现在党的二十大报告的第二部分"开辟马克思主义

---

* 本文系教育部哲学社会科学研究重大课题攻关项目"全过程人民民主的法治保障体系建设研究"（批准号22JZD017）阶段性成果。

** 仇小敏，男，哲学博士，广东财经大学马克思主义学院副教授，广东省习近平新时代中国特色社会主义思想研究中心广东财经大学研究基地特约研究员，广东省政协理论研究会广东财经大学研究基地、广东乡村建设研究中心、广东财经大学乡村振兴研究院研究员。

中国化时代化新境界"中关于"马克思主义是我们立党立国、兴党兴国的根本指导思想。实践告诉我们，中国共产党为什么能，中国特色社会主义为什么好，归根到底是马克思主义行，是中国化时代化的马克思主义行。拥有马克思主义科学理论指导是我们党坚定信仰信念、把握历史主动的根本所在"①。如果要把这一观点融入这门课程之中，我们认为最好融入的地方应该在这门课程的"导论——马克思主义中国化的历史进程与理论成果"部分。

"概论"教材中的"导论"，是这个教材的总领，是这门课程的导论，是这门课程的引子，对整个课程的教学起着十分重要的奠基、引领作用。文本一开头就对马克思主义进行了界定，"马克思主义揭示了事物的本质、内在联系及发展规律，是'伟大的认识工具'，是人们观察世界、分析问题的有力思想武器；马克思主义具有鲜明的实践品格，不仅致力于科学'解释世界'，而且致力于积极'改变世界'"。文本中进一步指出，马克思主义自诞生以来就始终"占据着真理和道义的制高点"②。这就揭示了马克思主义之所以行、中国化时代化的马克思主义之所以行的根本原因。因此它可以作为论证"中国化时代化的马克思主义行"的内在依据，来论证"坚定信仰信念、把握历史主动的根本所在"的大问题，并以此来说明教材中关于"历史和现实反复证明，马克思主义只有中国化才能在中国大地上闪耀真理光芒，也只有实现中国化才能救中国、发展中国、发展社会主义"③的根本原因所在。

"导论"从历史演进的角度来论证"马克思主义行，中国化时代化的马克思主义行"的原因。"概论"教材中的"导论"中指出，近代中国陷入内忧外患的黑暗境地，虽然中国人民进行了不屈不挠、可歌可泣的斗争，也进行了各种各样的尝试，但是都以失败告终，都未能改变中国旧社会的性质和中国人民的悲惨命运，是"十月革命一声炮响，给中国送来了马克思列宁主义"，中国的先进知识分子才找到了解决中国问题的出路。在马克思列宁主义同中国工人运动结合的过程中，中国共产党诞生了。正因为马克思主义行、中国化时代化的马克思主义行，所以中国共产党诞生以后，能够担负起"为人民谋幸福、为民族谋复兴的历史使命"，使"中国人民从精神上由被动转为主动"，这说明中国共产党的诞生是马克思主义行的有力明证。

正是由于马克思主义行和中国化时代化的马克思主义行，决定了中国共产党成立以后，能够进一步推动马克思主义同中国实际相结合，能够产生解决中国实际问题的

① 习近平. 高举中国特色社会主义伟大旗帜　为全面建设社会主义现代化国家而团结奋斗——在中国共产党第二十次全国代表大会上的报告［M］. 北京：人民出版社，2022：16.
② 习近平. 在哲学社会科学工作座谈会上的讲话［M］. 北京：人民出版社，2016：9-10.
③《毛泽东思想和中国特色社会主义理论体系概论（2021年版）》编写组. 毛泽东思想和中国特色社会主义理论体系概论（2021年版）［M］. 北京：高等教育出版社，2021：1.

科学理论,从而也就能够形成马克思主义中国化的理论成果——毛泽东思想。反过来,毛泽东思想的产生对现实具有指导作用,解决了中国的具体问题。这不仅证明了马克思主义行,而且也证明了中国化时代化的马克思主义行。正如教材所指出的,在毛泽东思想的指导下,"中国共产党团结带领中国人民,浴血奋战、百折不挠,创造了新民主主义革命的伟大成就,建立了人民当家作主的中华人民共和国,实现了民族独立、人民解放"①。中国化时代化的马克思主义——毛泽东思想使久经磨难的中华民族从此站起来了,这充分证明了马克思主义行、中国化时代化的马克思主义行。

中华人民共和国成立以后,中国人民在毛泽东思想的指导下,完成社会主义革命、消灭一切私有制、剥削制度,经过三大改造,完成我国历史最深刻最广泛的社会革命,确立了社会主义制度,为当代中国的发展与进步奠定了根本的制度基础和政治前提,为中国发展富强、中国人民生活富裕奠定了基础,实现了中华民族走向繁荣富强的伟大飞跃,充分证明了当代中国化时代化的马克思主义理论成果——毛泽东思想行。

二、关于"推进文化自信自强,铸就社会主义文化新辉煌"融入"概论"课堂的初浅分析

党的二十大报告第八部分的标题是"推进文化自信自强,铸就社会主义文化新辉煌",这一部分不仅提出了要"发展面向现代化、面向世界、面向未来的,民族的科学的大众的社会主义文化"②,而且提出了"坚持百花齐放、百家争鸣,坚持创造性转化、创新性发展,以社会主义核心价值观为引领,发展社会主义先进文化,弘扬革命文化,传承中华优秀传统文化,满足人民日益增长的精神文化需求,巩固全党全国各族人民团结奋斗的共同思想基础,不断提升国家文化软实力和中华文化影响力"③,还分别从五个方面进行了说明,即"建设具有强大凝聚力和引领力的社会主义意识形态""广泛践行社会主义核心价值观""提高全社会文明程度""繁荣发展文化事业和文化产业""增强中华文明传播力影响力"④,阐明了怎样实现"推进文化自信自强,铸就社会主义文化新辉煌"的实际问题。

---

① 《毛泽东思想和中国特色社会主义理论体系概论(2021年版)》编写组. 毛泽东思想和中国特色社会主义理论体系概论(2021年版)[M]. 北京:高等教育出版社,2021:2.

② 习近平. 高举中国特色社会主义伟大旗帜 为全面建设社会主义现代化国家而团结奋斗——在中国共产党第二十次全国代表大会上的报告[M]. 北京:人民出版社,2022:43.

③ 习近平. 高举中国特色社会主义伟大旗帜 为全面建设社会主义现代化国家而团结奋斗——在中国共产党第二十次全国代表大会上的报告[M]. 北京:人民出版社,2022:43.

④ 习近平. 高举中国特色社会主义伟大旗帜 为全面建设社会主义现代化国家而团结奋斗——在中国共产党第二十次全国代表大会上的报告[M]. 北京:人民出版社,2022:43-45.

（1）关于"建设具有强大凝聚力和引领力的社会主义意识形态"融入"概论"课程的分析。教材中的"导论"中指出，马克思主义中国化就是"坚持把马克思主义基本原理同中国具体实际相结合、同中华优秀传统文化相结合，运用马克思主义的立场、观点、方法研究和解决中国革命、建设、改革中的实际问题"；就是"总结和提炼中国革命、建设、改革的实践经验，从而认识和掌握客观规律，为马克思主义理论宝库增添新的内容"；就是"运用中国人民喜闻乐见的民族语言来阐述马克思主义理论，使之成为具有中国特色、中国风格、中国气派的马克思主义"。"导论"中还强调，"在革命和建设的长期实践中，以毛泽东为主要代表的中国共产党人，把马克思列宁主义的基本原理同中国具体实际结合起来，创立了毛泽东思想。毛泽东思想是被实践证明了的关于中国革命和建设的正确的理论原则和经验总结，是中国共产党集体智慧的结晶"①。作为社会主义意识形态的重要组成部分的毛泽东思想，其地位在我们党的章程中一直没有动摇过，把它确立为党和国家的指导思想坚定不移、长期坚持，而且要不断夯实。所以要学好本课程，就必须努力把握毛泽东思想的基本理论，从整体上把握毛泽东思想这一"马克思主义中国化的理论成果的科学内涵、理论体系"，特别是"基本观点"，以增强对毛泽东思想的自觉自信。

（2）关于"广泛践行社会主义核心价值观"融入"概论"课程中的分析。教材第一章"毛泽东思想及其历史地位"中指出，"关于要造成一个又有集中又有民主，又有纪律又有自由，又有统一意志，又有个人心情舒畅、生动活泼那样一种政治局面的主张"；毛泽东思想的活的灵魂的三个基本方面，即"实事求是，群众路线，独立自主"，强调"不论过去、现在和将来，我们都要把国家和民族放在自己力量的基点上，增强民族自尊心和自信心，坚定不移走自己的路"②。在教材"毛泽东思想的活的灵魂"中关于"独立自主"的内容中指出，"中国尊重各国人民自主选择发展道路的权利，维护国际公平正义，根据事情本身的是非曲直决定自己的立场和政策，主张以和平方式解决国际争端，反对各种形式的霸权主义和强权政治，反对把自己的意志强加于人，反对干涉别国内政，反对以强凌弱"。"中国无论发展到什么程度都永远不称霸，永远不搞扩张。"③ 这部分内容可以与党的二十大报告的内容联系起来，也可以与"广泛践行社会主义核心价值观"思想结合起来，即可以使之融入这门课程的教学课堂之中，实

---

① 《毛泽东思想和中国特色社会主义理论体系概论（2021年版）》编写组. 毛泽东思想和中国特色社会主义理论体系概论（2021年版）[M]. 北京：高等教育出版社，2021：2.

② 《毛泽东思想和中国特色社会主义理论体系概论（2021年版）》编写组. 毛泽东思想和中国特色社会主义理论体系概论（2021年版）[M]. 北京：高等教育出版社，2021：14.

③ 《毛泽东思想和中国特色社会主义理论体系概论（2021年版）》编写组. 毛泽东思想和中国特色社会主义理论体系概论（2021年版）[M]. 北京：高等教育出版社，2021：15.

现无缝对接。

（3）关于"提高全社会文明程度"融入"概论"课程中的分析。在"概论"教材关于"社会主义改造理论"中涉及此部分相关内容。教材指出，新中国刚刚成立，"山河重整，百废待兴""如何改造旧社会，建立新社会？""如何尽快实现国家工业化？"①我们必须对这一系列的崭新课题作出创造性的回答。毛泽东强调对个体农业和手工业者、资本主义工商业等要遵循"自愿互利、典型示范和国家帮助的原则""和平过渡""逐步过渡""说服教育的方式""和平赎买"等这些"最便宜不过了"的方式方法，这正如教材中所指出的，"我们进行社会主义革命所用的方法是和平的方法"②。"在我国的条件下，用和平的方法，即用说服教育的方法，不但可以改变个体的所有制为社会主义集体所有制，而且可以改变资本主义所有制为社会主义所有制。"③ 为此，教材中还指出，"坚持用和平的办法，不仅保证了我国社会主义改造的顺利进行，而且维护了社会的稳定，极大地促进了社会主义事业的发展"④。这不仅没有对社会生产力的发展造成破坏，而且促进了社会生产力的发展，减少了许多不必要的损耗、浪费、破坏，有利于提高全社会的文明程度。

（4）关于"繁荣发展文化事业和文化产业"融入"概论"课程中的分析。在教材的第一章"毛泽东思想及其历史地位"中，关于毛泽东思想的主要内容就有"思想政治工作和文化工作的理论"这一部分，其中不仅提到毛泽东根据"一定的文化是一定社会的政治和积极的反映，又给予伟大影响和作用于一定社会的政治和经济；而经济是基础，政治则是经济的集中的体现"；⑤ 关于"思想政治工作是经济工作和其他一切工作的生命线"；"关于发展民族的、科学的、大众的文化，实行百花齐放、百家争鸣和古为今用、洋为中用、推陈出新的方针"；关于"为什么人的问题，是一个根本的问题，原则的问题"，强调文化要"全心全意为人民服务"⑥ 等。这些"关于"为繁荣和发展我国文化事业和文化产业创造了工作条件、提供了思想准备。

（5）关于"增强中华文明传播力影响力"融入"概论"课程中的分析。教材"导论"中指出，"中华民族有5 000多年的文明历史，创造了灿烂的中华文明，为人类文

① 《毛泽东思想和中国特色社会主义理论体系概论（2021 年版）》编写组. 毛泽东思想和中国特色社会主义理论体系概论（2021 年版）［M］. 北京：高等教育出版社，2021：37.

② 毛泽东文集：第七卷 ［M］. 北京：人民出版社，1999：1.

③ 毛泽东文集：第七卷 ［M］. 北京：人民出版社，1999：2.

④ 《毛泽东思想和中国特色社会主义理论体系概论（2021 年版）》编写组. 毛泽东思想和中国特色社会主义理论体系概论（2021 年版）［M］. 北京：高等教育出版社，2021：46.

⑤ 毛泽东选集：第二卷 ［M］. 北京：人民出版社，1991：663 – 664.

⑥ 《毛泽东思想和中国特色社会主义理论体系概论（2021 年版）》编写组. 毛泽东思想和中国特色社会主义理论体系概论（2021 年版）［M］. 北京：高等教育出版社，2021：11 – 12.

明作出了重大贡献"①。在"毛泽东思想的历史地位"中,教材虽然没有直接提到毛泽东思想对世界的影响,但我们在讲这一章节内容的时候,很有可能会涉及毛泽东思想的世界影响与价值等问题,实际上就涉及了毛泽东思想对世界的影响,即增强了我们中华文明的世界传播力和国际影响力,我们可以列举几个例子来丰富我们的教学内容和提高学生的抬头率和关注度:联合国秘书长瓦尔德海姆说:"毛主席是一位伟大的政治家、思想家、哲学家和诗人……他实现自己理想的勇气和决心,将继续鼓励今后的世世代代。"法国总统德斯坦说:"由于毛泽东的去世,人类思想的一座灯塔熄灭了。"英国保守党领袖、前首相希思说:"历史将证明,无论他的人格还是成就,都会使他成为现代最卓绝的人物之一。"德国总理施密特说:"毛泽东主席是世界历史发展的创造者之一。"②

三、关于"坚定不移全面从严治党,深入推进新时代党的建设新的伟大工程"融入"概论"课堂的初浅分析

党的二十大报告的第十五部分集中阐明和论述了怎样实现"坚定不移全面从严治党,深入推进新时代党的建设新的伟大工程"③的实际问题,即从"坚持和加强党中央集中统一领导""坚持不懈用新时代中国特色社会主义思想凝心铸魂""完善党的自我革命制度规范体系""建设堪当民族复兴重任的高素质干部队伍""增强党组织政治功能和组织功能""坚持以严的基调强化正风肃纪""坚决打赢反腐败斗争攻坚战持久战"④等七个方面来落实贯彻。这里至少有六个方面可以与"概论"教材中"毛泽东思想"相关内容联系起来,因为第二部分"坚持不懈用新时代中国特色社会主义思想凝心铸魂"是"习近平新时代中国特色社会主义思想概论"的内容,所以在此不作分析。

(1)坚持和加强党中央集中统一领导。在总结巴黎公社失败教训时,马克思、恩格斯深刻指出:"巴黎公社遭到灭亡,就是由于缺乏集中和权威。"⑤列宁也指出,"在历史上,任何一个阶级,如果不推举出自己的善于组织运动和领导运动的领袖和先进

---

① 《毛泽东思想和中国特色社会主义理论体系概论(2021年版)》编写组. 毛泽东思想和中国特色社会主义理论体系概论(2021年版)[M]. 北京:高等教育出版社,2021:1.

② 王蓬. 时光记忆——一个50后记者的速写笔记[M]. 北京:中国国际广播出版社,2015:247.

③ 习近平. 高举中国特色社会主义伟大旗帜　为全面建设社会主义现代化国家而团结奋斗——在中国共产党第二十次全国代表大会上的报告[M]. 北京:人民出版社,2022:63.

④ 习近平. 高举中国特色社会主义伟大旗帜　为全面建设社会主义现代化国家而团结奋斗——在中国共产党第二十次全国代表大会上的报告[M]. 北京:人民出版社,2022:64-69.

⑤ 转引自:栗战书. 坚决维护党中央权威[N]. 人民日报,2016-11-15(06).

代表，就不可能取得统治地位"①。这些论述都说明了党的集中统一领导的重要性。"加强党中央的集中统一领导"可融入"概论"教材中关于毛泽东思想的重要内容中，如：在"革命军队建设和军事战略的理论"中可以融入进去，规定"党指挥枪的原则"；"党的建设理论"这一部分里面可以提及这个观点，对于当时加强党的集中统一领导，坚持民主集中制的组织原则，坚持党对统一战线的领导权，维护和保障党对革命的领导，确保革命的正确方向，不至于改变革命的前途与性质，所以在"新民主主义革命的三大法宝"这部分内容中指出，要"坚持独立自主的原则。要保持党在政治上、组织上和思想上的独立性"。正如毛泽东同志曾经形象地说过，一个桃子剖开来有几个核心？只有一个核心。因此，要建立领导核心，反对"一国三公"②。因为从毛泽东关于党的统一战线理论和党的建设理论的实际效果来看，党的建设理论搞好了，党中央的集中统一领导也就得到了加强和巩固，党的权威也就得到了维护和坚强。

（2）完善党的自我革命制度规范体系。我们党无论是在中央根据地时期、延安和西柏坡时期，还是在社会主义革命和建设时期，都不断地加强党的制度建设，制定出一系列的党内法律法规。比如，在"概论"教材"党的建设理论"这一部分中，关于"理论联系实际"的作风、"惩前毖后、治病救人"的正确方针、要树立"两个务必"、反对官僚主义、反对党内的腐败分子等，在新民主主义革命时期提出的一系列方针政策，特别是新民主主义的经济、政治和文化纲领，统一战线的方针政策，出台的"耕者有其田"土地政策，都是通过加强和完善党的制度建设来促进党的自我革命、不断纯化党的队伍建设和组织建设、推动党的革命事业向胜利的方向不断发展、不断前进。

（3）建设堪当民族复兴重任的高素质干部队伍。党的二十大报告指出："全面建设社会主义现代化国家，必须有一支政治过硬、适应新时代要求、具备领导现代化建设能力的干部队伍。"③毛泽东也曾经指出，政治路线确定之后，干部就是决定性的因素。"概论"教材中"新民主主义革命的基本经验"之"党的建设"中指出，要领导革命取得胜利，必须不断加强党的思想建设、组织建设和作风建设，指出"许多党员，在组织上入了党，思想上并没有入党，甚至完全没有入党"④。要清除党内各种非无产阶级思想，把我们党建设成为一个具有广大群众性的、马克思主义的无产阶级政党。一个没有战斗力的党，就不能赢得革命的胜利，就不能实现中华民族的独立、自强。所

---

① 列宁选集：第一卷［M］. 北京：人民出版社，1995：286.
② 转引自：十九大党章学习讲座［M］. 北京：党建读物出版社，2017：177.
③ 习近平. 高举中国特色社会主义伟大旗帜　为全面建设社会主义现代化国家而团结奋斗——在中国共产党第二十次全国代表大会上的报告［M］. 北京：人民出版社，2022：66.
④ 毛泽东选集：第三卷［M］. 北京：人民出版社，1991：875.

以毛泽东提出了在新民主主义革命的过程中，要把党的建设作为一项"伟大工程"①。

（4）增强党组织政治功能和组织功能。党的二十大报告指出，"严密的组织体系是党的优势所在、力量所在"②。在"概论"教材中"关于新民主主义革命"的经验中，指出"在任何时候都重视党的组织建设。加强党的组织建设，根本的是要贯彻民主集中制这一根本组织原则，坚持在民主基础上的集中和集中领导下的民主相结合，个人服从组织，少数服从多数，下级服从上级，全党服从中央"。教材还提出并要求必须联系党的政治路线加强党的建设，如指出：政治路线是党的纲领在一定历史时期的具体体现，是完成党在一定历史阶段的政治任务的总政策，为全党的团结统一奠定政治基础，在贯彻执行党的政治纲领和路线中推进党的建设。③

（5）坚持以严的基调强化正风肃纪。党的二十大报告指出，"党风问题关系执政党的生死存亡"④。同样在"概论"教材的"关于新民主主义革命"的经验中，教材沿用了毛泽东在《论人民民主专政》中的一句话："一个有纪律的，有马克思列宁主义的理论武装的，采取自我批评方法的，联系人民群众的党。""一个由这样的党领导的军队。一个由这样的党领导的各革命阶级派别的统一战线。这三件是我们战胜敌人的主要武器。这些都是我们区别于前人的。""依靠这三件，使我们取得了基本的胜利。"⑤ 指出要"反对本本主义""官僚主义作风"，要坚持"理论联系实际""群众路线""实事求是"，做到"三个贴近"即"贴近群众、贴近生活、贴近实际"，要保持同人民群众的血肉联系。在"概论"教材中"毛泽东思想"之"群众路线"中，教材指出"党风问题、党同人民群众的联系问题关系党的生死存亡"⑥。教材还引用了毛泽东的"我们共产党人好比种子，人民好比土地。我们到了一个地方，就要和那里的人民结合起来，在人民中间生根、开花"⑦。就具体案例来说，比如1938年10月毛泽东在《中国共产党在民族战争中的地位》一文中强调："共产党员在政府工作中，应该是十分廉洁、不用私人、多做工作、少取报酬的模范。"⑧ "历览前贤国与家，成由勤俭败由奢。"毛泽

---

① 毛泽东选集：第二卷［M］. 北京：人民出版社，1991：602.

② 习近平. 高举中国特色社会主义伟大旗帜　为全面建设社会主义现代化国家而团结奋斗——在中国共产党第二十次全国代表大会上的报告［M］. 北京：人民出版社，2022：67.

③ 《毛泽东思想和中国特色社会主义理论体系概论（2021年版）》编写组. 毛泽东思想和中国特色社会主义理论体系概论（2021年版）［M］. 北京：高等教育出版社，2021：33.

④ 习近平. 高举中国特色社会主义伟大旗帜　为全面建设社会主义现代化国家而团结奋斗——在中国共产党第二十次全国代表大会上的报告［M］. 北京：人民出版社，2022：68.

⑤ 毛泽东选集：第四卷［M］. 北京：人民出版社，1991：1480.

⑥ 《毛泽东思想和中国特色社会主义理论体系概论（2021年版）》编写组. 毛泽东思想和中国特色社会主义理论体系概论（2021年版）［M］. 北京：高等教育出版社，2021：14.

⑦ 毛泽东选集：第四卷［M］. 北京：人民出版社，1991：1162.

⑧ 毛泽东选集：第二卷［M］. 北京：人民出版社，1991：522.

东把"勤俭节约、反对浪费"作为"修身"之道,把"一粥一饭,当思来之不易,半丝半缕,恒念物力维艰"当作"齐家"的训言,把"厉行节约、勤俭建国"作为"治国"的基本方针。这些作为教材内容的扩充都可以融入这一部分的教学内容中去。

(6) 坚决打赢反腐败斗争攻坚战持久战。党的二十大报告指出,"腐败是危害党的生命力和战斗力的最大毒瘤,反腐败是最彻底的自我革命"①。在"概论"课程中"党的建设"和过渡时期的反腐败等内容中也涉及了党的反腐败问题,中华人民共和国成立后的"三反五反",共和国"第一刀"劈向刘青山、张子善这两只大老虎。翻开《毛泽东选集》,关于打击贪污腐化、防止消极腐败的文章和言论比比皆是。他把反腐败当作"打老虎",主张"大老虎""小老虎"一齐打,并指示"要注意打尽老虎,不要松劲"。延安时期,"大老虎黄克功事件",毛泽东"挥泪斩马谡",一个勇冠三军的红军将领被公审枪毙了;边区贸易局副局长肖玉碧是个劳苦功高、体无完肤、身上有90多处伤疤的老红军,功高自傲、无视法纪,贪污大洋 3 000 多块,毛泽东也执法如山。在他眼里丝毫容不得党内存在腐败,一旦发现腐败分子,他毫不留情、严惩不贷。在处决刘青山、张子善之后,毛泽东还明确指出:"我们杀了几个有功之臣,挥泪斩马谡,这是万不得已的事情。"腐败分子是"叛徒和毒虫","大贪污犯是人民的敌人。他们已经不是我们的同志和朋友,故应坚决彻底干净全部地将他们肃清,而不应有丝毫的留恋或同情"②。

党的二十大报告的思想深邃、博大精深,涉及我国社会主义现代化建设的方方面面,内容全面且深刻、权威又科学,所以,要真正把党的二十大报告的创新内容、思想精神融入"概论"等思政课课堂,是一个综合的、系统的巨大工程,还是一个要不断推进的现实性课题。我们还要将其如何全面融入课堂问题做实做细做好,不断将党的二十大的新思想、新论断、新理论、新战略深入融入以后的课堂教学之中,真正使其入青年学生的头脑、入广大大学生的心田、入新时代青年的实践。

---

① 习近平. 高举中国特色社会主义伟大旗帜 为全面建设社会主义现代化国家而团结奋斗——在中国共产党第二十次全国代表大会上的报告 [M]. 北京:人民出版社,2022:69.
② 薛鑫良. "新中国反腐第一枪"的警示效应 [N]. 学习时报,2016 – 11 – 28 (03).

党的二十大精神如何融入"概论"教学[*]

周邦君^{**}

2022 年 10 月，党的二十大隆重召开。习近平代表党中央作政治报告《高举中国特色社会主义伟大旗帜　为全面建设社会主义现代化国家而团结奋斗》。毫无疑问，党的二十大报告是马克思主义中国化时代化的经典文献之一。将党的二十大精神融入思政教学，是高校思政课教师的重要任务。高校思政课涉及多门主干课程，其中包括"毛泽东思想和中国特色社会主义理论体系概论"（以下简称"概论"）。需要说明的是，这里的"概论"课内容，主要是毛泽东思想、邓小平理论、"三个代表"重要思想和科学发展观，而基本上不含已经相对独立化的"习近平新时代中国特色社会主义思想概论"。现从思政课教师的角度提出一个相对具体的问题：党的二十大精神如何融入"概论"教学？要回答这一问题，教师至少应当从以下三方面下功夫。

一、领会报告主题与"概论"的历史联系

党的二十大主题最为集中地体现了大会精神（亦即党的二十大精神）。报告引言指出"大会主题是：高举中国特色社会主义伟大旗帜，全面贯彻新时代中国特色社会主义思想，弘扬伟大建党精神，自信自强、守正创新，踔厉奋发、勇毅前行，为全面建设社会主义现代化国家、全面推进中华民族伟大复兴而团结奋斗"①。这一主题郑重宣示，中国共产党要领导和团结全国各族人民，继续高举中国特色社会主义伟大旗帜，要坚定道路自信、理论自信、制度自信、文化自信、历史自信，继往开来，奋力推进中华民族伟大复兴事业。为了这一事业，中国共产党从成立伊始，就以马列主义为指

---

　　* 本文系 2024 年度广东省本科高校教学质量与教学改革工程建设项目"'习近平新时代中国特色社会主义思想概论'教研室"（粤教高函〔2024〕30 号）阶段性成果。

　　** 周邦君，男，博士，广东财经大学马克思主义学院副教授，主要研究方向为乡土文化与马克思主义中国化。

　　① 习近平. 高举中国特色社会主义伟大旗帜　为全面建设社会主义现代化国家而团结奋斗——在中国共产党第二十次全国代表大会上的报告［N］. 人民日报，2022 – 10 – 26（01）.（说明：本文所引党的二十大报告原文，出处同此，不另注。）

导，进行了矢志不渝的艰辛探索和百折不挠的努力拼搏。党的集体智慧凝结成一系列重大理论成果，引领中国人民接续奋斗，促使"近代以来久经磨难的中华民族迎来了从站起来、富起来到强起来的伟大飞跃"①。马克思指出："人们自己创造自己的历史，但是他们并不是随心所欲地创造，并不是在他们自己选定的条件下创造，而是在直接碰到的、既定的、从过去承继下来的条件下创造。"② 党的二十大报告当然属于习近平新时代中国特色社会主义思想，但也必然要继承和发展毛泽东思想、邓小平理论、"三个代表"重要思想、科学发展观这些先行思想理论成果。

毛泽东领导新民主主义革命，为的是推翻三座大山，建立新中国。毛泽东领导社会主义革命，为的是实行"一化三改"，建立社会主义制度。这两场革命都很成功。1939年，毛泽东指明"中国革命的终极的前途，不是资本主义的，而是社会主义和共产主义的"③。1954年，他指出"我们的总任务是：团结全国人民，争取一切国际朋友的支援，为了建设一个伟大的社会主义国家而奋斗，为了保卫国际和平和发展人类进步事业而奋斗"④。毛泽东于1956年写成的名篇《论十大关系》中提出，"围绕着一个基本方针，就是要把国内外一切积极因素调动起来，为社会主义事业服务……为把我国建设成为一个强大的社会主义国家而奋斗"⑤。毛泽东领导中国社会主义建设道路初步探索，为后人奠定了一定的物质基础，也留下了巨大的精神财富。正如习近平所说：毛泽东"把马克思列宁主义基本原理同中国实际进行'第二次结合'，找出在中国进行社会主义革命和建设的正确道路，制定把我国建设成为一个强大的社会主义国家的战略思想"⑥。

邓小平在党的十二大开幕词中指出："把马克思主义的普遍真理同我国的具体实际结合起来，走自己的道路，建设有中国特色的社会主义，这就是我们总结长期历史经验得出的基本结论。"⑦ 后来，党的十三大报告题为《沿着有中国特色的社会主义道路前进》，党的十四大报告题为《加快改革开放和现代化建设步伐 夺取有中国特色社会主义事业的更大胜利》，党的十五大报告题为《高举邓小平理论伟大旗帜，把建设有中国特色社会主义事业全面推向二十一世纪》，党的十六大报告题为《全面建设小康社会 开创中国特色社会主义事业新局面》，党的十七大报告题为《高举中国特色社会主义

---

① 习近平. 习近平谈治国理政：第三卷［M］. 北京：外文出版社，2020：8.

② 马克思恩格斯文集：第二卷［M］. 北京：人民出版社，2009：470－471.

③ 毛泽东选集：第二卷［M］. 北京：人民出版社，1991：650.

④ 毛泽东文集：第六卷［M］. 北京：人民出版社，1999：350.

⑤ 毛泽东文集：第七卷［M］. 北京：人民出版社，1999：23－24.

⑥ 中共中央党史和文献研究院，中央"不忘初心、牢记使命"主题教育领导小组办公室. 习近平关于"不忘初心、牢记使命"重要论述选编［M］. 北京：中央文献出版社，2019：112.

⑦ 邓小平文选：第三卷［M］. 北京：人民出版社，1993：3.

伟大旗帜　为夺取全面建设小康社会新胜利而奋斗》，党的十八大报告题为《坚定不移沿着中国特色社会主义道路前进　为全面建成小康社会而奋斗》，党的十九大报告题为《决胜全面建成小康社会　夺取新时代中国特色社会主义伟大胜利》。党的二十大报告题目与党的十七大报告题目有相同之处，都有"高举中国特色社会主义伟大旗帜"一语。江泽民指出："我们党建设有中国特色社会主义的理论是正确的，是符合最广大人民的利益和要求的。"① 胡锦涛指出："中国特色社会主义理论体系是包括邓小平理论、'三个代表'重要思想以及科学发展观等重大战略思想在内的科学理论体系……是对毛泽东思想的继承和发展。"② 较长时期以来，党中央一直旗帜鲜明地带领全国人民坚定不移地走中国特色社会主义道路。

在党的二十大报告主题词中，"守正创新"四字意味深长。毛泽东诗云"人间正道是沧桑"③，正道不等于直道，历史从来就不是那么单纯地直线行进的。在历史的曲折发展中，守正需要付出巨大的努力，需要踔厉奋发、勇毅前行的气概。守正是创新的首要前提，而创新是守正的必要条件。若行路不正，则创新足以贻害世人（如资本主义科技创新杀人无数，长期害人无穷）；若无创新能力，则正路不足以行稳致远（如晚清及民国时期中国不少的优秀传统文化备受凌辱，乃至遭到抛弃）。中国历史和世界历史反复验证过这样的规律。只有坚定不移地守护和践行中国特色社会主义正路，全面提升和大力发挥创新能力，中国才会有光明的前途，而世界才会有美好的未来。

列宁曾指出："马克思和恩格斯在他们的科学著作中，最先说明了社会主义不是幻想家的臆造。"④ 当然，中国特色社会主义也不是幻想家臆造的结果。习近平指出："中国特色社会主义不是从天上掉下来的，而是在改革开放四十年的伟大实践中得来的，是在中华人民共和国成立近七十年的持续探索中得来的，是在我们党领导人民进行伟大社会革命九十七年的实践中得来的，是在近代以来中华民族由衰到盛一百七十多年的历史进程中得来的，是对中华文明5 000多年的传承发展中得来的，是党和人民历经千辛万苦、付出各种代价取得的宝贵成果。"⑤ 随着岁月的流逝，这段话谈到的具体年数会相应增加，但其中的基本结论经得住历史的严正检验。中国特色社会主义这条正路来之不易，是中国共产党人一百多年来前赴后继地上下求索而来的。在思想史上，从毛泽东时代以来，中国共产党人不忘初心，牢记使命，坚守正道，开拓创新，为全

① 江泽民文选：第一卷［M］．北京：人民出版社，2006：218．
② 胡锦涛文选：第三卷［M］．北京：人民出版社，2016：526．
③ 刘汉民等．毛泽东诗词对联书法集观［M］．武汉：长江文艺出版社，2000：102．
④ 列宁选集：第一卷［M］．北京：人民出版社，2012：88．
⑤ 中共中央党史和文献研究院，中央"不忘初心、牢记使命"主题教育领导小组办公室．习近平关于"不忘初心、牢记使命"重要论述选编［M］．北京：中央文献出版社，2019：295－296．

面建设中国特色社会主义现代化奠定了较好的基础。正是这样的共产党人，发扬伟大建党精神，不仅为中华民族伟大复兴事业作出了彪炳史册的贡献，而且丰富了中华民族的精神谱系，还为人类文明进步事业提供了契合天理人伦的中国智慧和中国方案。党的二十大报告精神与概论具有密切的历史联系。这种联系不能人为地割断，而应该在教学活动中得到深入的领会和自觉的加强。

二、掌握报告关键词与"概论"的逻辑联系

《人民日报》根据党的二十大报告原文，梳理出 23 个关键词。① 其中包括：①大会的主题，②新时代十年的伟大变革，③极不平凡、极不寻常的五年，④三件大事，⑤马克思主义中国化时代化新境界，⑥全面建成社会主义现代化强国，⑦中国式现代化，⑧加快构建新发展格局，⑨着力推动高质量发展，⑩实施科教兴国战略，⑪强化现代化建设人才支撑，⑫发展全过程人民民主，⑬坚持全面依法治国，⑭推进文化自信自强，⑮增进民生福祉，⑯扎实推进共同富裕，⑰推动绿色发展，⑱推进国家安全体系和能力现代化，⑲开创国防和军队现代化新局面，⑳坚持和完善"一国两制"，推进祖国统一，㉑推动构建人类命运共同体，㉒坚定不移全面从严治党，㉓"五个必由之路"。大会的主题，当然是首要关键词，总领其他 22 个关键词。前文专节讨论党的二十大主题与"概论"的历史联系，就是出于这样的考虑。鉴于党的二十大报告关键词较多，此处仅取 3 个为例，说明它们与"概论"的逻辑联系。

（1）"三件大事"与"概论"的逻辑联系。党的二十大报告指出："十年来，我们经历了对党和人民事业具有重大现实意义和深远历史意义的三件大事：一是迎来中国共产党成立一百周年，二是中国特色社会主义进入新时代，三是完成脱贫攻坚、全面建成小康社会的历史任务，实现第一个百年奋斗目标。"在 1921—2021 年的百年党史上，前九十年里先后形成了毛泽东思想、邓小平理论、"三个代表"重要思想、科学发展观。毛泽东思想指导党和人民创造了新民主主义革命、社会主义革命、社会主义建设初步探索的伟大成就，而邓小平理论、"三个代表"重要思想、科学发展观指导党和人民创造了改革开放与社会主义现代化建设的伟大成就。从 2012 年党的十八大开始，中国特色社会主义进入新时代，党创立了习近平新时代中国特色社会主义思想，领导全国人民创造了新时代中国特色社会主义的伟大成就。新时代完成脱贫攻坚、全面建成小康社会的历史任务，实现第一个百年奋斗目标，必然要立足于前人的成就基础之上。新时代经历的三件大事，是与前九十年的理论探索、实践奋斗联系在一起的。

① 佚名. 用新的伟大奋斗创造新的伟业——党的二十大报告关键词［N］. 人民日报，2022－10－17（04）.

（2）"马克思主义中国化时代化新境界"与"概论"的逻辑联系。党的二十大报告指出："不断谱写马克思主义中国化时代化新篇章，是当代中国共产党人的庄严历史责任。继续推进实践基础上的理论创新，首先要把握好新时代中国特色社会主义思想的世界观和方法论，坚持好、运用好贯穿其中的立场观点方法。"从逻辑上看，中国共产党为什么能？中国特色社会主义为什么好？归根到底是马克思主义行，尤其是中国化时代化的马克思主义行。在党史上，最早明确提出"马克思主义中国化"这一理论命题的是毛泽东（1938 年 10 月）。① 1978 年，邓小平提出"要努力把马克思主义的普遍原则同我国实现四个现代化的具体实践结合起来"②。2001 年，江泽民讲过"必须始终坚持马克思主义基本原理同中国具体实际相结合"③。邓小平和江泽民的说法虽然措辞略有不同，但在实质上都准确诠释了"马克思主义中国化"的基本含义。胡锦涛认为："在革命和建设的长期实践中，以毛泽东同志为主要代表的中国共产党人，努力推进马克思主义中国化，形成了具有鲜明中国特点的科学指导思想，这就是毛泽东思想。"④ 党的十九大报告指出："必须推进马克思主义中国化时代化大众化。"⑤ 无论是毛泽东思想、邓小平理论、"三个代表"重要思想、科学发展观，还是习近平新时代中国特色社会主义思想，都在探索真理、揭示真理、笃行真理的道路上为马克思主义中国化时代化作出了重大贡献。以习近平同志为主要代表的共产党人，继承和发展党在以前积累起来的思想理论成果，继续推动马克思主义中国化时代化，党的二十大报告正是这样"化"出来的新篇章。前与后、旧与新，其间存在着紧密的逻辑联系。

（3）"中国式现代化"与"概论"的逻辑联系。党的二十大报告指出："中国式现代化的本质要求是：坚持中国共产党领导，坚持中国特色社会主义，实现高质量发展，发展全过程人民民主，丰富人民精神世界，实现全体人民共同富裕，促进人与自然和谐共生，推动构建人类命运共同体，创造人类文明新形态。"中国式现代化具有丰富的内涵：它是人口规模巨大的现代化，是全体人民共同富裕的现代化，是物质文明和精神文明相协调的现代化，是人与自然和谐共生的现代化，是走和平发展道路的现代化。实现中国式现代化是中国共产党人接续奋斗的理想。在抗日战争即将取得全面胜利的历史条件下，党的七大政治报告提出，要"为着中国的工业化和农业近代化而奋斗"⑥。这里用的"近代化"，和后来常用的"现代化"并无实质差别（英语单词 modernization

---

① 中共中央文件选集：第 11 卷 ［M］. 北京：中共中央党校出版社，1991：658 - 659.
② 邓小平文选：第二卷 ［M］. 北京：人民出版社，1994：153.
③ 江泽民文选：第三卷 ［M］. 北京：人民出版社，2006：270.
④ 胡锦涛文选：第二卷 ［M］. 北京：人民出版社，2016：134.
⑤ 习近平. 习近平谈治国理政：第三卷 ［M］. 北京：外文出版社，2020：32.
⑥ 毛泽东选集：第三卷 ［M］. 北京：人民出版社，1991：1081.

可译作"近代化",也可译作"现代化")。20世纪五六十年代提出的"四个现代化"目标,代表了当时对中国现代化的基本认识,其中带有赶超英美的强烈愿望。邓小平于1980年回忆说:"我们现在讲的四个现代化,实际上是毛主席提出来的,是周总理在他的政府工作报告里讲出来的。"① 而前一年,邓小平对四个现代化作出了经济指标上的量化表达。即是说,到二十世纪末,中国争取国民生产总值达到人均1 000美元,实现小康水平。邓小平把这一目标称为"中国式的四个现代化",即"小康之家"②。1995年,江泽民强调:"在现代化建设中,必须把实现可持续发展作为一个重大战略。"③ 后来,胡锦涛"把全面协调可持续作为科学发展观的基本要求来强调"④,用以指导中国特色社会主义现代化建设。按照党中央部署,从2022年底开始,党的中心任务是:团结带领全国各族人民,全面建成社会主义现代化强国、实现第二个百年奋斗目标,以中国式现代化全面推进中华民族伟大复兴。以上线索表明,党的二十大报告明确提出的"中国式现代化",与毛泽东思想、邓小平理论、"三个代表"重要思想、科学发展观都有着内在的逻辑联系。

三、明确报告主要内容与"概论"的思想联系

从文本篇幅上估计,党的二十大报告与党的十九大报告旗鼓相当,各有32 000余字。报告除了简要的前言和结语,主体部分共有15节。为了便于观览,笔者将其整理成表1。

表1　党的二十大报告节次内容一览表

节次	节题	估计字数	主要内容
引言	——	300字	揭示主题
一	过去五年的工作和新时代十年的伟大变革	6 800字	回顾成就,点明不足
二	开辟马克思主义中国化时代化新境界	2 400字	理论新追求
三	新时代新征程中国共产党的使命任务	2 900字	实践新要求
四	加快构建新发展格局,着力推动高质量发展	2 400字	经济建设
五	实施科教兴国战略,强化现代化建设人才支撑	1 600字	科教兴国

① 邓小平文选:第二卷[M].北京:人民出版社,1994:311-312.
② 邓小平文选:第二卷[M].北京:人民出版社,1994:237.
③ 江泽民文选:第一卷[M].北京:人民出版社,2006:532.
④ 胡锦涛文选:第三卷[M].北京:人民出版社,2016:5.

（续上表）

节次	节题	估计字数	主要内容
六	发展全过程人民民主，保障人民当家作主	1 500 字	政治建设
七	坚持全面依法治国，推进法治中国建设	1 500 字	法治建设
八	推进文化自信自强，铸就社会主义文化新辉煌	1 500 字	文化建设
九	增进民生福祉，提高人民生活品质	1 600 字	社会建设
十	推动绿色发展，促进人与自然和谐共生	1 100 字	生态文明建设
十一	推进国家安全体系和能力现代化，坚决维护国家安全和社会稳定	1 100 字	国家安全
十二	实现建军一百年奋斗目标，开创国防和军队现代化新局面	1 000 字	国防军队建设
十三	坚持和完善"一国两制"，推进祖国统一	1 100 字	统一大业
十四	促进世界和平与发展，推动构建人类命运共同体	1 600 字	外交理念
十五	坚定不移全面从严治党，深入推进新时代党的建设新的伟大工程	3 000 字	党的建设
结语	——	800 字	号召鼓舞

不妨将党的二十大报告十五节的总体写作思路概括为"忆旧图新"四字——这是一种广泛应用的思想表述方法。从报告的内容结构上看，第一节作为铺垫，第二节强化理论创新，第三节重在实践创新，第四至十五节可理解为对第三节的逐层展开。大体上，第十四节属于外交领域，第四至十三节和第十五节（共计十一节）属于内政范围。2012 年，党的十八大报告首次明确提出：建设中国特色社会主义"总布局是五位一体"①。按照总布局的概念内涵来观照这十一节内容，大体情况是：第四节论经济建设，第六节（连带第七节、十二节、十三节、十五节）论政治建设，第八节（连带第五节）论文化建设，第九节（连带第十一节）论社会建设，第十节论生态文明建设。2012 年以后，党中央逐步提出并修订"四个全面"战略布局。参照战略布局的概念内涵来对应党的二十大报告相关内容，"全面建成社会主义现代化强国"的战略目标是在第三节论述的，"坚持全面依法治国"的战略举措是在第三节论述的，"坚定不移全面从严治党"的战略举措是在第十五节论述的。不过，无论从《人民日报》据党的二十大报告文本梳理出来的关键词来看，还是从党的二十大报告引人注目的总标题和各节标题来看，都未见"全面深化改革"字样。这有可能给部分读者造成困惑：是不是

---

① 胡锦涛文选：第三卷［M］. 北京：人民出版社，2016：622.

"全面深化改革"不那么重要、可以不提了？这些问题应当如何解答呢？

实际上，党的二十大报告第三节中有一部分文字专门讲到：全面建设社会主义现代化国家，必须牢牢把握五个重大原则，而其中一个是"坚持深化改革开放。深入推进改革创新，坚定不移扩大开放，着力破解深层次体制机制障碍，不断彰显中国特色社会主义制度优势，不断增强社会主义现代化建设的动力和活力，把我国制度优势更好转化为国家治理效能"。邓小平早就强调过：党在社会主义初级阶段的基本路线"要管一百年，动摇不得"①。基本路线的两个基本点之一，即为"坚持改革开放"。党的十四大报告题目有"加快改革开放"一语。党的十七大、十八大主题的表述，都有"（坚持）改革开放"之说。2012年12月，习近平提出："改革开放只有进行时没有完成时。"② 次年，十八届三中全会通过了《中共中央关于全面深化改革若干重大问题的决定》。2021年，习近平指出："中国共产党和中国人民以英勇顽强的奋斗向世界庄严宣告，改革开放是决定当代中国前途命运的关键一招，中国大踏步赶上了时代。"③ 在党的二十大报告中，"改革开放"作为高频词之一，出现了11次。改革开放以来，在党中央的指导思想层面，"（全面深化）改革开放"的地位不能说有所降低，而是大体上一以贯之并逐渐强化的。就概念转换而咬文嚼字地看，由"战略举措"到"重大原则"的变化，可以说在一定程度上提升了"（全面）深化改革开放"的思政站位。究其原因，马克思主义经典作家一向看重的工作方法论之一，就是原则坚定性和策略灵活性相统一。2021年，习近平指出："坚持原则是共产党人的重要品格。"④ 原则指导举措，举措支撑原则，两者辩证统一。党的二十大报告将"四个全面"变为"一个重大原则"和"三个全面"，这是政治学习时值得注意的问题。读者若要对此获得比较深入的理解，就应当从思想上将其与"概论"相关内容联系起来。

党的二十大报告的十五部分内容，各自相对独立，又相互联系，共同聚焦于一个气势恢宏的主题——"为全面建设中国特色社会主义现代化国家而团结奋斗"。报告无论哪一部分（乃至某一部分中的某一段、某一句、某一词或词组），若作展开，都有可能成为大文章。限于篇幅，这里仅就第五部分作点分析。该部分题为"实施科教兴国战略，强化现代化建设人才支撑"，其位次紧跟"经济建设"，而列于"政治建设"之前。在党的诸多政治报告中，这是不多见的。历史地看，从晚清开始的较长时期，中国社会制度和科教文化落后，现代化人才缺乏，因而饱受资本—帝国主义侵略、压迫和剥削。读过师范、当过教师的毛泽东在1946年谈到："拿中国的情形来说，我们所

① 邓小平文选：第三卷 [M]. 北京：人民出版社，1993：370 – 371.
② 习近平. 习近平谈治国理政 [M]. 北京：外文出版社，2014：67.
③ 习近平. 在庆祝中国共产党成立100周年大会上的讲话 [M]. 北京：人民出版社，2021：6.
④ 习近平. 习近平谈治国理政：第四卷 [M]. 北京：外文出版社，2022：531.

依靠的不过是小米加步枪。"① 新中国成立后,党领导人民努力发展科教事业以推动整个现代化事业。1953 年,毛泽东提及"在技术上起一个革命"②。邓小平于 1975 年观察到,军队有了一些现代化的基础,而"不是过去的小米加步枪了"③。1988 年,他提出更为著名的论断:"科学技术是第一生产力。"④ 1995 年,江泽民在全国科技大会上发表的讲话中谈到:"实施科教兴国战略",要"培养造就大批德才兼备的科技人才"⑤。胡锦涛于 2003 年提出"人才强国战略",并在次年强调"依靠科技创新实现全面协调可持续发展"⑥。党的十九大报告提出:"加快建设创新型国家","优先发展教育事业。"⑦ 习近平在 2021 年指出:"推动高质量发展,必须深入实施科教兴国战略、人才强国战略、创新驱动战略。"⑧ 有关材料排比显示,党的二十大报告第五部分内容与"概论"有相当清晰的思想联系。

四、结语

总而言之,为了把党的二十大报告精神融入"概论"教学,教师应先当好学生,才有可能教好学生。"立德树人的人,必先立己;培根铸魂的人,必先铸己。"⑨ 对于"概论"课教师来说,要将党的二十大报告放在理论学习的突出位置,而(中国化时代化)马克思主义的诸多基本文献、重要论述需进一步学习和巩固。教师要时刻牢记"传道授业解惑"⑩ 的初心,在教学内容上做好充分准备、合理安排,并采用比较恰当的方法和手段,激发学生学习的主体性、主动性、积极性和创造性。"概论"课教师通过教学活动,要"更好担当起学生健康成长指导者和引路人的责任"⑪。教师应将上述"三个联系"落到实处,踔厉奋发地推动"概论"教学工作迈上新的更高台阶。这是为党的教育事业交出新的优异答卷之必修课程。

———————————

① 毛泽东选集:第四卷 [M]. 北京:人民出版社,1991:1195.
② 毛泽东文集:第六卷 [M]. 北京:人民出版社,1999:316.
③ 邓小平文选:第二卷 [M]. 北京:人民出版社,1994:21.
④ 邓小平文选:第三卷 [M]. 北京:人民出版社,1993:274.
⑤ 江泽民文选:第一卷 [M]. 北京:人民出版社,2006:425,435.
⑥ 胡锦涛文选:第二卷 [M]. 北京:人民出版社,2016:123,188.
⑦ 习近平. 习近平谈治国理政:第三卷 [M]. 北京:外文出版社,2020:24,35.
⑧ 习近平. 习近平谈治国理政:第四卷 [M]. 北京:外文出版社,2022:197.
⑨ 习近平. 习近平谈治国理政:第四卷 [M]. 北京:外文出版社,2022:326.
⑩ 郁贤皓. 中国古代文学作品选简编:上册 [M]. 北京:高等教育出版社,2004:447.
⑪ 习近平. 习近平谈治国理政:第二卷 [M]. 北京:外文出版社,2017:379.

党的二十大精神融入高校思想政治理论课教学探析

——以"中国近现代史纲要"课为中心*

刘小龙**

2022 年 10 月 16 日至 22 日，中国共产党第二十次全国代表大会在北京胜利召开。这是一次高举旗帜、凝聚力量、团结奋进的大会。自大会召开以来，全社会掀起了学习贯彻会议精神的热潮。10 月 25 日习近平总书记在中央政治局会议上指出："学习宣传贯彻党的二十大精神是当前和今后一个时期全党全国的首要政治任务。要引导广大干部群众原原本本学习研读党的二十大报告和党章，认真领悟党的二十大提出的新思想新论断、作出的新部署新要求。"①

思想政治理论课是宣讲党的二十大精神的主要阵地之一，使大会精神进入课堂、进入青年学生的思想之中是高校思政课教学的重要使命。那么，如何在高校思政课教学中及时、准确地宣讲和阐释党的二十大精神，即怎样将会议精神融入具体教学活动之中呢？本文拟以高校"中国近现代史纲要"课（以下简称"纲要"课）为例进行探讨，为相关教学、教研活动提供参考。

一、融入的前提：深刻领会党的二十大精神的丰富内涵

党的二十大精神融入"纲要"课教学，其前提是教师需要深刻领会二十大精神的丰富内涵。习近平总书记强调："学习贯彻党的二十大精神，要在全面学习上下功夫……首先要读原文、悟原理……要把学习大会报告同学习大会系列讲话和相关文件

---

　　* 本文系广东省高等教育教学改革项目"高校思政课程高质量发展模式构建与应用研究——以广东财经大学为例"（粤教高函〔2020〕20 号）阶段性成果。

　　** 刘小龙，博士，广东财经大学马克思主义学院讲师、广东乡村建设研究中心研究人员，研究方向为高校思想政治教育。

　　① 研究部署学习宣传贯彻党的二十大精神［N］. 人民日报，2022 - 10 - 26（01）.

结合起来，同学习党的十八大报告、十九大报告精神结合起来，联系着学。"① 据此，深刻领会党的二十大精神，可以从两个方面入手：一是党的二十大精神本身，二是党的二十大精神与党的十八大、党的十九大等其他重要会议精神之间的关系。

结合党的二十大报告、《中国共产党章程》（2022 年 10 月 22 日通过）、《中国共产党第二十次全国代表大会文件汇编》和《党的二十大报告辅导读本》《党的二十大报告学习辅导百问》《二十大党章修正案学习问答》等文献，深刻领会党的二十大精神的丰富内涵。党的二十大报告是党和人民智慧的结晶，是一篇闪烁着马克思主义光辉的纲领性文献，是深刻领会大会精神的重要文本。报告包括导语、正文、结束语等 15 部分内容，全文 3 万余字。具体而言，可以分为三个板块：导语至第三部分为第一个板块，是总论；第四部分到第十四部分为第二个板块，是党和国家各方面事业的新部署、新要求；第十五部分和结束语为第三个板块。报告回顾、总结了过去五年的工作和新时代十年的伟大变革、取得的非凡成就，科学地谋划了当前和今后一个时期（特别是未来五年）党和国家各项事业发展的目标、任务。教师需要深刻领会报告中的重要论述和内涵：大会的主题、过去五年的工作和新时代十年的伟大变革、开辟马克思主义中国化时代化新境界、新时代新征程中国共产党的使命任务、中国式现代化的中国特色和本质要求、作出的各项战略新部署新要求。同时，教师也需要深刻领会报告具有重大的政治意义、理论意义、实践意义：新时代十年伟大变革深刻昭示未来的郑重宣示、马克思主义中国化时代化的纲领性文献、以中国式现代化全面推进中华民族伟大复兴的行动指南、跳出治乱兴衰历史周期率的时代答卷、激励全党全国人民团结奋斗创造历史伟业的宣言书、动员令。

从党的二十大精神与党的十八大、十九大等其他重要会议精神的关系中，深刻领会党的二十大精神的丰富内涵。党的二十大精神与党的十八大、十九大等其他重要会议精神之间既一脉相承，又根据时代要求有新的发展。在起草党的二十大报告过程中，这种一脉相承的关系被充分体现出来，如 2022 年 2 月 16 日党的二十大文件起草组第一次全体会议上，习近平总书记指示"（党的二十大报告）既要同党的十八大、十九大报告主题一脉相承，又要充分体现新时代、新征程、新阶段的新要求"；又如 2022 年 6 月 27 日党的二十大文件起草组第四次全体会议上，习近平总书记又一次指出"党的二十大不仅要谋划未来五年的经济社会发展，还要在党的十九大部署基础上对全面建设

---

① 全面学习把握落实党的二十大精神　奋力夺取全面建设社会主义现代化国家新胜利［N］．人民日报，2022 - 10 - 27（01）．

社会主义现代化国家进行谋划，在思想理念、政策举措上既要继承，又要勇于创新"①。党的二十大报告很多具体内容也继承了党的十八大、十九大等其他重要会议精神，如党的十九大报告中"十四个坚持"②、庆祝建党一百周年讲话中"两个结合"③、十九届六中全会"两个确立"④ 等重要论述、重要论断，在党的二十大报告中均有很好的继承。与其一脉相承相伴随的，是党的二十大精神有新发展。前引《推动中华民族伟大复兴号巨轮、扬帆远航——党的二十大报告诞生记》宣称报告含有 300 多个新提法。有研究者对党的二十大报告的重大理论创新进行了研究和阐释⑤，也揭示出党的二十大精神之"新"内涵。因此，教师需要深刻领会党的二十大报告中的新提法、新思想、新论断，如"三个务必""三件大事""归根到底是两个'行'""六个必须坚持""中国式现代化特色""新时代党的建设的伟大工程""五个必由之路"，等等。

当然，深刻领会党的二十大精神的丰富内涵，既需要整体把握、全面系统，又需要突出重点、抓住关键。为此，《中共中央关于认真学习宣传贯彻党的二十大精神的决定》作出了重要指引。教师需要深刻领会这些重点和关键：要把着力点聚焦到习近平总书记是党中央的核心、全党的核心，习近平新时代中国特色社会主义思想是党必须长期坚持的指导思想上；聚焦到党的十九大以来的重大成就和新时代十年的伟大变革上；聚焦到把握好马克思主义中国化时代化最新成果的世界观和方法论，坚持好、运用好贯穿其中的立场观点方法上；聚焦到中国式现代化在理论和实践的创新突破上；聚焦到贯彻落实党的二十大作出的重大决策部署上；聚焦到以习近平同志为核心的新一届中央领导集体是深受全党全国各族人民拥护和信赖的领导集体上；聚焦到习近平总书记是全党拥护、人民爱戴、当之无愧的党的领袖上。

二、融入的关键：准确把握党的二十大精神与课程教学之间的关系

党的二十大精神与"纲要"课教学之间存在着多重关系，然而下列关系是"融入式"教学需要准确把握的。

其一，党的二十大精神对"纲要"课教学的高质量发展具有重要指引作用。

党的二十大报告为党和国家教育事业在新时代新征程确立了新的方位：全面建设社会主义现代化国家的基础性、战略性支撑。与此同时，"办好人民满意的教育……全

---

① 推动中华民族伟大复兴号巨轮乘风破浪、扬帆远航——党的二十大报告诞生记 [N]. 人民日报，2022 - 10 - 26（08）.
② 习近平. 习近平谈治国理政：第三卷 [M]. 北京：外文出版社，2020：16 - 21.
③ 习近平. 在庆祝中国共产党成立100周年大会上的讲话 [J]. 求是，2021（14）：4 - 14.
④ 中国共产党第十九届中央委员会第六次全体会议公报 [J]. 求是，2021（22）：18 - 24.
⑤ 陈金龙. 党的二十大报告的重大理论创新 [N]. 南方日报，2022 - 10 - 24（11）.

面贯彻党的教育方针，落实立德树人根本任务……加快建设高质量教育体系"① 等具体论述，也为党和国家教育事业在新时代新征程作出了新的部署、提出了新的要求。虽然这些内容针对的是整个教育事业，但是同样从宏观上为"纲要"课教学的高质量发展指明了前进方向、提供了行动指南。这必将促使教师更加深刻地认识到"纲要"课是高校思政课体系的重要环节、是立德树人的关键课程之一②，在全面建设社会主义现代化国家、全面推进中华民族伟大复兴的过程中占据着特别位置，进而增强自身的使命感、责任感。

党的二十大精神不仅在宏观上对"纲要"课教学的高质量发展具有重要的指引作用，而且有助于教师理解和把握教材主旨和具体内容。《中国近现代史纲要》③ 是国家统编教材，其主要内容是近现代中国社会发展和革命、建设、改革的历史进程，使学生认识历史进程蕴含的规律，使学生深刻领会"四个选择"和"三个为什么"，使学生更加坚定地在党的坚强领导下为民族复兴伟业不懈奋斗。新时代高校思政课教材解读的视角之一便是党和国家的重要文件，以此可以追溯教材的源泉，进而更好地理解和把握教材。④ "纲要"课教材许多表述直接引用自党和国家的重要文件，如教材关于百年党史主题的表述"中国共产党团结带领中国人民进行的一切奋斗、一切牺牲、一切创造，归纳起来就是一个主题：实现中华民族伟大复兴"⑤，来源于习近平总书记《在庆祝中国共产党成立 100 周年大会上的讲话》。同样地，党的二十大系列重要文件以及升华而成的大会精神，对于教师理解和把握教材主旨具有重要指引作用。党的二十大报告提出"新时代十年的伟大变革，在党史、新中国史、改革开放史、社会主义发展史、中华民族发展史上具有里程碑意义"，并概要性地指明"四个里程碑意义"，这是对新时代十年伟大变革的新定位、新论述，这对于理解和把握教材第十章"中国特色社会主义进入新时代"等具体内容提供了全新的指引。

其二，"纲要"课教学的高质量发展是宣讲、阐释党的二十大精神的主要阵地之一。

① 习近平. 高举中国特色社会主义伟大旗帜　为全面建设社会主义现代化国家而团结奋斗——在中国共产党第二十次全国代表大会上的报告［N］. 人民日报，2022－10－26（01）.

② 习近平. 思政课是落实立德树人根本任务的关键课程［J］. 求是，2020（17）：4－16.

③《中国近现代史纲要（2021 年版）》编写组. 中国近现代史纲要（2021 年版）［M］. 北京：高等教育出版社，2021：9.

④ 刘石成. 新时代高校思想政治理论课教材解读的六个视角［J］. 思想政治课研究，2022（1）：143－151.

⑤《中国近现代史纲要（2021 年版）》编写组. 中国近现代史纲要（2021 年版）［M］. 北京：高等教育出版社，2021：5.

青年大学生是社会主义事业的接班人，是高校传承红色基因的重要群体。① 由于青年学生知识储备、人生经历等方面的不足，他们在认识和理解党的最新精神、最新理论成果的过程中往往存在困难。此时，"纲要"等思政课便具有天然的优势：可以及时、准确地向青年大学生宣讲和阐释相关内容。限于篇幅，此处试举两例，以作说明。

党的二十大报告的主题中有"弘扬伟大建党精神"，那么，什么是伟大的建党精神、为什么要弘扬伟大的建党精神呢？报告本身没有对这些内容进行具体阐述。"纲要"课教学则可以且必须向青年学生讲清楚相关内容：伟大建党精神是理论层面的"坚持真理、坚守理想"，实践层面的"践行初心、担当使命"，精神层面的"不怕牺牲、英勇斗争"，宗旨层面的"对党忠诚、不负人民"。之所以要弘扬伟大的建党精神，是因为时代的需要、党和国家各项事业取得成功的需要。具体言之，在当今只有坚持真理、坚守理想，我们才能面对纷纭复杂的形势不动摇、不迷航；在当今只有积极践行初心、担当使命，我们才能不断为中华民族伟大复兴立新功；在当今只有不怕牺牲、英勇斗争，我们才能战胜各种困难、风险和挑战；在当今只有始终对党忠诚、不负人民，我们才能永葆共产党员的先进性和纯洁性。② 只有讲清楚这些内容，青年学生方能真正认识和理解"伟大建党精神"，进而深刻领会大会报告的主题、精神。

党的二十大报告在导语中发出号召"增强历史主动"、在第二部分提到"拥有马克思主义科学理论指导是我们党坚定信仰信念、把握历史主动的根本所在"。这些论述都提到时下非常热门的词汇——历史主动精神。那么，什么是历史主动精神、又应当如何弘扬历史主动精神？报告本身同样没有对这些内容进行阐释。相应地，"纲要"课教学需要且必须向青年学生讲清楚相关内容：历史主动精神主要包含尊重历史规律的科学精神、尊重人民的主体精神、清醒自觉的主动精神、未雨绸缪的预见精神、勇毅前行的担当精神等具体内涵。弘扬历史主动精神至少需要做到以下三点：一是用马克思主义中国化最新成果武装头脑、统一思想，凝聚力量、推动实践；二是要系统把握和自觉运用唯物史观，在创造性运用历史智慧中提升历史自觉、把握历史主动；三是要坚持人民至上，持续激发调动人民群众参与波澜壮阔的社会主义现代化建设实践的主体能动作用。③ 只有向青年学生讲清楚这些内容，他们才能认识和理解历史主动精神、弘扬历史主动精神、把握历史主动精神，进而响应党的二十大发出的号召、奋勇前行，即以自身实际行动贯彻党的二十大精神。

---

① 习近平. 坚持党的领导传承红色基因扎根中国大地走出一条建设中国特色世界一流大学新路［N］. 人民日报，2022－04－26（01）.

② 张国祚，刘新伟. 伟大建党精神的核心要义、生成逻辑及时代呼唤［J］. 思想理论教育导刊，2022（4）：80－85.

③ 侯衍社. 历史主动精神的科学内涵［J］. 马克思主义研究，2022（4）：21－31.

其三，党的二十大精神融入"纲要"课教学，既可以丰富教学内容，又能够增强新时代思政课教学的自我调适性和社会适应性。

党的二十大报告产生了很多新提法、新思想、新论断。它们的生成通常有着各自的历史渊源。同时，这些新提法、新思想、新论断也为认识和理解中国近现代历史提供了现实的维度。可见，党的二十大精神尤其是其中的"新"内涵，将极大地丰富我们对中国近现代历史的认识、理解、再评价。相应地，这将丰富"纲要"课教学的内容。另外，"纲要"课是高校本科生必修的一门思政课，① 将时事政治、党的二十大精神融入教学中，自然会进一步增强课程的政治性。从突显课程性质的角度审视，这同样是丰富教学内容的体现。

思政课也存在社会适应性问题，因此教学必须进行自我调适，以便更好地适应世界形势的变化、适应国内发展需要、适应学生接受特点。② 那么，新时代思政课教学应该怎样增强自我调适性和社会适应性呢？当然，途径和方法是多元化的，但是思政教学要联系现实、回应时代理应成为重要途径和方法。学界对此有着广泛的共识：如有学者提出思政课的本质是讲道理，想要把道理讲深讲透讲活，其中一个途径就是要做到"学"和"术"的统一，不断摄取时代的内容，并把时代的内容熔铸进清晰一贯的理性形式中③；时下热门的"大思政课"，其核心要义也在于把思政小课堂与社会大课堂相结合④；新时代思想政治教育内容的实施重在"融"，即融入、融合、融通，其中融入的对象自然包括时代和现实的重大事件⑤。党的二十大是 2022 年度乃至今后相当长时间里的大事情、是中国乃至世界范围内的大事情，"纲要"等思政课必须将之融入教学活动，才能将课讲好、将道理讲深讲透讲活，从而进一步增强教学的自我调适性和社会适应性。

三、融入的内容：着力探讨党的二十大精神与教材内容的结合点

诚如前文所言，党的二十大精神内涵丰富，这种丰富性使之与"纲要"教材内容存在诸多结合点，可以非常自然地融入教学活动之中。当然，融入内容的选择，既要努力做到全面，也要突出重点，特别是党的二十大精神中的"新"内涵。下文将罗列

① 《中国近现代史纲要（2021 年版）》编写组. 中国近现代史纲要（2021 年版）[M]. 北京：高等教育出版社，2021：9.

② 刘建军，朱倩. 论思想政治理论课的社会适应与自我调适 [J]. 思想理论教育，2022（8）：74 - 78.

③ 韩喜平，蒋磊. 思想政治理论课讲道理要在"五个统一"上下功夫 [J]. 思想理论教育，2022（9）：76 - 81.

④ 石书臣. 深刻把握"大思政课"的本质要义 [J]. 马克思主义理论学科研究，2022（7）：104 - 112.

⑤ 熊建生，郭榆. 新时代思想政治教育内容建设的新要求 [J]. 思想理论教育，2022（4）：59 - 65.

部分融入内容和教学建议，为融入内容的选择提供一些侧面的参考。

（1）融入报告主题。在教材第九章和第十章，讲授报告主题内容"高举中国特色社会主义伟大旗帜"出现和沿用的历史。第十章讲解报告主题内容"习近平新时代中国特色社会主义思想"的形成、主要内容、历史地位。第四章讲述报告主题内容"伟大建党精神"的内涵和弘扬，伟大建党精神是党领导中国人民取得一系列胜利的动力源泉和精神基因。第九章和第十章讲授"全面建设社会主义现代化国家"的提出和建设历程。"民族复兴"是报告主题内容之一，绪论讲解中国近现代历史的主题、主流、主线时，需围绕"中华民族伟大复兴"；第一章讲述中国逐步沦为半殖民地半封建社会的历史过程，民族复兴历史主题的形成，"振兴中华"的呐喊是其起点；第二章讲授民族复兴视角下当时中国社会不同阶级派别的尝试、结局、教训；第三章讲解民族复兴视角下辛亥革命的历史价值①；第四章讲述党的建立，意味着民族复兴领导力量的形成，党的使命是为中华民族谋复兴；第六章讲授民族复兴视角下抗日战争的历史功绩和伟大意义；第七章讲解新民主主义的胜利，为民族复兴创造了根本社会条件；第八章讲述社会主义革命和建设为民族复兴奠定了根本政治前提和制度基础；第九章讲授中国特色社会主义的开创和发展，为实现民族复兴提供充满新的活力的体制保证和快速发展的物质条件；第十章讲解新时代十年伟大变革在民族复兴历程中的贡献和地位，党对民族复兴事业的新部署新要求。

（2）融入报告导语"三个务必""历史主动"。在教材第七章讲述"三个务必"是毛泽东1949年提出"两个务必"的继承和发展；课程结束语讲授党通过三个历史决议总结历史经验和教训的相关历史，解释历史主动精神的内涵和如何弘扬。

（3）融入报告第一部分"三件大事""十六个方面的非凡成就""第二个答案""两个确立""四个里程碑意义"。在教材第六章讲授"第二个答案""两个确立"的历史基础；第十章以党的二十大新提法讲授新时代十年的伟大变革。

（4）融入报告第二部分"归根到底是两个'行'""两个结合""六个必须坚持"。在教材第五章讲解党开辟出中国革命的新道路，开始"走自己的路"，这是马克思主义中国化的开始；第八章、第九章和第十章讲述马克思主义中国化第一次历史性飞跃、新的飞跃，为"归根到底是两个'行'""两个结合"提供坚实基础；第十章讲授马克思主义中国化时代化最新理论成果的世界观和方法论，即"六个必须坚持"。

（5）融入报告第三部分"中国式现代化五个特色、本质要求"。在教材第二章讲解洋务运动是中国追求现代化的开端；第三章讲述孙中山等民族资产阶级对中国现代化

① 宋学勤，卫玮岑. 从民族复兴视角认识辛亥革命的历史价值［J］. 马克思主义理论学科研究，2022（3）：86－93.

—114—

建设的探索、贡献、失误；第八章、第九章和第十章讲授社会主义建设早期探索、中国特色社会主义的开创和发展、新时代十年伟大变革在中国式现代化建设历程中的贡献和地位；党对中国式现代化建设的新部署新要求、前进道路上必须牢牢把握"五个重大原则"。

（6）融入报告第八部分"建设具有强大凝聚力和引领力的社会主义意识形态"。在教材导言部分引导学生树立正确的历史观，自觉抵制历史虚无主义；第九章和第十章讲解中国特色社会主义改革建设时期党意识形态工作的成绩和经验，党对意识形态工作的新部署新要求。

（7）融入报告第九部分"增进民生福祉，提高人民生活品质"。在教材第四章讲述党的初心是为中国人民谋幸福；在第九章和第十章讲授改革开放以来党领导民生工作的成绩、党对民生工作的新部署新要求。

（8）融入报告第十五部分"推进新时代党的建设新的伟大工程"。在教材第四章到第十章分别讲解党在早期、土地革命战争、抗日战争、解放战争、社会主义建设探索、中国特色社会主义创立与发展、新时代等不同时期的建设历史，党对自身建设的新部署新安排。①

四、融入的路径：努力探寻多元化方案

在坚持正确的政治导向，以教材内容为主体、教师主导性、学生主体性等原则基础之上，党的二十大精神融入"纲要"课教学，应该努力探寻多元化的融入路径。下文将提出部分方案，为融入路径的选择提供一些侧面的参考。

（1）教师课堂阐释。首先，向学生阐释党的二十大精神的关键和重点，引导他们找到学习的着力点。其次，向学生阐释党的二十大精神中重要概念、重要术语，以便他们更好地理解重要政治论断。最后，向学生阐释党的二十大精神与"纲要"学习的关系。"纲要"本身的课程知识有助于更好地理解党的二十大精神的历史底蕴，后者反过来也可以为学生学习前者提供现实的维度。这将有利于培养学生贯通历史与现实的能力、提高对历史和现实的理解力。

（2）阅读相关文献。引导学生阅读以下两类文献：一类是大会文件及辅导读本、党的领导人关于会议精神的最新讲话，即党的二十大报告、新修订的党章、辅导读本、习近平总书记关于学习贯彻会议精神的系列讲话；另一类是专家学者对党的二十大精神进行研究和阐释的成果，如沈壮海、韩震、何毅亭、邓纯东等专家学者从中国式现

---

① 前文关于党百年来"四个伟大成就"在民族复兴进程中的地位、马克思主义中国化飞跃的论述，参见：中共中央关于党的百年奋斗重大成就和历史经验的决议［N］．人民日报，2021－11－17（01）．

代化①、社会主义文化②、五个必由之路③、五个重大原则④等角度进行的研究和阐释。这既有利于学生读出原汁原味的会议精神，增加对融入内容的认知；也有利于提高他们收集、阅读材料的能力。通过解决学生们在阅读中的疑惑，使融入式教学更有针对性。

（3）组织交流讨论。党的二十大精神融入"纲要"课教学，主旨是向青年学生宣讲党的最新精神、最新理论成果，进而实现青年学生自觉以实际行动贯彻会议精神的目标。所以，此类"融入式"教学需要吸引学生积极参与进来。一是组织学生交流学习会议精神的心得体会，讨论共同感兴趣的话题，也可以讨论如何更好地学习会议精神、如何贯彻会议精神。二是结合"纲要"课的特点，引导学生运用所学的历史知识动手探寻党的二十大精神中某些具体论述的历史渊源、历史依据，然后进行交流讨论。总之，以组织交流讨论的形式，最大程度地吸引学生参与到"融入式"教学活动中。

（4）结合课程特点，还可以选择影视观看、写作小论文、社会调查实践、鼓励学生们讲述与会议精神相关的人物和故事等形式，将党的二十大精神融入到"纲要"课教学活动之中。

五、结语

党的二十大精神融入"纲要"等思政课教学活动之中，有其必要性：一是积极响应党关于学习宣传贯彻全会精神的号召；二是课程本身的性质需要，"纲要"等思政课不仅担负着日常的思想政治教育使命，而且也肩负着及时、准确宣讲和阐释党的最新精神、最新理论成果的神圣使命；三是增加教学的现实感染力，培养学生对现实的关怀精神，进而加强"纲要"等思政课教学的自我调适性和社会适应性。

前文围绕党的二十大精神融入"纲要"课教学进行的一些思考，既涉及学理层面，也涉及教学实践层面。但是，相关问题仍有很多需要继续思考和探讨的地方。因此，围绕融入式教学的三个重要问题"为什么要融入""融入什么""怎样融入"，我们需要在学理研究、实践研究及二者辩证统一关系上继续探讨。这必将取得新的教学成就、推动思政课教学改革的进程，进而促进新时代思政课教学的高质量发展。

---

① 沈壮海. 坚定不移推进中国式现代化［N］. 光明日报, 2022 - 10 - 23（11）.
② 韩震. 铸就社会主义文化新辉煌［N］. 光明日报, 2022 - 10 - 23（11）.
③ 何毅亭. 深刻理解把握"五个必由之路"的重大意义［N］. 人民日报, 2022 - 11 - 01（09）.
④ 邓纯东. 深刻理解前进道路上必须牢牢把握的重大原则［N］. 人民日报, 2022 - 11 - 09（09）.

中国式现代化乡村文化建设的历史路径[*]

罗　聪^{**}

中国式现代化是中国共产党带领中国人民实现伟大民族复兴的必由之路。在全面推进现代化的今天，中国共产党创造性地提出，中国的现代化不同于其他国家的现代化道路，是旨在实现高质量的发展、丰富人民的精神生活、实现全体人民的共同富裕最终达到推进人类命运共同体，创造人类文明的新形态的现代化。在发展中国式现代化的过程中，乡村文化不仅是人民精神生活的重要来源，也是发挥民族创造性的不竭动力，更是构建现代文明、实现中国式现代化的文化基石。

党的十八大以来，中国共产党率领中国人民实现了全面小康。党的二十大更是进一步指出，全面建设社会主义现代化国家，最艰巨最繁重的任务依旧在农村。加快建设农业强国，扎实推动乡村产业、人才、文化、生态、组织振兴，是中国现阶段的一项重要任务。文化的振兴作为乡村社会振兴的重要方面，也是建设文明型社会的重要基础。中国共产党自建立起就积极推进乡村社会的建设，并以此为基础，取得了新民主主义革命的伟大胜利。在推进中国式现代化的今天，回望历史时期中国共产党重构乡村社会文化的过程，能为今日乡村社会文化的构建提供借鉴和思考。

一、中国式现代化的乡村文化建设理论探索

文化是一个国家的根基，在全面建设社会主义现代化的今天，文化建设是其中的关键一环。建设中国特色的社会主义文化，不仅能服务于中国式的发展道路，也是增强文化自信、民族自信的重要方式。

中国共产党早期乡村文化的建设是与乡村社会的变革紧密相连的。伴随着近代以

---

　　* 本文系广东财经大学 2024 年度本科教学质量与教学改革工程项目"'智慧 +'·'实践 +'·'安全 +'——中国近现代史纲要课教学模式创新"阶段性成果。

　　** 罗聪，陕西汉中人，历史学博士，广东财经大学马克思主义学院讲师，主要研究方向为中国近代史、中共党史。

来中国社会的波折，乡村文化也遭受了前所未有的凋零，但是长期被视为非精英的乡村文化与乡村社会，其曲折的命运一直没能得到彻底的挽救，直到中国共产党成立。中国共产党成立以后，带领着中国人民为争得民族独立、国家富强开始了艰难的探索过程。早期在共产国际以及俄国革命经验的影响之下，中国共产党将斗争的主要对象放在了城市，但是屡遭失败与挫折。困境之下，毛泽东提出要将马克思主义与中国实际情况相结合。他说，"共产党员是国际主义的马克思主义者，但是马克思主义必须和我国的具体特点相结合通过一定的民族形式才能实现"①。他注意到中国革命最大的问题在于理论与实际的脱轨，马克思主义要指导中国革命，就必须同中国实际状况相结合。而对于传统时期的中国而言，乡村社会不论是对于政治秩序的构建还是文化传统的延续，都起着举足轻重的作用，中国革命的核心在于乡村而非城市。1926年毛泽东就在《国民革命和农民运动》一文中阐述了"农民问题乃国民革命的中心问题，农民不起来参加并拥护国民革命，国民革命不会成功；农民运动不赶速地做起来，农民问题不会解决；农民问题不在现在的革命运动中得到相当的解决，农民不会拥护这个革命"②。毛泽东在经过大量的调查研究后，指出中国问题的解决关键在于农村，成功地在实践中为中国革命找到了新的道路，同时也为乡村社会和乡村文化的重建带来了生机。

对于乡村文化，毛泽东指出，"中国历来只是地主有文化，农民没有文化。可是地主的文化是农民造成的，因为造成地主文化的东西，不是别的，正是从农民身上掠取的血汗。中国有百分之九十未受文化教育的人民，这个里面，最大多数是农民"③。毛泽东在早期关注乡村社会的文化时，就以马克思主义为指导，从革命和阶级的角度出发，犀利地看到乡村社会和乡村文化存在的根本性问题，决心将乡村文化的改造与政权建设结合；并将文化与经济相联系，指出经济是文化教育的基础，在乡村社会里，不平等的政治地位和经济的压力下，普通民众完全没有受教育的机会，这样的乡村文化注定是不平衡不全面的。在这一思想的指导下，中国共产党将乡村社会的文化建设与政治和经济的变革紧密相连，由此赋予了乡村文化坚实的基础，使得乡村文化建设能够扎根于基层社会，最终成为变革社会的关键力量。

中国共产党早期在为中国社会的发展找到正确方向的同时，也顺势指明了乡村文化的发展之路。乡村文化的建设要着眼于乡村文化，又不限于乡村文化，跳出乡村文化本身，将其放置于乡村社会的重建中，使得乡村文化的建设深深扎根于乡村社会，

---

① 毛泽东.中国共产党在民族战争中的地位//毛泽东选集：第二卷［M］.北京：人民出版社，1991：534.
② 毛泽东.国民革命与农民运动//毛泽东文集：第一卷［M］.北京：人民出版社，1993：37.
③ 毛泽东.湖南农民运动考察报告//毛泽东选集：第一卷［M］.北京：人民出版社，1991：39.

为乡村文化的进一步发展提供滋养的土壤。

二、历史时期乡村文化建设的内容

传统时期，乡村社会落后，乡村文化大多封建愚昧，这不仅危害了民众的生命财产安全，而且严重阻碍了新民主主义革命的发展。中国共产党在进入乡村社会以后，率先进行了一系列政治、经济方面的改革，摧毁了封建文化的生存根基，进而带领群众进行了广泛而又深刻的文化建设。

（一）学校教育的发展

学校教育是文化建设中最为重要的方面。革命根据地大多较为偏僻，学校教育极为落后。面对这一现状，中国共产党在当地积极进行学校建设，结合地方特色，不断调整政策，保证落实教育措施，并取得良好的教学效果。

乡村地域范围广大，人们也居住得较为分散。中国共产党在兴办教育之初，主要采取在乡镇集中办学的方式。集中办学使得距离较远的学生不得不住校，但是有的学生年龄过小，有的则是家中缺少劳动力，导致学生流动性大，教学成果也不显著。中国共产党很快注意到这个问题，由此改变方式主张各地文教工作宜分散经营，以村庄为单位，就近办学，组织教育①，这样可以最大程度地将教育普及到群众中去，教育开始真正进入乡村社会。同时，为了满足群众发展生产的需要，办学的形制也极为灵活，有的设全日班，有的设早班、夜班，随到随教。陕北米脂高家沟村学，教育时间分为全日、半日两班，农忙即放假；并且学校也没有设一定的年限，学到能写会算就毕业。② 有的采用轮学的方式，即学生集中以后，并不在一个固定的地方教学，依照学生或者家长的要求，教师和学生轮流到几个地方进行教学。③ 有的地方则是设置识字组，按照生产组的形式来教学生。这一时期各地还兴起了大量的读报识字组、夜校和半日学校，在陕甘宁边区参加的人数达三万四千余人。灵活的办学模式，最大限度利用了教学资源，适应了农村散居的生活状态，适应了生产劳动，在保证教学的同时也发展了生产，调动了民众的积极性，使得在乡村社会推行教育成为可能。同时，这在教学思想上也打破了学校只教儿童的思想，把教育对象发展到全体民众。灵活的教学方式，全方位的普及教育，使得这时期乡村教育发展到一个高峰。

---

① 西北五省区编纂领导小组. 陕甘宁边区抗日民主根据地文献卷：下 [M]. 北京：中共党史资料出版社，1990：383.

② 绥德分区文教大会. 绥德实验小学课程内容的改进//陕甘宁边区教育资料：小学教育部分：下 [M]. 北京：教育科学出版社，1981：30.

③ 刘泽如. 陕甘宁边区的普通教育. 陕甘宁边区教育资料：中等教育部分：上 [M]. 北京：教育科学出版社，1981：176.

除了普通教育以外，这一时期职业教育学校普遍设立。为了更好地与生产生活相结合，同时针对现实需要，中国共产党在各地开始设立卫生学校。对于乡村社会而言，培养医务人员成了当时的重要任务。为了能争取做到每区都有一个药社和一个医生，各区加大培养医生的力度，并发动群众，把卫生教育变成广大的群众运动。如延安市成立了大众卫生合作社，子长的群众集股开设了中药铺，侯家沟的群众在"战卫"的帮助下成立产妇室。① 陇东边区分区协同医院举办了助产训练班、兽医训练班、医生训练班，训练时间为三个月，学生毕业后即被分配到各县。以县和区为单位开办训练班，医生训练班设在各地医院内，由各县乡选热心医务的知识青年参加，学生一方面听讲，一方面实习，在一年后被分配回原来的地方充当医生。②

（二）社会文化的重建

乡村文化较为落后保守，为了提高群众的生活水平，丰富人民的精神文化生活，中国共产党积极推进社会文化的建设，通过建设公共文化设施来提高民众的文化水平。陕甘宁边区共设了 13 处教育馆，其活动包括开放图书阅览室、出版壁报、举行演讲等。③

社会文化建设中最为人民群众所喜闻乐见的是剧团。20 世纪 30 年代以后，陕甘宁边区建设有民众剧团、抗战剧团、七七剧团、农村剧校等剧团。其中抗战剧团成立于 1935 年，成立之初，剧团里面的人只有 10 余人，一字不识，但是他们每天参与演出，都受到群众的热烈欢迎。1936 年抗战剧团改称为人民抗战剧社，组织也日渐健全，有话剧、歌剧、歌舞等演出类型，活动的范围也逐渐扩展到全边区。至 1939 年 12 月，人民抗战剧社已经演出过 27 个剧本、12 个儿童剧。在 1940 年的 3 月到 7 月，他们在 15 个地方，演了 58 天戏，一共 80 次，观众达 5 万多人；并且还在 13 个地方放映了 24 次电影，观众达 2 万余人，极大丰富了边区人民的生活。④

报刊的兴办也是当时普及社会文化的一种重要方式。这一时期创办的报纸种类繁多、发行量大。但是也存在一个问题，即大部分老百姓并不识字，更不会读报，所以时任西北宣传部部长的李卓然就提到，要真正发挥报纸在群众中的影响力，就需要与

---

① 甘肃省社会科学院历史研究室. 开展全边区卫生运动的三个基本问题//陕甘宁革命根据地史料选辑（第五辑）[M]. 兰州：甘肃人民出版社，1984：387.

② 甘肃省社会科学院历史研究室. 陇东培养地方医卫工作干部//陕甘宁革命根据地史料选辑（第五辑）[M]. 兰州：甘肃人民出版社，1984：524.

③ 陕西省档案馆，陕西省社会科学院. 陕甘宁边区政府工作报告//陕甘宁边区政府文件选编 3 [M]. 北京：档案出版社，1987：216.

④ 陕西省档案馆，陕西省社会科学院. 陕甘宁边区政府工作报告//陕甘宁边区政府文件选编 3 [M]. 北京：档案出版社，1987：217.

更多的形式相结合，比如需要通过大众黑板报、读报组、工农通信等方式加强与群众间的联系。仅 1945 年，陕甘宁边区创办 600 多块大众黑板报。各地的读报组组织了 10 000 多人读报，工农通讯员也发展到 1 000 多人，大大提高了民众读书认字的能力，更加强了群众中读报学习的认知。此后，农民也积极参与到报业中来，甚至有了农民自己创办的报纸，一些识字少或者不识字的老百姓可以用纸条或者"捎话"的方式在黑板报上发表言论。①

（三）卫生事业的发展

卫生事业也是中国共产党着重发展的事业之一。当时群众大多迷信、愚昧和不讲卫生，人畜死亡率较高。建立根据地以后，中国共产党积极开展群众卫生运动，在群众卫生运动中，首先喊出了预防第一的口号②，着手改善环境卫生。环境问题是导致传染病的重要原因，为了杜绝传染病的来源，中国共产党积极帮助和发动群众推行灭蝇除虱、兴建水井水房等活动，保证用水安全；同时也在群众中科普卫生知识，说服大家不喝生水，保证通风，动员社会力量去改善环境卫生条件。为了能让群众直观地感受，陕甘宁的医疗卫生队在延安三口区三乡，通过用显微镜照视并向群众展示水中微生物，普及基本的卫生知识。③ 在宣传和教育之下，大多数群众都能破除封建迷信，养成良好的生活习惯，防患于未然。

对于乡村社会而言，最主要的问题是医生和药材短缺。在抗战最为艰苦的时候，这种情况更为严峻。针对医生缺乏的情况，医务界执行毛泽东指示的文教工作统一战线的方针，中、西、兽医与药铺亲密合作，学习三边中西医药研究会的经验，做到中医科学化，西医中国化。中医在乡村有着非常深厚的社会基础，也是传统时代人们治病的重要手段。据不完全统计，在边区的中医有 1 074 位，如果中医能够加强科学理论的学习，进一步提高中医水平，就能更好地服务群众。同时，为了弥补西药的不足，边区医生也尝试采用代用药。当遭到敌人封锁时，西药和一些器材都变得缺乏，因此，在西医的治疗方面产生了相当的困难，此时将传统的中药材加以利用就成了重要的方式，许多医生自制的药品原料就取自于边区，有些还是未经西医普遍采用的中药。④ 医生们通过这种方式，弥补抗战时期药品的不足，尽可能去保证战士和人民的生命安全。

---

① 李卓然. 加强报纸与群众的联系//论国民教育的改造 [M]. [出版地不详]：苏中出版社，1945：35.

② 甘肃省社会科学院历史研究室. 两大中心任务下的卫生工作//陕甘宁革命根据地史料选辑（第五辑）[M]. 兰州：甘肃人民出版社，1984：16.

③ 甘肃省社会科学院历史研究室. 开展全边区卫生运动的三个基本问题//陕甘宁革命根据地史料选辑（第五辑）[M]. 兰州：甘肃人民出版社，1984：386.

④ 甘肃省社会科学院历史研究室. 卫生展览会的重要意义//陕甘宁革命根据地史料选辑（第五辑）[M]. 兰州：甘肃人民出版社，1984：403.

医疗工作是卫生运动的后盾，也是推广卫生反对迷信的有力促进者。当时陕甘宁边区只有部队、机关中有西医，农村只有中医，此外就是巫神的活动范围。因此，边区政府动员部队中机关医院为群众看病。如1943年，中央医院免费救治了163位百姓，各卫生科、门诊部等也为群众看诊。1944年在卫生行政会议上决定，今后无条件为老百姓看病，并办理乡村卫生。[1] 1944年，各单位治疗百姓的人数突然增加，中央医院过去每月最多收治百姓22人，到了3月就收治了49人。清凉山卫生所1月份诊治了72人，2月份就增加到288人，4月份13天内诊治了249人。边区医院在1941年治疗人员的统计中，群众的占比为25%，1942年占比为27%，1943年占比为30%。[2] 卫生事业的开展极大消除了边区的卫生隐患，提高了边区人民的健康水平。

中国共产党抗战时期在各地推行文化建设，经过不断的调整，各地的文化建设取得了极大的成就，乡村生活的面貌焕然一新，人民群众的精神生活得到了极大的提升，进而积极投身于革命建设的热潮中，成为变革社会的关键力量。

三、新时代下乡村文化建设的路径

历史时期中国共产党筚路蓝缕，成功地改造了乡村文化，完成了乡村社会的转型。新时代下，中国共产党又担起重任带领中国人民进行现代化道路的探索，推进中国式现代化的文化建设之路。

首先，乡村文化建设应与经济发展相结合。党的二十大报告指出，中国式现代化是物质文明和精神文明相协调的现代化，物质富足、精神富有是社会主义现代化的根本要求。物质贫困不是社会主义，精神贫乏也不是社会主义。要不断夯实人民幸福生活的物质条件，同时大力发展社会主义先进文化，促进物的全面丰富和人的全面发展。党在历史时期的经验也表明，文化建设不能就文化谈文化，经济社会的发展是文化繁荣的前提保证，要切实提高基层民众的物质生活水平，只有改善经济，才能促进文化的发展。对此，毛泽东曾指出"就陕甘宁边区的条件说来，就是组织人民、领导人民、帮助人民发展生产，增加他们的物质福利，并在这个基础上一步一步地提高他们的政治觉悟与文化程度"[3]。发展乡村经济，改善乡村生活，将经济发展置于首位，这是中国共产党能够成功地进行文化建设最为重要的经验。反之，文化也会推进经济社会的

① 甘肃省社会科学院历史研究室. 群众卫生工作的一些初步材料//陕甘宁革命根据地史料选辑（第五辑）[M]. 兰州：甘肃人民出版社，1984：287.
② 甘肃省社会科学院历史研究室. 开展全边区卫生运动的三个基本问题//陕甘宁革命根据地史料选辑（第五辑）[M]. 兰州：甘肃人民出版社，1984：385.
③ 毛泽东. 经济问题与财政问题（节选）//毛泽东文集：第二卷 [M]. 北京：人民出版社，1996：467.

发展。文化是推动社会发展的重要动力，毛泽东在实践中精辟地指出"如果不发展文化，我们的经济、政治、军事都要受到阻碍。现在我们是被拖住了脚。落后的东西拖住了好东西，比如不识字、不会算账，妨碍了我们的经济、政治、军事的发展。假如我们都能识字，文化高一点，那我们就会更快的前进"①。文化的普及势必会推进社会的全面进步。在信息化时代的今天，在乡村社会搭建新时代的文化平台，促进现代文化在乡村的传播，不仅能丰富乡村社会的文化生活，而且可以促进乡村产业的发展，实现乡村社会的全面振兴。

其次，文化建设要以人为中心。全面建设社会主义现代化国家，必须坚持以人民为中心的发展思想。要切实从人民的角度出发，维护人民的根本利益。党在历史时期进行文化建设时，就深刻践行以人为本的路线。在当时的乡村社会，地理环境空旷，聚落之间相隔甚远，除较大的集镇、城市以外，在传统时期群众的认知中，私塾、学校、教育、文化等概念与其日常生活相去甚远。但是根据地建立以后，中国共产党积极创办乡村学校、夜校、识字组等教育组织，使得文化开始真正走入了乡村人民的基层生活，改变了乡村人民。此后，中国共产党又以知识分子为中心，进一步发挥其社会价值，改造乡村社会。比如对于劳动力不足的家庭，学校发动学生帮助其夏收。在平时日常生活中，中国共产党发动学生劝父母戒烟、戒赌，改良社会风气。政府颁布的法令，也有通过学生向家庭解释和发动执行的，如讲卫生、破除迷信等工作。② 通过学生的种种活动，逐渐变革乡村社会，深刻践行了发展为了人民、发展依靠人民的道路。

再次，文化建设要发扬中国优秀的传统文化。优秀的传统文化是中华民族智慧的结晶，发扬优秀的传统文化，是顺应中国社会发展的需要，也是增强民族自信、文化自信的重要方式。中国共产党在历史时期进行文化建设时，就积极弘扬传统文化，比如，在革命区成功地改造了地方戏。旧的民间戏剧团体，如秧歌队等，注入了新内容，颇获民众之欢迎。③ 在陕北成立的锄头剧社，作为乡村生活结合文化建设的典范，所表演的歌舞和戏剧都受到群众的赞赏。④ 在医学领域，中国共产党利用本土优势，大力发展中药，弥补了这一时期西药的不足，并且号召中医公开药方，共同商讨病例，为边

---

① 毛泽东. 关于陕甘宁边区的文化教育问题//毛泽东文集3 [M]. 北京：人民出版社，1996：110.
② 刘泽如. 陕甘宁边区的普通教育//陕甘宁边区教育资料：中等教育部分：上 [M]. 北京：教育科学出版社，1981：182.
③ 甘肃省社会科学院历史研究室. 剧院的一些成绩和几个问题//陕甘宁革命根据地史料选辑（第四辑）[M]. 兰州：甘肃人民出版社，1984：519.
④ 甘肃省社会科学院历史研究室. 锄头剧社今后的工作计划//陕甘宁革命根据地史料选辑（第四辑）[M]. 兰州：甘肃人民出版社，1984：19.

区医疗卫生事业作出了巨大的贡献。在学校教育中，中国共产党所采用的轮学的方式就是陕甘宁边区传统时代既有的一种教学形势。中国共产党在革命时期就深刻认识到，必须对既有的优秀的文化加以利用，这是践行中国革命的必由之路。新时代下，更需要发扬优秀的传统文化，有效利用传统文化，推动传统文化的当代转型，让传统文化更好地服务民众、服务当代，从而为中国式现代化发展道路打下坚定的文化基石。

最后，中国式现代化的乡村文化建设是实现乡村振兴的必由之路。乡村社会的振兴不仅仅是物质的丰盈，也是精神的丰富。建设乡村文化，满足民众的精神需求，打造民众的精神家园，实现民众对于美好生活的期待，是构建和谐社会的重要方面。同样，文化的繁荣会带动乡村经济的发展，促进乡村经济、文化全方面的发展。这是振兴乡村社会，建设现代化国家的内在要求。

党的二十大报告指出，中国式现代化，是中国共产党领导的社会主义现代化，既有各国现代的共同特征，更有基于自己国情的中国特色。在文化建设上尤其如此，新时代的文化建设，必定是面向世界、面向未来的，同样，也必定是牢牢扎根于中国社会的。中国共产党在革命时期以传统文化为基础，融合新的形势，赋予乡村文化新的活力；同时，也将其深深地扎根于基层，与人民群众紧密相连，发挥人民群众的能动性，使得乡村文化得以有滋养的土壤。在全面建成小康社会的今天，推动乡村社会持续发展，促进乡村文化的全面繁荣，弘扬传统民族文化，发掘优秀传统文化中的当代价值，推动传统文化的创造性转化，使其与现代化发展相协调，这不仅仅是继续践行党在历史时期的乡村文化政策，更是增强文化自信、实现中华民族伟大复兴的关键环节。

历史经验对新时代高校青年思政工作的启示

廖志伟[*]

2022 年 10 月 16 日，中国共产党第二十次全国代表大会召开，习近平同志作了重要报告，提出了全面建设社会主义现代化强国、实现第二个百年奋斗目标的中心任务。而要完成这个任务，青年力量必不可少，习近平同志号召全党要把青年工作作为战略性工作来抓，用党的科学理论武装青年，用党的初心使命感召青年，做青年朋友的知心人、青年工作的热心人、青年群众的引路人。由此可见，新时代青年思想政治工作任重而道远。

中国共产党的成立与五四运动密切相关，五四运动又是由高校青年发起。早期中共组织的成立与发展都以青年为骨干。可以说，在党的百年历史中，有重视青年工作的传统。在青年群体中，高校青年又位居领军地位，是青年工作的重心之一。如何传承党的优良传统，做好新时代高校青年思政工作，引导青年，把握青年的力量，不仅要重视思政课程建设，更要利用青年群体的特质去整体布局。通过梳理"五四"时期以来中国共产党青年工作的脉络，结合具体历史事例，可以窥见新时代高校青年思政工作的指导方向。

一、社会主义对近代中国青年的吸引

中国共产党能够吸引大批有志青年加入，一个重要原因是对社会主义的宣传抓住了近代青年的需求，解决了他们在思想和生活上面的困惑，具体包括：组织的作用、人生的意义以及个人的生活等方面。

首先是组织的作用。传统中国士绅的主流观念以"小我"为本，从《大学》中的格物致知到诚意正心，再到修身齐家，最后是以治国平天下为宗旨，强调君子"群而

---

* 廖志伟，男，历史学博士，广东财经大学马克思主义学院讲师，华南商业史研究中心研究员，研究方向为晚清民国的政治与社会、中共党史。

不党"①。五四运动后，青年开始形成各类组织，学生社团如雨后春笋般涌现。团体组织为青年提供了包括政治实力、新的共同生活的训练。恽代英在1920年指导利群书社时，就提到"我们因为要有一种组织，以练习且完成共同生活的必要"②。在当时青年心目中，列宁建立的布尔什维克政党，就是一种有主义、组织严密、纪律严格的团体，依靠组织的力量，可以实现对社会的改造。青年群体中认为"人民是一盘散沙，要把这散沙似的人民团结起来，共谋政治的改革，非有政党不可"③。

因此，中国共产党能够吸引当时的青年，有两个重要因素：一个是社会主义提供了成体系的救国方案，即反对帝国主义和封建主义，完成民族民主革命；一个是有以主义为指导的纪律严密的党组织，可以有效率地积极行动。④

其次是人生的意义。五四运动前后，青年们在时代思潮中产生了困惑，一方面，晚清以来西学东渐的浪潮，对传统文化和价值观产生了冲击，清末以来的近代化过程以欧美为师，但是在辛亥革命后遭遇困境，难以前进。另一方面，俄国十月革命带来的社会主义反对西方资本主义，也使得西化思潮遭到质疑。因此青年对于自身的人生观产生了深深的疑惑。

中国共产党在当时将人生观与历史唯物主义结合在一起，让青年通过历史定位，赋予自己人生的使命。1924年共产党员安体诚在杭州宣传马克思主义理论时，"针对青年人处于彷徨状态这一普遍性问题"，通过公开信"发表了对人生意义的认识"，他认为，"在社会前进的道路上，不管前面有多么大的阻力，它总是要发展、要进步的，这是一条不可抗拒的规律；人生的意义在于顺应这一规律，自觉地为人类社会的发展和进步做出贡献"。安体诚的信引起了一批青年的响应，他们"思想豁然开朗，精神为之一振"，此后不少人走上了革命之路。⑤

中共二大制定的民主革命纲领，更是利用历史唯物主义剖析了鸦片战争以来中国被殖民地化的过程，以及民族的耻辱，提出了反帝、反封建的目标，为青年提供了前进的历史方向。⑥

再者是个人的生活。中国共产党的青年工作往往是从青年的个人生活切入的。因

① 孔子. 论语 [M]. 杨伯峻，杨逢彬，注译；杨柳岸，导读. 长沙：岳麓书社，2018：198.

② 恽代英. 未来之梦//恽代英全集：第4卷 [M]. 北京：人民出版社，2014：232.

③ 恽代英. 孙中山先生逝世与中国 [J]. 中国青年，1925（71）：325.

④ 王汎森. "烦闷"的本质是什么——"主义"与中国近代私人领域的政治化 [M] //许纪霖，刘擎. 新天下主义. 上海：上海人民出版社，2014：270.

⑤ 张守宪，董建中. 安体诚//中共党史人物研究会. 中共党史人物传：第32卷 [M] 西安：陕西人民出版社，1987：183.

⑥ 王汎森. "烦闷"的本质是什么——"主义"与中国近代私人领域的政治化 [M] //许纪霖，刘擎. 新天下主义. 上海：上海人民出版社，2014：283-284.

为当时"学生中间包含很多家庭背景不同，思想不同的分子，其中有企图升官发财的，有想终身做教育事业的，有酷爱文学的，有迷恋异性交际的，有专攻体育的，有努力革命的"，"想在这一群思想复杂，志趣各异的学生中活动，引导他们对革命运动作一致的努力，当然不是很容易的一回事"。面对上述青年学生群体繁多的个人诉求，中国共产党认为"只有革命才是他们的出路"，但是"不能很心平气和的去纠正同学的错误观念，而只知嘲骂，决不能促群众的觉悟，徒增他们的反感"。所以要"能够很实际的利用讨论他切身问题（如升学问题、恋爱问题、职业问题等）的辩论或谈话，去刺激同学麻木的神经，把他们从幻想中引到可通的出路"。整体而言，"借引学生的日常的小问题循循善诱，直射旁敲的去促成学生的政治觉悟"。①

中国共产党利用马克思主义中的历史唯物主义方法，将青年个人生活愿望的努力方向引导到革命运动中。例如青年群体中普遍存在的恋爱和婚姻困惑，包括男女双方因经济地位的差距，无法正常恋爱和结婚，中国共产党对此解释道，"有产阶级，已将家庭爱情底面帕扯碎了。家族的关系弄成了单纯的金钱关系"，而"在重重经济压迫之下，那里找得到真正的恋爱呢"？"要找到真正的恋爱，还得要大家先去改造社会经济，干社会革命的工作"。② 意即通过革命改造社会，实现人人经济上的平等，到这时候就能彻底解决自己的恋爱问题。

青年多数还关注自己未来的出路问题。在当时不少青年读书求学、为了改变家里的经济状况而苦恼，中国共产党对于这类青年分析"国家又没有法子保障人民的生计，使一般人民家庭不至于一天天陷于更困难之境"，"根本的解决，只有改造国家，使他能够担保每个家庭"③，引导青年将个人出路向革命方向靠拢。

社会主义在近代中国能够吸引大批青年，究其原因有中国共产党提供了明确主义、组织严密、纪律严格的组织，成为青年改变国家与社会可依靠的力量。同时中国共产党把青年"生活的出路""生命意义的出路"，还有"国家的出路"联系在一起，即中国在帝国主义和封建主义的压迫下已经水深火热，必须进行革命，"唯有如此才能解决所有问题，不管是人生的困惑、烦恼、恋爱、家庭、学校"，都能一并解决。④

接下来通过具体的历史事例进一步理解中国共产党对高校青年思政工作的方针与策略。

---

① 昌群. 怎样做学生领袖？［J］. 中国青年，1926（136）：281 – 284.

② 恋爱问题［J］. 中国青年，1924（57）：117.

③ 退学呢？使全家跟着吃苦呢？（通信）［J］. 中国青年，1925（62）：191.

④ 王汎森. "烦闷"的本质是什么——"主义"与中国近代私人领域的政治化［M］//许纪霖，刘擎. 新天下主义. 上海：上海人民出版社，2014：283 – 284，299 – 303.

二、中国共产党领导广州高校青年的抗日救亡活动

广州起义失败后，党在广州的革命活动陷入低潮，直至"九·一八"事变后抗日救亡运动兴起才有所变化。1932 年广东省立勤勤大学甫经成立，进步思想就已经在学生当中传播。之后学生进步团体就在学校陆续建立，从成立中国青年同盟到中国青年抗日同盟，再到广东青年抗日先锋队，该校学生在当中都起到了推动作用。同时，广州市党组织也在学生运动的基础上重建。

（一）从中国青年同盟到广州市委重建

在党的历史叙述中，1934 年由"《时代文化》读者会"改名的"中国青年同盟"（简称"中青"）属于中国共产党的外围组织。根据事后参与者的回忆，中国青年同盟的发起者是中共党员王均予。他于 1933 年在上海编写报纸《时代文化》，主要在上面宣传马列主义、抗日以及其他进步思想。当时在广州有一批进步青年非常喜欢阅读《时代文化》，于是就有了读者会，其中比较积极的就是邱萃藻。他在 1934 年从广州市第一中学毕业后考入勤勤大学。王均予当时把《时代文化》《红旗》《红军捷报》等进步刊物寄给邱萃藻，邱萃藻是这个读者会的广州负责人。之后《时代文化》停刊，为了继续组织进步青年，中央出版部的党小组决定用"中国青年同盟"来代替"《时代文化》读者会"。

1935 年由于上海出版部与上级党组织联系中断，王均予决定南下广州开展"中青"的组织工作。他到达广州后由邱萃藻等积极盟员接头安顿。当时的情况是，"中青"的受众主要是勤勤大学和中山大学的学生。王均予决定利用反蒋抗日的口号吸收进步青年加入"中青"。邱萃藻利用勤勤大学学生的身份，到 1935 年 8 月陆续吸纳了在校的林振华、秦紫葵、李锦波、黄书光、苏铉等加入"中青"。

这一批勤勤大学的学生，在校内组织了"中青"的读书会，学习鲁迅和马列著作，讨论抗战，创办了"新文学研究会""世界语学会"等社团，团结并吸纳了更多学生参加活动。到了 1935 年 10 月，广州及周边县的"中青"成员已有 70 多名，在高校的根据地有两处，一处是中山大学，另一处就是勤勤大学。由此可见，勤勤大学在广州市学运史上的重要地位。

"一二·九"运动爆发后，广州进步学生也积极响应，推动抗日救亡。王均予利用"中青"推动广州市学生举行游行示威。从 1935 年 12 月 12 日到 1936 年 1 月 13 日，广州市内学生共进行了四次游行，游行基本上是以"中青"为骨干负责组织，以中大和勤勤的学生为主。当时勤勤大学打出了自己的抗日通电，被《新宇宙半月刊》收录，今摘录如下：

国难亟矣，敌寇深矣，凡我中华民众，莫不发指，贵地同学，本不屈不挠之精神，致力唤醒民众之救国工作，殊为全国民众先导，同人等处南隅，亦誓一致响应，尤□继续奋斗，同人等誓为后盾，共赴国难，临电愤激，不知所言，受伤同学，希代慰问。广东省立勷勤商学院全体员生工友救国大会。巧。印。①

清大燕大北大学生会暨北平全市同学钧鉴，国难日亟，东北四省，先已沦亡，华北五省，今又危殆，际此危急存亡，千钧一发之秋，凡我热血青年，应即奋起，站在民众前线，领导救国运动，君等在敌兵压境，刁斗森严之下，奋不顾身，出而督促政府抗日讨逆，使正义得以伸于世界，遥闻义举，无任钦佩，仍望本大无畏之精神，继续奋斗，同人等誓为后盾，临电神驰，诸维亮鉴，广东省立勷勤大学工学院学生自治会。叩。锐。（十六日）②

广州市学生游行后，王均予与中共北方局取得联系，前往天津，得到了北方局李大章同志的接见，恢复了组织关系并指示他回到广州重建党组织，从"中青"盟员中吸收和发展党的组织，并要求"中青"加上"抗日"二字，成为"中国青年抗日同盟"，以统一战线作为工作的重心。王均予返回后，就在"中青"中发展党员，勷勤大学的邱萃藻、林振华、李锦波、秦紫葵、苏铉、黄书光、区葆龄、云昌遇、廖文煦、邹优瑞（邹嵛）、黄玄、陈能兴、陈翔南陆续入党。到1936年10月，王均予接到指示要在勷勤大学建立党支部，由秦紫葵和李锦波为支部负责人。同年12月，中共广州市委成立，王均予担任书记，勷勤大学的邱萃藻担任宣传部长，林振华担任青年部长。至此，通过"中青"这一进步学生组织的助力，广州的党组织得以重建。

在全面抗战爆发前，勷勤大学党支部以秦紫葵、李锦波为负责人，下有教育学院和工学院两个党小组。其中教育学院由秦紫葵为组长，工学院先由邹嵛（邹优瑞）担任组长，后由陈能兴担任组长。党员人数目前统计是12人，接受王均予领导。为了适应党对学生抗日救亡运动的领导，"中青"在1936年底宣告解散。

（二）广东青年抗日先锋队的建立

广州市的党组织建立后，学生运动的开展逐渐方向明确，工作也有系统。一方面伴随国共第二次合作达成，中国共产党的部分活动可以公开化。另一方面，"一二·九"运动后国民党内部此时也在积极谋求渗入到学生组织中，掌握学生。因此，从

---

① 勷勤大学通电响应北平学生抗日运动及慰问受伤同学［J］. 新宇宙半月刊, 1935（11-12）: 76-77.

② 勷勤大学学生自治会通电援助北平学生救国军［J］. 新宇宙半月刊, 1936（1）: 42-43.

1936 年开始，广州以抗日为名的学生团体层出不穷。党组织如何掌握这些学生团体、正确引导抗日救亡运动，成为一项重要工作内容。百川到海，广东青年抗日先锋队建立并开展活动，成为这一时期广州市党组织工作的结果之一。勷勤大学党支部在其中亦发挥了一定作用。

根据邹优瑞的回忆，以及《中国共产党广州市组织史资料》和《中共广州地方史》（新民主主义革命时期）中的叙述，"中青"在解散前，谋求成立了"救亡先锋队"（简称"救先"）和"广州学生救国联合筹备处"（简称"学筹"）。其中"救先"是秘密组织，"学筹"是公开组织，由党组织在背后指导，内部成立了党支部，由罗范群任书记，勷勤大学的学生黄书光为支部成员。七七事变后，国民党广州当局组织官办学生团体"广州学生抗敌会"（简称"市学抗"），广州市委决定利用这个组织，于是让"学筹"成员加入"市学抗"，当时勷勤大学的学生党员陈能兴当选为"市学抗"的常委，并在其中成立了党支部，作为书记。党组织实际上控制了"市学抗"。

1937 年 8 月，国民党广东省党部的书记长谌小岑组建了"救亡呼声社"，并出版相关刊物《救亡呼声》，吸纳青年加入救亡运动。该组织的主要骨干都是中共党员和进步青年。其中邹优瑞是该社的总务部负责人。因为党组织实际掌握了"救亡呼声"的运作，所以机关刊物《救亡呼声》会经常发表中共党员的进步社论。

1937 年 12 月，国民党广东省党部的特派员余俊贤组织了广东青年群文化研究社（简称"青年群"）。该团体主要依靠勷勤大学学生薛超和姚中雄来组织，在广州市委的指示下，当时同校的中共党员黄玄借此机会加入其中，还有不少党员也加入该团体。"青年群"筹备组 11 人，9 人是共产党员，组建后的理事会 13 人，10 人是党员。所以"青年群"实际工作被共产党员掌握，内部也建立了党支部，由王磊担任书记。

在学生救亡团体陆续建立的基础上，中共南方工作委员会决定谋求建立全省性质的青年救亡组织。在党组织的策划下，1938 年 1 月 1 日，广州学生抗敌救亡会、救亡呼声社、广东青年群文化研究社、平津同学会、留东同学抗敌后援会、中山大学抗日先锋队、中山大学附属中学抗日先锋队、青年抗日先锋团等 8 个团体集中在一起，宣布成立广东青年抗日先锋队（简称"抗先"）。之后在 1 月 26 日、27 日这两天，广东青年抗日先锋队在勷勤大学校区附近（即石榴岗地区），组织了军事化的露营，参加单位约 12 个，人数约 50 人。在露营过程中，广东青年抗日先锋队制定了组织形式，确立了临时工作委员会，并发行了《先锋队报》作为机关刊物。

"抗先"成立后，勷勤大学的党员发动学校旁边的土华村民团，组织抗日武装。到了 1938 年 4 月，经过"抗先"努力，土华村附近已经成立了独立支队，被称为"独一土华乡"，在"实际的下层工作"中展现了成果。① 从时人的报告来看，"抗先"是青年团体工作的聚焦点之一。②

综上所述，全面抗战前后中国共产党通过以广东省立勤勤大学为中心开展学生运动，发展学生团体，不仅重建了广州党组织，而且为组建抗日民族统一战线组织提供了重要的骨干力量。

三、新时代高校青年思政工作的方针

前文分析了新民主主义革命时期中国共产党是如何利用社会主义吸引青年的，并结合全面抗战爆发前后中国共产党引导广州青年学生参加抗日救亡活动的事例，可以借鉴这些历史经验对新时代高校青年思政工作的定位和方式进行剖析。

首先是明确新时代高校青年思政工作的定位。这个定位包含两个含义：一个是高校青年思政工作的目标和程度；一个是高校思政工作者自身与青年位置的界定。在两个含义中，思政工作者对自己的位置理解非常重要。对青年的思政引领，唯有站到青年的视角才有可能得到认可，早在大革命时期，中国共产党就认识到"要随时警惕，寸步留心，不能给同学间以恶影响或引起反感"。所谓引起同学反感的行为包括"以个人革命党员的标准去绳测无党学生的言行"，"多不注意学生中很小的实际问题而专以宣传国家大事、革命运动为前提"等，原因在于"这种摆革命的面孔"，"绝不能领导整个的学生群众"，"因为学生中有些分子，是特别胆小、谨慎，遇事审前虑后的，革命的红色面孔，不但难以领导他们，甚至于往往因这种面孔吓跑了他们"。那么党员引导青年学生需要"在日常生活中去表现自己是学生中间热心，负责，刻苦奋斗的一个"，"而不是一个比他们特别、锋芒毕露，气焰凌人的政党党员"。当时的中国共产党认为做到这种定位"是我们工作态度的'社会化'"。③ 可见中国共产党成立之初对青年思政的定位并非是对青年生硬式、脸谱化的革命口号宣传，而是如习近平总书记强调的"做青年朋友的知心人"。

其次是探索高校青年思政工作的合适方式。从历史经验来看，中国共产党对青年的思想引导重视长效性，而非短期的、走过场的。在大革命时期，中国共产党就总结出"仅只是在某一外交运动紧迫的时机或革命空气徒长的时候去鼓吹学生的活动而缺

---

① 广东青年抗日先锋队三月来工作报告提纲——临时工作委员会在第二次扩大干部会议中的报告［M］//广州青年运动史研究委员会：广东青年抗日先锋队文献选编. 1983：61-68.

② 张文彬关于广东工作的综合报告——关于广东共产党的工作环境和群众运动、武装斗争、反托斗争（1938）［M］//中央档案馆，广东省档案馆. 广东革命历史文件汇集（中共南委广东省委文件）. 1986：323-325.

③ 昌群. 怎样做学生领袖？［J］. 中国青年，1926（136）：283-284.

乏平时的宣传与煽动，我们只能领导学生积极的活动于一时而很难求这种活动精神之继续"，"不仅是领导学生于一时，而是要使学生长期在革命的影响之下奋斗"。因此，青年思政工作需要构建有效、长期的机制来运作。中国共产党摸索出来的经验就是先贴近学生生活，取得学生对党员的信赖，再巧妙地引导。比如先了解"各校同学们的共同要求是什么"，"对于改良学校体育、图书的设备、改良学校膳宿，反对某一犯众恶的教职员"，然后"要随时注意而不断代表同学的利益去争斗"，"要有代表同学利益去奋斗的成绩与信用，才能培养我们在群众的地位"。中国共产党深刻意识到"一个群众领袖不要忘记他自己是群众利益的代表者"。在获得青年的信赖后，党员要注意巧妙地引导他们的价值观，具体而言："我们去陪他们谈文学而反对无痛而呻的讴歌，主张革命文学"；"我们去同他们讨论恋爱问题而提出一些关于爱情与面包冲突的问题要他们解答，乘机对他们的迷梦浇冷水"；"我们去同他们打球，赛跑而又不断主张反对教徒包办的锦标制的运动方式"。中国共产党认为"只要我们态度和蔼，言之有理，在这般文学家，恋爱家，体育家中去逐渐拉一部分出来同我们在一条路上走，恐怕不是绝对不可能的罢"。①

综上，从历史经验来看，新时代高校青年的思政工作者，首先要将自己置于学生的角度，不以教师爷的口吻来训导学生；其次要能代表青年，帮他们争取利益，获得信任；最后是要从学生的生活出发，在日常生活中引导他们接纳党的理论和精神。

四、结语

中国共产党百年历史中有丰富的青年工作经验，有一套灵活并有效的运作机制。中国共产党发动青年参加革命、投身社会主义建设，取得了伟大的成绩；在新时代开启新征程后，仍然需要青年的投入和努力。高校青年思政工作依然任重道远，回望历史，借鉴成功的经验，把思政化入青年的日常生活，理解新时代青年的困惑，再让青年明白党的理论能够解决自身的问题，是新时代青年思政工作的不二法门。

---

① 昌群. 怎样做学生领袖？[J]. 中国青年，1926（136）：283－286.

文化自信视阈下传统文化与高校思政教育融合研究[*]

郝一峰^{**}

党的二十大报告明确提出："我们必须坚定历史自信、文化自信，坚持古为今用、推陈出新，把马克思主义思想精髓同中华优秀传统文化精华贯通起来、同人民群众日用而不觉的共同价值观念融通起来，不断赋予科学理论鲜明的中国特色，不断夯实马克思主义中国化时代化的历史基础和群众基础，让马克思主义在中国牢牢扎根。"① 这不仅是继续强调"文化自信"的战略地位，还进一步强调了马克思主义与中华优秀传统文化的贯通性、关联度之于文化自信的理论意涵与时代价值。这种贯通性在习近平于庆祝中国共产党成立95周年大会上首次提出"文化自信"时就已体现出来，即"文化自信，是更基础、更广泛、更深厚的自信。在5 000多年文明发展中孕育的中华优秀传统文化，在党和人民伟大斗争中孕育的革命文化和社会主义先进文化，积淀着中华民族最深层的精神追求，代表着中华民族独特的精神标识"②。这是党和国家领导人站在国家长远发展的历史方位和战略高位上对文化予以的高度肯定，尤其是将中华传统文化对于社会主义先进文化建设的底层支撑作用，进行了深层认知与深度认同，具有全景式、全领域、多角度的指导作用。中华优秀传统文化沉淀着中华民族最内核、最深层的精神追求，标榜着中华民族、中国人民独特的、不可替代的精神气韵。对中华民族优秀文化的自知、自明和自觉，是建立文化自信的根本奠基和丰厚土壤。而将中华优秀传统文化融入高校思想政治教育，既是将传统文化的传承导入文化自信的战略框架的必要选择，又是提升高校思想政治教育文化底蕴和人文内涵的必然选择，是新

　＊ 本文系2024 年度广东省本科高校教学质量与教学改革工程建设项目"'习近平新时代中国特色社会主义思想概论'教研室"（粤教高函〔2024〕30 号）阶段性成果。

　＊＊ 郝一峰，广东财经大学马克思主义学院讲师，法学博士，研究方向为马克思主义中国化研究、中共党史党建、社会主义意识形态与文化研究。

　① 习近平. 高举中国特色社会主义伟大旗帜　为全面建设社会主义现代化国家而团结奋斗——在中国共产党第二十次全国代表大会上的报告［N］. 人民日报，2022 － 10 － 26（01）.
　② 习近平. 在庆祝中国共产党成立95 周年大会上的讲话［J］. 求是，2021（8）：4 － 20.

时代大学生追求崇高的理想信念、培养积极的精神状态的最佳选择之一，是广大青年学生成长为能够担当历史使命、完成中华民族伟大复兴中国梦的强大精神动力。对中华传统文化与高校思想政治教育多层次融合的探索，牵动着中国文化、中国精神的传承事业，也构筑着高等教育在中国处于经济社会转型期所要解决关键问题的底层逻辑框架。

一、文化自信目标下优秀传统文化融入思政教育的必要性

文化自信是指文化主体对身处其中作为客体的文化，通过对象性的文化认知、反思、批判、比较及认同等系列过程，形成对自身文化价值和文化生命力的确信和肯定的稳定性心理特征。[①] 新时代党和国家领导人高屋建瓴地提出并高扬文化自信，蕴含着对新时代中国特色社会主义事业的深刻、能动的反映与展现。习近平新时代中国特色社会主义思想框架下提出的文化自信，也内在包含着对马克思主义先进文化的坚持、对优秀传统文化的弘扬、对革命文化的继承和对社会主义文化的发展等基本内容。[②] 从中可以系统地看到，文化自信对民族文化与思想政治教育的整合是顶层的、战略性的，既从内容上囊括了民族文化，又在内在价值上对应着思想政治教育建基其上的理论基础与实践方略，即科学社会主义及其思想文化形态。可以说，传统文化融入思想政治教育，本身就是文化自信的当代发展诉求与深层次的历史必然的体现，而没有任何程度的外在强加与牵强附会。教育的基本功能就包括传承文明、传播文化，尤其是思想政治教育这种与科学教育明显不同的道德情感教育，更是从以伦理教育著称的中华传统文化发展而来。因此，传统文化融入思想政治教育，本身就是"传统使然"，也是高等教育领域及其组织活动集中展现的文化自信目标体系的应有之义。

（一）文化自信之于思想政治教育

习近平总书记强调"我们说要坚定中国特色社会主义道路自信、理论自信、制度自信，说到底是要坚定文化自信"[③]。虽然从理论表述的结构形式来看，"四个自信"是并列关系，但从更为宏大的意义上可以说，文化自信则更加宽泛包容，它包含、囊括和综合了制度自信、道路自信和理论自信，前者所概括并指向的正是思想政治教育为完成对大学生政治素养、国家认同和核心价值观的塑造所需要的全部思想观念和自觉意识。文化自信姿态是利于维护马克思主义在高校意识形态教育阵地中的指导地位的。而对于中国特色社会主义事业的未来接班人而言，高校思想政治教育对大学生的

① 刘林涛. 文化自信的概念、本质特征及其当代价值 [J]. 思想教育研究，2016（4）：21-24.
② 陶蕾韬. 文化自信的价值意蕴 [N]. 光明日报，2016-10-26（13）.
③ 习近平. 习近平谈治国理政：第二卷 [M]. 北京：外文出版社，2017：339.

政治素养培养、价值观塑造与国家认同形成，总体上是政治社会化与意识形态建设的重要组成部分，其核心是用马克思主义的世界观与方法论、辩证法与历史观，塑造大学生的科学的、理性的、先进的主观世界，引导其信仰马克思主义的理想信念，从而拥护中国共产党的领导并投身中国特色社会主义事业中。文化自信作为一种集合了广泛性、指导性的思想战略，融入思想政治教育从而引导大学生"读马""信马"，活学活用马克思主义的历史观与方法论来认识和解决问题，从而自觉抵制西方资本主义意识形态的渗透与侵蚀。文化自信作为一种内在的自觉意识，也能够激发大学生主动接受思想政治教学内容与理念，自觉地学习马克思主义理论、党的理论，认真研究党的历史，深入研判国情、世情和党情，自觉加强自身的政治素养、道德修养和理想信念，成为担当历史使命、实现民族伟大复兴中国梦的一代有为青年。

（二）优秀传统文化之于思想政治教育

习近平总书记在全国高校思想政治工作会议上强调思想政治工作"要全程育人，要更加注重以文化人以文育人"，将之纳入到"立德树人"的发展战略内，已成为新时代中国特色社会主义对高校思想政治教育提出的全新要求，也是高校思想政治教育实现自身创新发展的内在动力，要从内外多角度出发不断创新教育方法，整合新时代多时空、多维度思想文化资源，以适应新时代思想政治教育创新形势。中华传统文化是新时代中国特色社会主义文化的深厚根基与思想渊源，是高校思想政治教育赖以生存的文化土壤。"尊德重道"的中华传统文化自然为"立德树人"的高校思想政治教育提供着创新的内生性资源，二者具有高度的底蕴融合性和现实契合性。同时，中华传统文化中的优秀精华是社会主义核心价值观的价值来源与哲学奠基，培养大学生健康、成熟的价值观系统是高校思想政治教育的主要任务，因而将中华传统文化中具有时代适用性的价值观与社会主义核心价值观加以融合对接，凭借中华传统文化积淀下来的亲和力和生命力，引导大学生认知、认同并践行社会主义核心价值观。习近平在走访福建武夷山朱熹园时指出："我们走中国特色社会主义道路，一定要推进马克思主义中国化。如果没有中华五千年文明，哪里有什么中国特色？如果不是中国特色，哪有我们今天这么成功的中国特色社会主义道路？我们要特别重视挖掘中华五千年文明中的精华，把弘扬优秀传统文化同马克思主义立场观点方法结合起来，坚定不移走中国特色社会主义道路。"[①] 而作为中国特色社会主义文化的历史溯源，中华传统文化同样是其创新动力源之一。新时代处于转型期的中国，面临着新发展阶段中的新问题，社会结构的深层变革都对文化创新提出了极高要求，而大学生作为文化创新的未来主力军，

① 习近平. 习近平谈治国理政：第四卷 [M]. 北京：外文出版社，2022：315.

自然也要成为传承传统文化的生力军。因此，将传统文化融入高等教育尤其是思想政治教育，以文化融合价值观塑造培养新时代"四有青年"，同样是传统文化对于新时代思想政治教育内容与形式创新的贡献。

二、文化自信目标下传统文化与思政教育融合现状的问题分析

传统文化与当代思想政治教育在事实上是有融合的，而且在个别高校、局部区域和很多领域也实效卓著，这一方面体现出传统文化旺盛的生命力和时代适应力，另一方面也体现出当代思想政治教育主动创新、积极转型的自觉性，当然，以文化自信的国家战略目标和高度作为衡量标准，显然还存在着深度、契合度、适应度不足的问题。这些问题的产生，当然有客观方面的原因，即文化自信的国家战略目标、文化强国之路的长期性与艰巨性。当然更主要的还是主观方面的原因，包括思想认识上、素养能力上、制度安排上的不足。

（一）基于内容层面的传统文化适应性、当代解读价值的挖掘力度不足

内容为王，思想政治教育的首要创新必然是内容创新，而课程则是教学内容的主要依托和基础。当前高校思想政治教育的课程体系，"毛泽东思想和中国特色社会主义理论体系概论""中国近代史纲要""马克思主义基本原理概论""形势与政策"作为主要课程，基本上是从中国特色社会主义所赖以存在和发展的近代历史基础、理论基础、政治发展历程来展开和组织教学的，其中对于中华传统文化的结合与融入不系统、不到位、不主动、不自然，缺乏内涵性、底蕴式的挖掘和具有适应性、创新性的当代解读。无论是历史源流还是哲学范式，由于受到特定的思维定式影响而存在着某种割裂倾向，对传统文化中的优秀精华、能够成为当代中国特色社会主义先进文化的宝贵财富和创新动力的资源，往往缺乏足够敏锐的识别力和提取意识，更谈不上将之进行理论创新和文化再创造继而融入思想政治教育的话语体系。对传统文化的融入，缺乏深入的研究和探索，因而缺乏具有明显适用性、高度契合性和自然说服力的耦合性内容，仅作为思政理论课上的"台词"按部就班地出现。更有甚者，不加区分地把传统文化贴上了"封建文化""落后反动思想"的标签，在评价机制上仍然沿用特定时代下"非黑即白"的二元对立的思维定式，因而对思政理论课程中要融入传统文化元素的做法，不仅不支持不思考不进取，反而是反对和批判态度，并以"政治不正确""复古主义"进行歪曲和断章取义。这种极端化、断裂式的思维方式已经违背了马克思唯物史观与辩证法思想，无视社会意识发展的独立性规律与历史演进的自在逻辑，已经构成了对文化自信的最大误解，在现实教学创新中成了思想政治教育与传统文化融合的主要障碍。

（二）基于主体层面的传统文化人文性、个体关怀价值的契合度不够

教育的主体是人，而文化的本质也是"人化"，是人的主体价值的对象化，人的本质的外化。从这个意义来讲，将传统文化融入教育尤其是思想政治教育，实现的正是更加完整、全面的"人化"。因而任何无视人的接受度、脱离人文关怀和对个体价值的尊重，都不能真正做到传统文化与思想政治教育的耦合交融。文化无论是精神层面、物质层面还是行为层面，最终都要依靠人来实现，并通过人的价值满足来彰显。而当前思想政治教育对传统文化资源的引入，仍然停留在形式层面，呈现出文本与价值、理念与行为两张皮的疏离倾向，只是将传统文化作为思想政治教育的一个所谓创新"噱头"，并没有扎实沉入大学生自我认同、价值关照的思想深处，因而也必然无法达成文化融入教育的真正目标。这种浮于表面的倾向，有点类似于当下的"汉服热"，其本质并非真正意义上的对汉服所蕴含的全部至少是核心的传统文化内涵的一种身体力行的和复兴式的展示，对于其中相对繁杂精致的文化信息和仪轨细节基本上无从谈起，其本质仍然是一场追求视觉时尚的娱乐化的"cosplay"。从某个角度来讲，脱离了人文关怀、人本价值的传统文化融入，就如同汉服"cosplay"一般，只是给当代思想政治教育的表层涂了一层金粉，内里仍然是原封不动的旧有内容，因为没有打通文化与人的思想、行为、生活的底层关联，师生均没有代入感，也就不会发生真正的文化共情。

另外，在思政课教学之外的实践教学和校园文化活动中，传统文化融入的灵活性、过程性和长效性也不够。这种倾向一方面是源于一些思想政治教育工作者对传统文化在认知和认同上还存在着一定的偏差，本身就把传统文化当作一种"橱窗展示"和"活动道具"。在"大思政"的目标框架下，校园文化同样可以发挥灵活、自由、广泛的优势来融合传统文化以达成思政课教学的育人目的，但在这种认知偏见的影响下，校园活动对传统文化的引入也仍然是一种"表演型"外贴物，或是"任务型"游离物。另一方面，在经济全球化、网络信息化时代的影响下，西方文化、后现代文化、网络文化、大众消费文化等构成了一个全球性、动态性、层次性的多元化文化生态，这些文化样态往往依凭着发达的传播媒介、与现代生活高度融合的影响力，给传统文化造成的剥蚀和压力，使后者存在一定程度上的"失语"。也正因此，文化自信的提出才势在必行。

当前思想政治教育与传统文化融合的主要问题，说到底还是主体上的离合，也就是教育的主体并没有完全意识到自身也是文化的主体，对于传统文化而言，存在着文化身份的迷失和历史虚无主义的倾向，从整体上看，还是宏观的文化传承的连续性出现了问题。因而，传统文化融入高校思想政治教育就不单单是一个操作层面的微观问题，而是一个关乎国家文化软实力建设和教育现代化的宏大问题。

三、文化自信目标下优秀传统文化融入思想政治教育的路径

无论是文化自信的国家战略目标，还是传统文化的当代传承问题，抑或是思想政治教育的现代化问题，其存在的主要问题、主要依靠的力量和最终的归宿都交汇于一点，那就是作为文化主体的人。因而将宏大的目标落实到具体的行动、组织和制度上，依然要着眼于人的核心问题，立足人的本质要求，并依靠人的基本力量，推动文化与教育的深度融合。

（一）以古喻今，前人可鉴——把握好传统文化融入思想政治教育的时空枢纽

前文提到传统文化的现代化是文化得以传承拓新的动力，当然这要自觉隔绝相对主义的思维误区，从确定的时间维度来看，传统文化自然是从古代社会源起、发展至今的，因此，尽管从本质主义的角度来看，传统文化的精神内核、价值取向、理想立场等是直通当代国人及其当代文化思潮的，但这种时间维度上的大跨度所形成的特定的思维模式、表述方式、趣味品味等中表层的文化形态，仍然与当代社会有一定的距离感与陌生感，这就需要所谓的"时空转换"之后才能实现对话与融合。正如马克思指出："人们自己创造自己的历史，但是他们并不是随心所欲地创造，并不是在他们自己选定的条件下创造，而是在直接碰到的、既定的、从过去承继下来的条件下创造。"① 既然明确五千年的中华传统文化贡献了博大精深的优秀文化资源，那么秉承着"去伪存真、取精去糟"的理念，在"内容为王"的原则指导下，就要通过教学内容的设计及其相应教学手段的运用，整合高校思想政治教育工作者整体力量发挥教学与科研的优势，积极探索传统文化与思想政治教育指导思想得以融合的理论共通点、逻辑契合点和价值共振点，从而实现传统文化与思想政治教育的"时空转换对话"。"存真""取精"就是要用马克思主义的世界观、方法论、辩证法和价值观去重新审视并思考中华传统文化，将其中具有符合历史发展趋势、符合人类普遍价值、利于人的全面自由发展的思想资源加以甄别、提取、凸显，并进行时代化转换，以将其纳入到当代马克思主义统摄下的社会主义核心价值体系之中，如"孝"文化即可融入当下的"感恩教育"之中，"诚心正意"可融入当代的诚信教育之中，"匹夫有责"则可以融入爱国主义教育和青年历史担当教育之中；同时，也要充分挖掘习近平新时代中国特色社会主义思想体系中丰富多样的中华传统文化资源形态，如习近平总书记经常以古诗词来比喻当代中国的发展理念和追求，如"不要人夸颜色好，只留清气满乾坤"的寓意是当代共产党人要清醒、自觉，戒骄戒躁，不要轻易满足于溢美之词；"长风破浪会有时，

---

① 马克思恩格斯文集：第一卷 ［M］. 北京：人民出版社，2009：470－471.

直挂云帆济沧海"指向了中华民族伟大复兴的宏伟蓝图与雄心壮志等。这些鲜活、生动却极富吸引力的指导性话语，大幅度提升了大学生对传统文化的敬意与兴趣，从而提升文化自信。又如在讲授"以爱国主义为核心的民族精神"这个内容时，可以组织大学生思考、讨论新时代的爱国主义精神是如何发展过来的，中国人的国家观念是如何觉醒的，与中国传统文化中的"天下观""忠君"思想和民族主义有着怎样的区别和超越关系。由此，通过对中国传统政治文明的历史的批判与辩证的超越，从而对新时代中国特色社会主义政治文明形成深深的认同。

（二）自觉互动，主体观照——设计好优秀传统文化融入思想政治教育的教学方法

从文化学的角度来看，中华优秀传统文化是生成的而非构建的，因而其源流形态自然是呈碎片化而非系统化的，无论是居于正统地位的儒家思想，还是百家争鸣的各种思想流派，抑或是百花齐放、缤纷鲜活的民间民俗文化，都不会以内容、理念、内涵、灵魂等内在核心形态直接展示，而仍然是要以可接受、可感知、可操作的形式与载体进行传播和教化。而且文化的"化"本身就有"用教育的方式改变人心与风俗"的意涵，由此可以想见，文化与教育的内生性关联古已有之，而且教育本身就是文化的形式载体。因此，灵活、适用的教学方法和形式多样的教学载体，是传统文化与思想政治教育融合的基础。教学方法和载体的设计与使用，能够更好地融入教学主体对于传统文化资源及其相关理念的自觉意识和能动诉求，是在真正地落实"以文化人"。从教学方法来讲，传统文化与思想政治教育融合的主要问题之一，就在于方法上的不灵活、不自然和不适用，症结就在于脱离了教育尤其是思想政治教育的方法论本质，即人与人的自觉互动。文化融入教育方法，更加强调的是这种人文关怀和人本对话。因而，将传统文化融入思想政治理论课堂，首先就是让传统文化融入师生的日常生活和常态心理，逐步确立自身是传统文化的学习者、践行者、传承者甚至是传统文化人格化本身的意识。继而在教学活动中释放和运用这种底蕴式的思维方式，实现课堂上的师生自觉互动。比如儒家的"仁"的思想，是强调情感的伦理类型，那么将其融入教学方法时，就要突出以"师爱"为先导的良性师生关系，表现为教师对学生的人生观、价值观的引导和塑造，不仅要立足知识、理论这种刚性的、理性主义的影响方式，更要强调感同身受、将心比心等柔性的、基于情感体验的影响方式。将对于"仁"的传统文化的价值探讨以"仁"的方式组织和展开，以身体力行、身临其境、率先垂范的方式引申到对社会主义核心价值观中的"和谐""友善"等内容的理解、解读与讨论上来。同时要根据不同高校的实际情况，结合当下"大思政"格局提供的契机和便利条件，整合各个专业学科门类中能够支撑、契合传统文化理念、精神的理论资源，共同为大学生打造全景式、多维度的文化自信贡献力量。

（三）规范媒体，活学活用——运用好传统文化融入思想政治教育的媒介载体

正如上文提到的，传统文化既要面临纵向的"时空断裂与转换"的挑战，又要接受横向的来自西方世界异质文化及其标志性的网络传媒传播方式的挑战。纵向的挑战，总还是能够通过同质文化的历史传承性得以克服和解决，但横向的挑战则具有一定的攻坚难度，因为其所依托的西方世界普遍发达的经济社会文化及其传媒载体，伴随着全球化的效应既对中国传统文化产生了强大的冲击，又对新时代中国特色社会主义建设语境下的社会主义意识形态、核心价值观及其思想政治产生了渗透剥蚀作用。当然，我们应该客观地承认，网络时代下多媒体在思想政治教育中的应用已成常态，其功能优势也确实推进了一定的创新，实现了一定程度的吸引力。但在文化自信目标诉求下，对传统文化的融合方面还是会有一定的消解作用。因为大学生是互联网的主力军，以网络技术为支撑的思想政治教育多媒体教学，极易与大学生的网络化、自媒体化生活方式、碎片化思维方式发生映照、互相强化，反而会冲淡和消解中华传统文化的高度仪式感和古典气韵美感的影响力。因此，对互联网应用与多媒体教学资源的运用要有一个基本的边界，要以文化自信作为一种规范性指导原则，在融入传统文化资源时，要判定其内涵、类型是否适用于互联网多媒体教学，其评判标准一方面在于深层的价值观，即对所要传播的传统文化内容要牢牢把握其价值观的核心，并以此作为驾驭互联网精神的统摄理念。如在讲授孟子"四端"中的"羞恶之心"时，可以通过互联网多媒体资源进行传统故事再现，但同时也可根据实际情况，就此展开网络空间下因匿名隐身而造成的道德失范频发问题，实现传统道德的当代解读与现场运用；另一方面，则确保在用网络新媒体为传统文化内容提供教学便利的同时，尽量不破坏传统文化资源、话语、视听等自身极具古典韵味的仪式感和美感，确保传统文化尽可能地以完整态、原生态与思想政治教育融合，而避免其被异化、篡改、曲解和恶搞。恶搞是网络文化基于"恶趣味"和解构主义的特点，具有双刃剑特征，往往在"自由""客观""标新立异"的庇护下寻求对任何确定的、权威的、有秩序的命题进行颠覆，而目的往往是博人眼球，制造肤浅浮躁。比如对古代英雄人物、著名诗人的过度娱乐化的歪曲、戏拟甚至丑化，这些都是要旗帜鲜明地予以批判反对的。当然在融合过程中仍然要坚持正确的政治方向，要坚守马克思主义在传统文化和网络文化等领域的指导地位，也要加强传统文化精华与马克思主义共有、共信的要素、价值、内涵的挖掘、论证与传播。有鉴于西方文化、现代文化、大众消费文化等对于网络新媒体的熟练运用，传统文化自然也要在这个领域获得一定的"文化话语权"，在探索对新媒体的驾驭方式上，传统文化在与思政课融合的过程中也要找准传播契合点，以"谈古论今"的丰富话题性与思政课教学固有的历史思维培养作为着力点，最大限度地克服新媒体作为工具的

便利性对传统文化仪式感的消解作用。

诚然，在文化自信的战略目标下融合中华传统文化与高校思想政治教育，是一个高度复杂的系统工程。既要有科学的建设与管理，又要避免"科技技术化"与"工具理性过度化"；既要遵循文化建设的一般规律，又要避免过于宽泛、过于主观化以及自由放任的认知倾向。能够平衡文化建设的柔性、主体性、人文性与思想政治教育工作的刚性、系统性与科学性的，恰恰是制度建设。对于高校而言是需要进行相关制度的顶层设计的，要以教学部门为主线组织，以优秀传统文化为宣传对象和理念建设目标，在"大思政"思路的指导下，通过建立健全教育制度、课程制度改革、教师队伍建设机制、大学生思想管理工作制度等完善与融合机制相关的师资建设、考核评价机制等，从而将传统文化的理念、内容、形式，灵活、自然、系统、高效地融入高校教育教学规划体系。同时，还要配套建立相应的评价、考核与激励制度，以文化自信作为总体的评价理念并进行适度的细化、可操作化，从而形成对传统文化融入思想政治教育整个过程有抓手、可执行、能反馈的系统推进机制。

文化自信，从国家发展战略的高度上是高校思想政治教育的文化前提和指导性思想基础，而从更深层次本质意义上来看，是对中华传统文化的认知、认同与当代运用，是弘扬、树立文化自信的重要组成部分，是对革命文化、社会主义先进文化形成自信的历史根基和逻辑起点。党中央提出"文化自信"是完全符合历史唯物主义的科学性与中国特色社会主义事业发展的目标性的，可以说，以文化自信作为指导性理念，统领传统文化与高校思想政治教育的融合，是党和国家领导层的战略意识与全社会的普遍共识的深度耦合与广泛契合，是基于历史必然性的国家战略自主性推进。以文化自信作为目标，引领大学生对本民族文化产生认同和自信，才能真正从民族精神、爱国主义等基础性情感和核心层次的政治素养出发，对党领导的新时代中国特色社会主义产生真切而深刻的认同；同时，而将思想政治教育作为大学生传统文化继承与创新的主体框架，也是对国家的文化安全和文明传承等战略问题的重要教育行动方案，因为大学生是关乎国家未来发展与文化传承及现代化的重要主体。文化自信，归根结底是人的自信。作为中华民族未来的希望，当代大学生通过浸润着中华优秀传统文化精神的创新型思想政治教育，必将成为传承文明、推动文化创新的优秀力量。同样，当代大学生在系统、灵活、高效融入了传统文化优秀精华的思想政治教育体系的影响、塑造、培育下，在道德素养、政治认同、价值观等方面都会有更加扎实的历史积淀和丰富的人文底蕴，无论是个体还是群体，无论是思想还是行动，都真切地、客观地展现着一个国家国民的最直观、最鲜活的文化自信。

深刻认识"三个务必"的逻辑关系

曾志辉　陈丽旋*

习近平总书记在党的二十大报告中明确提出:"中国共产党已走过百年奋斗历程。我们党立志于中华民族千秋伟业,致力于人类和平与发展崇高事业,责任无比重大,使命无上光荣。全党同志务必不忘初心、牢记使命,务必谦虚谨慎、艰苦奋斗,务必敢于斗争、善于斗争,坚定历史自信,增强历史主动,谱写新时代中国特色社会主义更加绚丽的华章。"① "三个务必"是在迈上全面建设社会主义现代化国家新征程、向第二个百年奋斗目标进军的关键时刻提出的重大论断,从"两个务必"升华到"三个务必",是对党的创新理论和光荣传统的传承和发展,深刻认识"三个务必"的理论逻辑、内在逻辑、实践逻辑,有利于我们更好地理解和践行"三个务必"。

一、"三个务必"的理论逻辑

(一)"务必不忘初心、牢记使命"诠释了马克思主义人民观

马克思主义具有鲜明的人民立场,人民性是马克思主义的鲜明品质,马克思主义政党把人民放在心中最高位置,一切奋斗都致力于实现最广大人民的根本利益,这是马克思主义最鲜明的政治立场。人民立场是中国共产党的根本政治立场,"以人民为中心的发展思想"是对马克思主义人民观的继承和发展,体现了把人民放在心中最高位置的党性原则,反映了坚持马克思主义人民主体地位的根本要求,彰显了人民至上的价值取向。回望党的百年历程,从新民主主义革命时期党为人民谋解放,到改革开放后党为人民谋富裕,再到新时代以来党为人民谋幸福,党始终围绕"为中国人民谋幸

---

　* 曾志辉,男,博士,广东省习近平新时代中国特色社会主义思想研究中心广东财经大学基地特聘研究员,广东财经大学马克思主义学院教授,主要研究方向为党的建设。陈丽旋,女,广东财经大学马克思主义学院2022级硕士研究生,主要研究方向为党的建设。

　① 习近平. 高举中国特色社会主义伟大旗帜　为全面建设社会主义现代化国家而团结奋斗——在中国共产党第二十次全国代表大会上的报告 [N]. 人民日报, 2022 – 10 – 26 (01).

福、为中华民族谋复兴"这一初心使命前进，始终坚持马克思主义"人民至上"这一根本政治立场奋进。

（二）"务必谦虚谨慎、艰苦奋斗"彰显了马克思主义政党观

在《共产党宣言》中，马克思、恩格斯对无产阶级政党的性质进行了深刻阐述："共产党人不是同其他工人政党相对立的特殊政党。他们没有任何同整个无产阶级的利益不同的利益。"从阶级基础集中展现了马克思主义政党的先进性与纯洁性。"务必谦虚谨慎、艰苦奋斗"是中国共产党作为马克思主义政党保持先进性与纯洁性的本质要求，也是党永葆生机与活力的重要法宝。1949年，也就是75年前，党从西柏坡出发"进京赶考"时，毛泽东同志向全党号召"务必使同志们继续地保持谦虚、谨慎、不骄、不躁的作风，务必使同志们继续地保持艰苦奋斗的作风"。"宜将剩勇追穷寇，不可沽名学霸王"。75年后，党团结带领人民又踏上了实现第二个百年奋斗目标新的"赶考之路"时，习近平总书记向全党呼吁"务必谦虚谨慎、艰苦奋斗"。

（三）"务必敢于斗争、善于斗争"回应了马克思主义唯物史观

社会是在矛盾中前进的，有矛盾就会有斗争，斗争是人类社会的实践活动。"务必敢于斗争、善于斗争"是对共产党执政规律、社会主义建设规律、人类社会发展规律的深刻总结。党是在不断斗争中发展壮大起来的，党的斗争精神正是来源于马克思关于阶级斗争的观点。"敢于斗争、善于斗争"始终贯穿革命、建设、改革各个历史时期，新民主主义革命时期，通过伟大斗争，我们推翻了"三座大山"，实现"人民站起来"的伟大飞跃；社会主义革命和建设时期，继续通过伟大斗争，实现了一穷二白、人口众多的东方大国大步迈进社会主义社会的伟大飞跃；改革开放和社会主义现代化建设新时期，继续进行伟大斗争，实现了从站起来到富起来的伟大飞跃；进入新时代，继续进行具有许多新的历史特点的伟大斗争，我们迎来了从富起来到强起来的伟大飞跃。

二、"三个务必"的内在逻辑

（一）"务必不忘初心、牢记使命"是践行"三个务必"的前提条件

党的十九大报告指出，中国共产党的初心和使命，就是为中国人民谋幸福、为中华民族谋复兴，"务必不忘初心、牢记使命"向外界阐释了党遵循的根本宗旨，决定党"为了什么"。

"务必不忘初心、牢记使命"决定了党"务必谦虚谨慎、艰苦奋斗"的政治本色，党的初心使命要求我们谦虚谨慎地对待伟大梦想、伟大事业和广大人民，要求我们为

实现伟大梦想和伟大事业艰苦奋斗。党的十八大以来的十年，我们经历了对党和人民事业具有重大现实意义和深远历史意义的三件大事，离实现中华民族伟大复兴的中国梦更加接近，但任何时候我们都没有理由陶醉于已有的成绩而稍有懈怠，没有理由故步自封而止步不前，没有理由满足现状而不思进取。

"务必不忘初心、牢记使命"体现了党"务必敢于斗争、善于斗争"的政治优势，党的初心使命决定党没有自己的特殊利益，不是为了斗争而斗争，也不是为了一己私利而斗争，而是同危害党的领导和中国特色社会主义制度，危害国家主权、安全、发展利益，危害国家核心利益和重大原则，危害我国人民根本利益，危害我国实现第二个百年奋斗目标、实现中华民族伟大复兴的各种风险挑战进行坚决斗争，而且必须取得斗争胜利。

（二）"务必谦虚谨慎、艰苦奋斗"是践行"三个务必"的核心要义

"谦虚谨慎、艰苦奋斗"是党始终坚持的政治本色和优良传统，也是党制敌取胜的重要法宝，决定党"为什么能"。

自新中国成立以来，我们继承了"谦虚谨慎、艰苦奋斗"的优良传统，在初心使命的引领下，我们坚定信念不彷徨，实现了第一个百年奋斗目标。承前启后、继往开来。在迈上全面建设社会主义现代化国家新征程、向第二个百年奋斗目标进军的关键时刻，习近平总书记在党的二十大报告中再次呼吁全党"务必谦虚谨慎、艰苦奋斗"。

自新中国成立以来，我们保持了"谦虚谨慎、艰苦奋斗"的心态和作风，促使党在任何艰难时刻能够保持清醒坚定的头脑不断进行斗争，在距离实现中华民族伟大复兴最近的历史时期，全党全国各族人民必须不断增强志气、骨气、底气，不信邪、不怕鬼、不怕压，知难而进、迎难而上，统筹发展和安全，全力战胜前进道路上的各种困难和挑战，依靠顽强斗争打开事业发展新天地。

（三）"务必敢于斗争、善于斗争"是践行"三个务必"的实现路径

"敢于斗争、善于斗争"是中国共产党人鲜明的政治品格和政治优势，决定了党"怎么干"。

党的十八大以来，习近平总书记多次强调，"我们正在进行具有许多新的历史特点的伟大斗争"。十年来，在初心使命的引领下，在面对影响党长期执政、国家长治久安、人民幸福安康的突出矛盾和问题时，党中央团结带领全党全军全国各族人民撸起袖子加油干、风雨无阻向前行，义无反顾地进行具有许多新的历史特点的伟大斗争，推动党和国家事业取得历史性成就、发生历史性变革，推动国家迈上全面建设社会主义现代化国家新征程，推动中华民族伟大复兴的实现。

当今世界正在经历百年未有之大变局，世界之变、时代之变、历史之变正以前所

未有的方式展开，我国改革发展稳定面临不少深层次矛盾，躲不开、绕不过，各种"黑天鹅""灰犀牛"事件随时可能发生。面对严峻复杂的内外部形势和艰巨繁重的改革发展稳定各项任务，要求全党必须开展具有许多新的历史特点的伟大斗争，要求全党在进行具有许多新的历史特点的伟大斗争过程中，继续发扬党"谦虚谨慎、艰苦奋斗"的精神品格。

三、"三个务必"的实践逻辑

（一）"不忘初心、牢记使命"，全面推进中华民族伟大复兴

百年峥嵘不忘初心，风华正茂逐梦前行。回望党的百年历程，党始终在初心使命的引领下带领人民不断朝着实现中华民族伟大复兴的宏伟目标奋勇前进。习近平总书记在党的二十大报告中指出："从现在起，中国共产党的中心任务就是团结带领全国各族人民全面建成社会主义现代化强国、实现第二个百年奋斗目标，以中国式现代化全面推进中华民族伟大复兴。"这是一项史无前例、伟大而艰巨的事业，事业越是伟大、任务越是艰巨，党越要不忘初心、牢记使命，始终沿着正确的方向前进。

历尽沧桑而初心不改、饱经风霜而本色依旧。前进道路上，以中国式现代化全面推进中华民族伟大复兴始终围绕党的初心和使命展开，在初心使命的引领下，以中国式现代化全面推进中华民族伟大复兴，要求我们必须坚持中国共产党领导，坚持中国特色社会主义，实现高质量发展，发展全过程人民民主，丰富人民精神世界，实现全体人民共同富裕，促进人与自然和谐共生，推动构建人类命运共同体，创造人类文明新形态。

在新征程上，为全面推进中华民族伟大复兴，全党"务必不忘初心、牢记使命"，第一，不断开辟马克思主义中国化时代化新境界。马克思主义是我们立党立国、兴党兴国的根本指导思想。实践告诉我们，中国共产党为什么能，中国特色社会主义为什么好，归根到底是马克思主义行，是中国化时代化的马克思主义行。自党的十八大以来，党勇于进行理论探索和创新并取得重大理论创新成果。实践没有止境，理论创新也没有止境，继续推进实践基础上的理论创新，不断谱写马克思主义中国化时代化新篇章，是全面推进中华民族伟大复兴的必然要求。在全面推进中华民族伟大复兴的进程中，我们必须坚持对马克思主义的坚定信仰、对中国特色社会主义的坚定信念，坚定道路自信、理论自信、制度自信、文化自信。第二，推进文化自信自强，铸就社会主义文化新辉煌。全面推进中华民族伟大复兴，必须坚持中国特色社会主义文化发展道路，增强文化自信，建设社会主义文化强国，发展面向现代化、面向世界、面向未来的，民族的科学的大众的社会主义文化，激发全民族文化创新创造活力，增强实现

中华民族伟大复兴的精神力量。除此之外，我们必须坚持马克思主义在意识形态领域指导地位的根本制度，必须建设具有强大凝聚力和引领力的社会主义意识形态，巩固全党全国各族人民团结奋斗的共同思想基础，不断提升国家文化软实力和中华文化影响力，增强中华文明传播力影响力，坚守中华文化立场，讲好中国故事、传播好中国声音，展现可信、可爱、可敬的中国形象，推动中华文化更好地走向世界。

（二）"谦虚谨慎、艰苦奋斗"，全面建设社会主义现代化强国

安不忘危、存不忘亡、乐不忘忧。纵观党的百年发展历程，无论是处于顺境还是逆境，党始终保持"谦虚谨慎、艰苦奋斗"的优良作风，领导人民完成脱贫攻坚、全面建成小康社会的历史任务，实现第一个百年奋斗目标。习近平总书记在党的二十大报告中提出"三个务必"的重大论断，要求我们在迈上全面建设社会主义现代化国家新征程、向第二个百年奋斗目标进军的关键时刻，继续保持"谦虚谨慎、艰苦奋斗"的作风，踔厉奋发、勇毅前行，不断把全面建设社会主义现代化国家的伟大事业推向前进。

艰难困苦，玉汝于成。全面建设社会主义现代化国家，是一项伟大而艰巨的事业，前途光明，任重道远。前进道路上，全党"务必谦虚谨慎、艰苦奋斗"，必须增强忧患意识，坚持底线思维，做到居安思危、未雨绸缪，准备经受风高浪急甚至惊涛骇浪的重大考验，必须牢牢把握坚持和加强党的全面领导、坚持中国特色社会主义道路、坚持以人民为中心的发展思想、坚持深化改革开放和坚持发扬斗争精神五项重大原则。

新征程上，为全面推进建设社会主义现代化强国，继续保持"谦虚谨慎、艰苦奋斗"的优良作风，我们必须做到：第一，加快构建新发展格局，着力推动高质量发展。高质量发展是全面建设社会主义现代化国家的首要任务，发展是党执政兴国的第一要务，我们必须坚持以推动高质量发展为主题，构建高水平社会主义市场经济体制，坚持和完善社会主义基本经济制度，加快建设制造强国、质量强国、航天强国、交通强国、网络强国、数字中国、农业强国；第二，实施科教兴国战略，强化现代化建设人才支撑，教育、科技、人才是全面建设社会主义现代化国家的基础性、战略性支撑。我们必须坚持科技是第一生产力、人才是第一资源、创新是第一动力，深入实施科教兴国战略、人才强国战略、创新驱动发展战略；第三，发展全过程人民民主，保障人民当家作主。人民民主是社会主义的生命，是全面建设社会主义现代化国家的应有之义，我们必须健全人民当家作主制度体系，加强人民当家作主制度保障；第四，坚持全面依法治国，推进法治中国建设。全面依法治国是国家治理的一场深刻革命，关系党执政兴国，关系人民幸福安康，关系党和国家长治久安，我们必须坚持走中国特色社会主义法治道路，建设中国特色社会主义法治体系、建设社会主义法治国家，完善

以宪法为核心的中国特色社会主义法律体系；第五，增进民生福祉，提高人民生活品质。江山就是人民，人民就是江山，我们必须坚持在发展中保障和改善民生，鼓励共同奋斗创造美好生活，不断实现人民对美好生活的向往；第六，推动绿色发展，促进人与自然和谐共生。尊重自然、顺应自然、保护自然，是全面建设社会主义现代化国家的内在要求，我们必须牢固树立和践行绿水青山就是金山银山的理念，站在人与自然和谐共生的高度谋划发展，加快推进美丽中国建设和发展方式绿色转型；第七，推进国家安全体系和能力现代化，坚决维护国家安全和社会稳定。国家安全是民族复兴的根基，社会稳定是国家强盛的前提，我们必须坚定不移地贯彻总体国家安全观，把维护国家安全贯穿党和国家工作各方面全过程，确保国家安全和社会稳定；第八，实现建军一百年奋斗目标，开创国防军队现代化新局面。如期实现建军一百年奋斗目标，加快把人民军队建成世界一流军队，是全面建设社会主义现代化国家的战略要求，我们必须全面加强人民军队党的建设，确保枪杆子永远听党指挥；第九，坚持和完善"一国两制"，推进祖国统一。"一国两制"是中国特色社会主义的伟大创举，是香港、澳门回归后保持长期繁荣稳定的最佳制度安排，是全面推进建设社会主义现代化强国的必由之路，我们必须长期坚持；第十，促进世界和平与发展，推动构建人类命运共同体。全面推进建设社会主义现代化强国，需要和平稳定发展的国际环境，中国始终坚持维护世界和平、促进共同发展的外交政策宗旨，致力于推动构建人类命运共同体。

（三）"敢于斗争、善于斗争"，全面加强党的建设新的伟大工程

雄关漫道真如铁，关山初度路犹长。党的百年辉煌历史，是一部波澜壮阔的斗争史，在勇于自我革命上，党始终敢于斗争也善于斗争。过去，毛泽东同志在延安的窑洞里给出了"只有让人民来监督政府，政府才不敢松懈"这一跳出治乱兴衰历史周期率的第一个答案；如今，在党的二十大报告中习近平总书记强调，"经过不懈努力，党找到了自我革命这一跳出治乱兴衰历史周期率的第二个答案，确保党永远不变质、不变色、不变味"。无论处于什么时期，党始终通过进行具有许多新的历史特点的伟大斗争，使党的建设得到加强。

船到中流浪更急、人到半山路更陡。前进道路上，为深入推进新时代党的建设新的伟大工程，我们必须保持"敢于斗争、善于斗争"的精神风貌，面对各种可以预见和难以预见的风险挑战，面对党内存在的问题，党必须深入推进全面从严治党，增强志气、骨气、底气，发扬斗争精神，增强斗争本领，全力战胜各种困难和挑战，坚持打铁还需自身硬，以钉钉子精神纠治"四风"，反对特权思想和特权现象，使反腐败斗争取得压倒性胜利并全面巩固。正如习近平总书记在党的二十大报告中指出："全党必须牢记，全面从严治党永远在路上，党的自我革命永远在路上，决不能有松劲歇脚、

疲劳厌战的情绪，必须持之以恒推进全面从严治党，深入推进新时代党的建设新的伟大工程，以党的自我革命引领社会革命。"

在新征程上，党作为世界上最大的马克思主义执政党，始终是全面建设社会主义现代化国家、全面推进中华民族伟大复兴的关键，必须以"敢于斗争、善于斗争"的决心时刻保持解决大党独有难题的清醒和坚定，以确保赢得人民拥护、巩固长期执政地位；党作为中国特色社会主义事业的坚强领导核心，必须以"敢于斗争、善于斗争"的决心全面贯彻落实新时代党的建设总要求：第一，坚持和加强党中央集中统一领导，确保全党在政治立场、政治方向、政治原则、政治道路同党中央保持一致；第二，坚持不懈用习近平新时代中国特色社会主义思想凝心铸魂，坚持用习近平新时代中国特色社会主义思想统一思想、统一意志、统一行动；第三，完善党的自我革命制度规范体系，形成坚持真理、修正错误、发现问题、纠正偏差的机制；第四，建设堪当民族复兴重任的高素质干部队伍，坚持德才兼备、以德为先、五湖四海、任人唯贤，注重在重大斗争中磨砺干部；第五，增强党组织政治功能和组织功能，发挥党的优势所在、力量所在；第六，坚持以严的基调强化正风肃纪，持续深化纠治关系执政党生死存亡的"四风"问题；第七，坚决打赢反腐败斗争攻坚战持久战，腐败是危害党的生命力和战斗力的最大毒瘤，反腐败是彻底的自我革命，必须做到坚持不敢腐、不能腐、不想腐一体推进。

习近平总书记在党的二十大报告中强调："我们党立志于中华民族千秋伟业，致力于人类和平与发展崇高事业，责任无比重大，使命无上光荣。""三个务必"是在我们党开辟马克思主义中国化时代化新境界，迈上全面建设社会主义现代化国家新征程、向第二个百年奋斗目标进军的关键时刻发出的响亮号召，是对走好新的赶考之路提出的新要求，为全体党员同志锚定了新的时代方位和奋斗坐标。在新征程上，我们"务必不忘初心、牢记使命"，永葆共产党人的初心本色；"务必谦虚谨慎、艰苦奋斗"，以新的奋斗创造新的伟业；"务必敢于斗争、善于斗争"，在伟大斗争中赢得历史主动。

党的二十大精神融入高校思想政治理论课的模式与路径探析[*]

刘荣材　马梦玲[**]

党的二十大是中国共产党带领全国各族人民在迈上全面建成社会主义现代化国家新征程、向第二个百年奋斗目标进军的关键时刻召开的一次十分重要的大会，事关党和国家事业继往开来，事关中国特色社会主义前途命运，事关中华民族伟大复兴，对团结和激励全党全国各族人民为全面建设社会主义现代化国家、全面推进中华民族伟大复兴而奋斗具有十分重大的意义。习近平同志的报告明确宣示了党在新征程上举什么旗、走什么路、以什么样的精神状态、朝着什么样的目标继续前进，对全面建成社会主义现代化强国两步走战略安排进行宏观展望，科学谋划未来 5 年乃至更长时期党和国家事业发展的目标任务和大政方针。党的二十大以习近平新时代中国特色社会主义思想为指导，并进一步丰富和发展习近平新时代中国特色社会主义思想，是我们党决胜全面建成社会主义现代化强国的重要指导思想和行动指南。推进党的二十大精神融入高校思想政治理论课，是当前思想政治理论课教育教学的一项重要政治任务，也是深入学习和贯彻党的二十大精神的内在要求。

如何推进党的二十大精神进教案、进课堂、进头脑，使青年学生及时学习和领悟党的二十大精神，是高校思想政治理论课教学活动的重要任务。在此，本文拟探讨在当前和今后一个时期的思想政治理论课教学中，认真学习和贯彻党的二十大精神，以党的二十大精神为统领，完善党的二十大精神融入高校思想政治理论课教学的机制，创新党的二十大精神融入高校思想政治理论课的教学模式，高质量开展思想政治理论课教学活动，提高思想政治理论课教学的效果。

---

* 本文系 2024 年度广东省本科高校教学质量与教学改革工程建设项目 "'习近平新时代中国特色社会主义思想概论'教研室"（粤教高函〔2024〕30 号）阶段性成果。

** 刘荣材，男，博士，广东财经大学马克思主义学院副教授，硕士研究生导师，主要研究方向为马克思主义中国化。马梦玲，女，广东财经大学马克思主义学院硕士研究生，主要研究方向为思想政治教育。

一、以党的二十大精神引领高校思想政治理论课教育教学

党的二十大以习近平新时代中国特色社会主义思想为指导，进一步丰富和发展了习近平新时代中国特色社会主义思想。推进党的二十大精神融入高校思想政治理论课，必须以习近平新时代中国特色社会主义思想统领全局，以党的二十大精神引领全过程。

（一）以习近平新时代中国特色社会主义思想统领高校思想政治理论课教学

党的十八大以来，我们党勇于进行理论探索和创新，以全新的视野深化对共产党执政规律、社会主义建设规律、人类社会发展规律的认识，取得重大理论创新成果，集中体现为新时代中国特色社会主义思想。[①] 党的十九大、十九届六中全会提出的"十个明确""十四个坚持""十三个方面成就"概括了这一思想的主要内容，必须长期坚持并不断丰富发展。习近平新时代中国特色社会主义思想是中国共产党在新时代推进马克思主义中国化的最新成果，是二十一世纪的马克思主义，是全面建设社会主义现代化强国的行动指南和指导思想，自然也是当前和今后高校思想政治理论课教学的题中应有之义。因此，当前和今后高校思想政治理论课教育教学，最重要的就是以习近平新时代中国特色社会主义思想为统领，并将习近平新时代中国特色社会主义思想融入到高校思想政治理论课教学的各方面各环节中去。

推动党的二十大精神融入高校思想政治理论课，首先应当以习近平新时代中国特色社会主义思想统领高校思想政治理论课教学。这是因为习近平新时代中国特色社会主义思想既是党的二十大精神的实质性内容，也是高校思想政治理论课教学的主体内容。这就要求，在推动党的二十大精神融入思想政治课教学时，最重要的就是把习近平新时代中国特色社会主义思想融入到高校思想政治课各门课程中，在推进习近平新时代中国特色社会主义思想进教材的基础上，在实际的课堂教学中，推动习近平新时代中国特色社会主义思想进课件、进教案、进课堂，并在课堂教学中推动这一思想进学生的头脑。因此，推动党的二十大精神融入高校思想政治理论课，首先是要以习近平新时代中国特色社会主义思想为统领。

（二）以党的二十大精神引领高校思想政治理论课教学

党的二十大进一步丰富和发展了习近平新时代中国特色社会主义思想。中国共产党在开启全面建设社会主义现代化强国的新征程中，胜利召开党的二十大，把马克思主义基本原理和新时代新征程全面建设社会主义现代化强国的实际相结合，进一步推

---

① 习近平. 高举中国特色社会主义伟大旗帜 为全面建设社会主义现代化国家而团结奋斗——在中国共产党第二十次全国代表大会上的报告［N］. 人民日报，2022－10－26（01）.

— 150 —

动马克思主义中国化，实现了党的理论的重大创新，进一步丰富和发展了习近平新时代中国特色社会主义思想，指明了全面建设社会主义强国的方向、道路和宏伟蓝图。当前和今后一个时期，贯彻和宣讲党的二十大精神，是高校思想政治理论课教学的重要内容和重要任务，因此，这就要求我们在教学中，以党的二十大精神引领高校思想政治理论课教学。

首先，要把党的二十大精神贯彻到思想政治理论课的教学内容之中。党的二十大精神是全党全国各族人民共同的行动引领，是党和国家最高意志的体现。党和国家各项工作都要深入贯彻党的二十大精神，都要以党的二十大精神作为行动引领。高校思想政治理论课教学也不例外。高校思想政治理论课承担着宣传党和国家理论、路线、纲领、方针、政策的重要任务，更是要率先深入贯彻党的二十大精神，以党的二十大精神为引领。在高校思想政治理论教育教学中以党的二十大精神为引领，就要求在教学中把党的二十大精神及时融入思想政治理论课的教学内容之中，更新教案和教学课程，使之成为思想政治理论课教学内容的重要组成部分。只有把党的二十大精神融入思想政治理论课教学内容中，才能真正在教学中体现出党的二十大精神，才能使思想政治理论课教学真正做到以党的二十大为引领。

其次，要把党的二十大精神贯穿于思想政治理论课教学的全过程。以党的二十大精神引领高校思想政治理论课教学，不仅在教学内容上要以党的二十大精神为引领，在思想政治课教学的全过程、各个环节，也要以党的二十大精神为引领。例如，在备课环节，要自觉深入学习和领会党的二十大精神，把党的二十大精神有机融入教案和教学课件中，融入教学材料之中等。尤其是集体备课环节，应当组织全体教师深入学习和研讨党的二十大精神。在课堂教学中，组织学生学习、讨论、研学党的二十大报告，引导学生参与到学习党的二十大精神的具体活动中。总之，推动党的二十大精神融入思想政治理论课，应当在教学的各个环节中全过程、全方位融入。

最后，要把党的二十大精神贯彻到期末学习考核中。马克思主义强调，理论与实践相结合。中国传统文化同样强调，学以致用、知行合一。为了使学生在学习过程中更加积极主动地学习党的二十大精神，在推动党的二十大精神融入思想政治理论课教学时，更要注重加强考核。在期末考试中，结合教学内容，把党的二十大精神和相关最新提法，有机地融入期末考试的试题中。在我们看来，学生在期末考试中阅读试题和答题的过程，也是另一种形式的学习过程。因此，在考试中根据教学内容，适当设计相应的考试内容，是把党的二十大精神融入高校思想政治理论课的一个环节。

总之，在当前的思想政治理论课教学中，以党的二十大精神引领高校思想政治理论课教学，重要的是要坚持以习近平新时代中国特色社会主义思想为统领，以党的二十大精神为引领，把党的二十大精神融入思想政治理论课教学的全过程、各方面、各环节。

二、党的二十大精神融入高校思想政治理论课的教学模式

党的二十大报告内容丰富，党的二十大精神是今后推动党和国家各项工作的重要行动纲领。推动党的二十大精神融入高校思想政治理论课，是一项系统的教学活动，在学习领悟、备课、教学等各环节，需要精心设计，把党的二十大精神全面融入高校思想政治理论课教学内容，使青年学生在课堂听课和学习中，学习和领悟党的二十大精神。我们认为，党的二十大精神融入高校思想政治理论课教学，其具体的教学模式，主要包括将党的二十大精神同步融入思想政治理论课教学全过程、开展专题教学、举办专题讲座等。

（一）党的二十大精神与思想政治理论课程内容相结合

习近平同志在党的二十大报告中明确提出了本次大会的主题，即"高举中国特色社会主义伟大旗帜，全面贯彻新时代中国特色社会主义思想，弘扬伟大建党精神，自信自强、守正创新，踔厉奋发、勇毅前行，为全面建设社会主义现代化国家、全面推进中华民族伟大复兴而团结奋斗"①。围绕着这个伟大而鲜明的主题，党的二十大报告阐述了党的十九大以来所取得的伟大成就，总结了自党的十八大以来十年干成的三件大事，提出了中国共产党在今后的中心任务：从现在起，中国共产党的中心任务就是团结带领全国各族人民全面建成社会主义现代化强国、实现第二个百年奋斗目标，以中国式现代化全面推进中华民族伟大复兴。党的二十大报告从政治、经济、文化、社会、生态文明、军队和国防建设、维护国家安全与社会稳定、"一国两制"与推进祖国完全统一、构建人类命运共同体、党的建设等各方面制定未来发展方针，擘画了未来发展的宏伟蓝图。

推进党的二十大精神融入思想政治理论课，一个基本途径就是在思想政治理论课教学过程中，把党的二十大博大精深、系统完备的内容体系与思想政治理论课教学紧密结合起来，融入教材、教案和课件，从而实现党的二十大精神与思想政治理论课教学内容融为一体，与思想政治理论课教学过程同步，使学生在课堂学习中，领悟党的二十大所指定的方针和政策，坚定全面建成社会主义现代化强国的信心信念。

（二）开展专题教学活动

在党的二十大上，习近平同志代表第十九届中央委员会向大会作了题为《高举中

---

① 习近平. 高举中国特色社会主义伟大旗帜　为全面建设社会主义现代化国家而团结奋斗——在中国共产党第二十次全国代表大会上的报告［N］. 人民日报，2022－10－26（01）.

国特色社会主义伟大旗帜　为全面建设社会主义现代化国家而团结奋斗》的报告，报告坚持一个主题，包括 15 个部分，内容博大精深。党的二十大报告全面总结了党的十九大以来五年的工作和新时代十年的伟大变革，深刻回答了事关党和国家长远发展的一系列方向性、根本性、战略性重大理论和实践问题，提出了一系列新的重大思想观点、重大判断、重大举措，明确了新时代新征程党的中心任务，擘画了全面建成社会主义现代化化强国的宏伟蓝图，为我们奋力实现第二个百年奋斗目标、以中国式现代化全面推进中华民族伟大复兴指明了前进方向、提供了根本遵循、注入了强大动力。

党的二十大报告博大精深的内容，为我们在高校思想政治理论课教学中开展专题教学提供了丰富的教学资源和教学内容。我们在高校思想政治理论课教学中，可以结合相关教学内容，围绕党的二十大报告提出的主题、中心任务、伟大成就，发展战略、战略举措等开展专题教学，也可以围绕党的二十大的理论新提法、新战略、新举措，开展专题教学和专题讨论，使青年学生通过专题教学的学习，把教材内容和党的二十大精神有机地结合起来，从而更加系统深入地理解党的二十大精神，达到实现推动党的二十大进课堂、进头脑的教学效果。

（三）举办专题讲座和学术报告

党的二十大报告是一篇重要的马克思主义文献，也是新时代新征程全面建成社会主义现代化强国的行动纲领，它擘画了实现第二个百年奋斗目标的宏伟蓝图，开辟了马克思主义中国化时代化的新境界。习近平同志在党的二十大报告中所提出的"一个主题""一个中心任务""两个答案""三个务必""三件大事""五个重大原则""五个必要之路""中国式现代化"等十五个部分，内容深邃，思想深刻，既是总结过去的成就、经验，也是新时代新征程全面建成社会主义现代化强国、全面实现中华民族伟大复兴的行动指南和战略举措。

党的二十大报告的这一系列重要内容和精神实质，通过举办一系列专题讲座和学术报告，以专题性、学术性、系统性的方式，融入思想政治理论课的教学环节，使青年学生在聆听时既能学习和领悟到党的二十大报告的学理性、学术性，又能认识到党的二十大报告所阐述全面建成社会主义现代化强国、全面实现中华民族伟大复兴的战略举措。

综上，推动党的二十大精神融入高校思想政治理论课教学，主要的模式是推动党的二十大精神与思想政治理论课程内容相结合、开展党的二十大精神专题教学、举办党的二十大精神专题讲座和学术报告等。在教学实践中，可以根据实际，积极探索其他有效的教学模式，深入学习贯彻党的二十大精神的相关要求，推动党的二十大精神进教案、进课堂、进头脑。

三、推动党的二十大精神融入高校思想政治理论课的路径选择

推进党的二十大精神进课件、进课堂、进头脑，是思想政治理论课教育教学的重要任务。不同的课程，因其教学内容的不同，融入的路径、方式方法也不尽一致。同时，不同教师对党的二十大精神的领悟情况不同、教学风格不同，融入的方式方法也有其各自的特点。因此，在教学实践中，应根据教学内容进行具体的安排。在此，以结合"毛泽东思想和中国特色社会主义理论体系概论"①的教学内容为例，具体总结和分析我们在课堂教学中融入党的二十大精神的具体做法，以供参考。

在推进党的二十大精神融入"毛泽东思想和中国特色社会主义理论体系概论"的教学过程中，我们根据课程内容，采取"三个统一"的方法，推进党的二十大精神融入思想政治理论课的教育教学。

（一）把党的二十大精神与党在不同历史阶段为人民谋幸福、为民族谋复兴的伟大征程相统一

党的二十大总结了党的十八大以来的重大成就，表明了我们党推进中华民族伟大复兴的进程中又迈出了坚实的一步。习近平在党的二十大报告中指出："十年来，我们经历了对党和人民事业具有重大现实意义和深远历史意义的三件大事：一是迎来中国共产党成立一百周年，二是中国特色社会主义进入新时代，三是完成脱贫攻坚、全面建成小康社会的历史任务，实现第一个百年奋斗目标。"② 在胜利实现第一个百年奋斗目标后，党的二十大进一步擘画了中华民族伟大复兴的宏伟蓝图。

中国共产党自成立起，就把为人民谋幸福、为民族谋复兴作为初心使命。中国特色社会主义进入新时代，中华民族迎来了从站起来、富起来到强起来的伟大飞跃。在"毛泽东思想和中国特色社会主义理论体系概论"的教学中，我们把党的二十大精神融入具体教学内容，阐述党在新民主主义革命时期领导人民反帝反封建的民族民主革命，就是为人民谋幸福、谋求民族振兴的重要组成部分，新民主主义革命的胜利，实现了民族解放、人民解放和国家独立，中国人民从此站起来了。这是中华民族实现伟大复兴的政治前提。在讲解社会主义革命和社会主义建设的内容时可阐述社会主义制度的确立和社会主义工业化建设的全面推进，为实现中华民族伟大复兴准备了制度基础、物质基础，等等。在具体的教学中，我们阐述党的百年奋斗征程，始终立足于中华民

① 《毛泽东思想和中国特色社会主义理论体系概论（2021年版）》编写组. 毛泽东思想和中国特色社会主义理论体系概论（2021年版）[M]. 北京：高等教育出版社，2021.

② 习近平. 高举中国特色社会主义伟大旗帜　为全面建设社会主义现代化国家而团结奋斗——在中国共产党第二十次全国代表大会上的报告 [N]. 人民日报，2022 – 10 – 26（01）.

族伟大复兴的千秋伟业。因此，通过把党的二十大精神融入教学内容，把党的二十大精神与党在不同历史阶段为人民谋幸福、为民族谋复兴的伟大征程相统一，使学生进一步领悟党的二十大精神的重要意义。

（二）把党的二十大精神与党在不同历史阶段推动中国特色社会主义现代化建设的伟大征程相统一

实现社会主义现代化，是中国共产党不懈追求的奋斗目标。在社会主义革命和现代化建设时期，中国共产党领导全国各族人民，开始了全面建设社会主义的艰辛探索，为中国特色社会主义现代化建设奠定了坚实的制度基础、物质基础和理论准备。改革开放和现代化建设时期，中国共产党带领全国各族人民，在社会主义市场经济条件下，大踏步赶上了世界发展的潮流。中国特色社会主义进入新时代，中华民族迎来了从站起来、富起来到强起来的伟大飞跃，党的二十大进一步擘画全面建成社会主义现代化强国的宏伟目标。通过讲解"毛泽东思想和中国特色社会主义理论体系概论"的第三章、第四章，使学生认识到，党在过渡时期便开启了社会主义现代化建设的伟大征程。在社会主义建设时期，1963 年毛泽东起草中共中央《关于工业发展问题》的文件，明确提出了要"把我国建设成为一个农业现代化、工业现代化、国防现代化和科学技术现代化的伟大的社会主义国家"，同时提出分"两步走"实现"四个现代化"战略构想，即"在三年过渡阶段后，我们的工业发展可以按两步走来考虑：第一步，搞十五年，建立一个独立的完整的工业体系，使我国工业大体赶上世界先进水平；第二步，再用十五年，使我国工业接近世界的先进水平"①。以此为依据，1964 年 12 月，周恩来在三届人大的政府工作报告中正式提出，要"把我国建设成为一个具有现代农业、现代工业、现代国防和现代科学技术的社会主义强国"，并在政府工作报告中将毛泽东的"两步走"战略作了完整、准确的表述："从第三个五年计划开始，我国的国民经济发展，可以按两步来考虑：第一步，建立一个独立的、比较完整的工业体系和国民经济体系；第二步，全面实现农业、工业、国防和科学技术的现代化，使我国经济走在世界的前列。"② 改革开放和现代化建设新时期，党的十三大从我国实际出发，制定了"三步走"发展战略。进入新时代，党的十九大进一步制定了从 2020 年起，在全面建成小康社会的基础上，分两个阶段全面建设富强民主文明和谐美丽的社会主义现代化强国的发展战略。党的二十大进一步擘画了以中国式现代化全面建设社会主义现代化强国，以中国式现代化全面推进中华民族伟大复兴。

结合"毛泽东思想和中国特色社会主义理论体系概论"的相关教学内容，我们把

---

① 毛泽东. 建国以来毛泽东文稿：第 10 册 [M]. 北京：中央文献出版社，1996：347.
② 中共中央文献研究室. 周恩来经济文选 [M]. 北京：中央文献出版社，1993：563.

党的二十大精神与党在不同历史阶段探索中国特色社会主义现代化建设的伟大征程与伟大成就相统一、相融合，使学生在学习中，进一步认识全面建设社会主义现代化强国、实现中华民族伟大复兴是党的初心使命，是党始终一以贯之的发展战略，从而能更好地理解党在不同历史时期发展战略的内在的传承关系，更好地领悟只有社会主义才能发展中国，坚定"四个自信"，增加历史自信，更加坚定社会主义的理想信念。

（三）把党的二十大精神与党在不同历史阶段推动马克思主义中国化的理论成果相统一

党的二十大报告指出，党的十八大以来，我们党开辟了马克思主义中国化的新境界。习近平指出，"实践告诉我们，中国共产党为什么能，中国特色社会主义为什么好，归根到底是马克思主义行，是中国化时代化的马克思主义行"①。中国共产党自成立起，就以马克思主义为指导，寻求国家和民族的出路。1938 年，在党的六届六中全会上，毛泽东首次明确提出了马克思主义中国化的重大命题和重大历史任务。在反帝反封建的民族民主革命斗争中，以毛泽东为代表的中国共产党人把马克思主义和中国革命实践相结合，实现了马克思主义中国化第一次历史性飞跃，产生了第一个重大理论成果，即毛泽东思想。在改革开放和现代化建设新时期，中国共产党把马克思主义和中国社会主义现代化建设实践相结合，实现马克思主义中国化新的飞跃，形成了中国特色社会主义理论体系。党的十八大以来，中国特色社会主义进入新时代，在以习近平同志为核心的党中央的正确领导下，把马克思主义和新时代中国特色社会主义实践相结合，实现了马克思主义中国化新的飞跃，形成了习近平新时代中国特色社会主义思想，开辟了马克思主义中国化时代化新境界。

在"毛泽东思想和中国特色社会主义理论体系概论"的教学中，我们讲解党在不同历史阶段推进马克思主义中国化的伟大实践和重大理论成果时，把党的二十大精神与党在不同历史阶段推动马克思主义中国化的理论成果相统一，使青年学生更深刻地认识到马克思主义中国化理论成果是党把马克思主义基本原理与中国不同历史阶段相结合的结果，同时也使青年学生更好地领悟马克思主义中国化时代化的重大意义。

---

① 习近平. 高举中国特色社会主义伟大旗帜　为全面建设社会主义现代化国家而团结奋斗——在中国共产党第二十次全国代表大会上的报告［N］. 人民日报，2022 - 10 - 26（01）.

党的二十大报告党的建设理论创新初探*

王金锋　李岳程**

　　党的二十大是在实现第一个百年奋斗目标、全面建成小康社会、历史性的解决绝对贫困问题，全党全国各族人民迈上全面建设社会主义现代化国家新征程、向第二个百年奋斗目标进军的关键时刻召开的一次十分重要的会议。党的二十大报告深刻总结了党的十九大以来五年的工作和新时代十年的伟大变革，阐述了开辟马克思主义中国化时代化新境界、中国式现代化的中国特色和本质要求等重大理论问题，为新时代新征程党和国家事业发展、实现第二个百年奋斗目标指明了前进方向、确立了行动指南，是党团结带领全国各族人民夺取中国特色社会主义新胜利的政治宣言和行动纲领，是马克思主义的纲领性文献。报告充分发扬民主，是党和人民智慧的结晶，创造性地提出了一系列新论断新思想新战略，集中展示了党的十八大以来理论创新的成果。其中关于党的建设的理论创新主要体现在以下方面。

一、习近平新时代中国特色社会主义思想：开辟了马克思主义中国化时代化新境界

　　马克思主义是科学的世界观和方法论，是我们立党立国、兴党兴国的根本指导思想。马克思主义不是教条，而是行动的指南，必然随着实践的发展而不断发展。一百年来，中国共产党始终高举马克思主义的旗帜，从解决中国问题的需要出发，不断推进马克思主义基本原理同中国实际相结合，坚持马克思主义，发展马克思主义，产生了毛泽东思想、邓小平理论、"三个代表"重要思想、科学发展观等重大理论创新成果，用与时俱进的科学理论和社会主义建设的伟大成就回答了"中国向何处去、社会

　　* 本文系广东省高等教育教学改革项目"高校思政课程高质量发展模式构建与运用研究——以广东财经大学为例"（粤教高函〔2020〕20号）阶段性成果。
　　** 王金锋，山东嘉祥人，历史学博士，广东财经大学马克思主义学院副教授，主要从事中共党史、中国近现代史的教学与研究。李岳程，广东财经大学马克思主义学院2022级硕士研究生，主要研究方向为党的建设。

主义向何处去"的历史课题、时代之问。历史已经证明,什么时候我们坚持了马克思主义中国化的基本原则,我们的革命和建设事业就会一帆风顺;什么时候我们僵化地、片面地、教条地坚持马克思主义,我们的社会主义事业就会遭遇挫折。

时代是思想之母,实践是理论之源。党的十八大以来,我们党顺应时代发展,从理论与实践结合上系统回答了新时代坚持和发展什么样的中国特色社会主义、怎样坚持和发展中国特色社会主义和这个重大时代课题,创立了习近平新时代中国特色社会主义思想。党的十九大以来,我们党着眼解决新时代改革开放和社会主义现代化建设的实际问题,以全新的视野深化对共产党执政规律、社会主义建设规律、人类社会发展规律的认识,坚持运用辩证唯物主义和历史唯物主义,从理论和实际的结合上不断回答中国之问、世界之问、人民之问、时代之问,提出了一系列治国理政新理念新思想新战略,不断丰富和发展了习近平新时代中国特色社会主义思想。习近平新时代中国特色社会主义思想是当代中国马克思主义、二十一世纪马克思主义,是中华文化和中国精神的时代精华,是马克思主义中国化时代化的最新理论成果,开辟了马克思主义中国化时代化新境界。新时代十年来,中国共产党团结带领全党全军全国各族人民,高举中国特色社会主义伟大旗帜,全面贯彻习近平新时代中国特色社会主义思想,全面贯彻党的基本路线、基本方略,采取一系列战略性举措,推进一系列变革性实践,实现一系列突破性进展,取得一系列标志性成果,经受住了来自各方面的风险挑战考验,党和国家事业取得历史性成就、发生历史性变革,推动我国迈上全面建设社会主义现代化国家新征程。实践告诉我们,中国共产党为什么能,中国特色社会主义为什么好,归根到底是马克思主义行,是中国化时代化的马克思主义行。党的二十大一致同意,把党的十九大以来习近平新时代中国特色社会主义思想新发展写入党章,成为新时代党的建设的根本遵循。

实践没有止境,理论创新也没有止境。世界每时每刻都在发生变化,中国也每时每刻都在发生变化,我们必须在理论创新上跟上时代。不断认识规律,不断推进理论创新,谱写马克思主义中国化时代化新篇章,是当代中国共产党人的庄严历史责任。党的二十大不仅对党的十八大以来的重大理论创新进行了深刻总结,认为坚持和发展马克思主义必须同中国具体实际相结合,必须同中华优秀传统文化相结合;还对继续推进实践基础上的理论创新作出了全面部署,提出不断开辟马克思主义中国化时代化新境界,必须牢牢把握好习近平新时代中国特色社会主义思想的世界观和方法论,坚持好、运用好贯穿其中的人民至上、自信自立、守正创新、问题导向、系统观念和胸怀天下的立场观点方法。

二、"三个务必":新时代新征程管党治党的新要求

习近平总书记在党的二十大报告中提出,"全党同志务必不忘初心、牢记使命,务

必谦虚谨慎、艰苦奋斗，务必敢于斗争、善于斗争，坚定历史自信，增强历史主动，谱写新时代中国特色社会主义更加绚丽的华章"。这一伟大号召是在中国共产党团结带领中国人民实现第一个百年奋斗目标，迈上全面建设社会主义现代化国家新征程的历史关键时刻，根据党所处历史方位、面临的形势任务提出的管党治党的新战略新举措，是新时代深入推进党的建设新的伟大工程更高标准的政治要求。

（1）"务必谦虚谨慎、艰苦奋斗"是新时代对党的光荣传统和优良作风的传承升华。1949年3月，在西柏坡召开的七届二中全会上，面对革命形势迅速发展、即将夺取全国革命胜利的情况，毛泽东指出，"夺取全国胜利，这只是万里长征走完了第一步""中国的革命是伟大的，但革命以后的路程更长，工作更伟大、更艰苦"，他告诫全党"务必使同志们继续地保持谦虚、谨慎、不骄、不躁的作风，务必使同志们继续地保持艰苦奋斗的作风"。离开西柏坡之际，毛泽东还把党中央进驻北平比喻成"进京赶考"，寓意中国共产党即将接受执政的考验、社会主义革命和建设的考验。"两个务必"给全党在思想上敲响了警钟，提醒全党要防止骄傲自满情绪，为执政党的建设和夺取全国胜利后进行社会主义革命和建设做了重要的思想准备。70多年后的今天，习近平总书记在全党全国各族人民迈上全面建设社会主义现代化国家新的"赶考"之路、向第二个百年奋斗目标进军的关键时刻，提出"务必谦虚谨慎、艰苦奋斗"，总结凝练了"两个务必"思想，告诫全党同志在新的"赶考"之路上，我们依旧不能骄傲自满、止步不前，不能丢掉谦虚谨慎的优良传统，要继续艰苦奋斗，开拓进取，突出强调了中国共产党的政治品格和优良传统，彰显了百年大党面对新形势新任务的战略清醒和战略自觉。

（2）"务必不忘初心、牢记使命"是新时代对党的理想信念和目标宗旨的执着追求。"一切向前走，都不能忘记走过的路；走得再远、走到再光辉的未来，也不能忘记走过的过去，不能忘记为什么出发。"中国共产党从成立时起，就把为中国人民谋幸福、为中华民族谋复兴的初心和使命镌刻在自己的旗帜上，经过一代又一代共产党人的努力奋斗，实现了中华民族从站起来、富起来到强起来的伟大飞跃。一个时代有一个时代的主题，一代人有一代人的使命。迈上新时代新征程，共产党人初心历久弥新。在党的二十大上，习近平总书记明确提出，"从现在起，中国共产党的中心任务就是团结带领全国各族人民全面建成社会主义现代化强国、实现第二个百年奋斗目标，以中国式现代化全面推进中华民族伟大复兴"。前进力量源于初心坚守，事业成就在乎使命担当。党的二十大提出了明确的奋斗目标，擘画了宏伟的蓝图，集中体现了党的理想信念和使命担当。我们应该以思想的力量激扬奋进的力量，以咬定青山不放松的执着奋力实现既定目标，在新时代新征程创造出令世人刮目相看的新的更大奇迹。党的二十大认为，在百年奋斗历程中，党始终践行初心使命，团结带领全国各族人民创造了一系列伟大成就，积累了宝贵历史经验，大会同意把党的初心使命与党的百年奋斗重大成就和历史经验的内容一起写入党章，有利于激励全党坚定历史自信，增强历史主动，锐意进取，朝着既定目标勇毅前行。

（3）"务必敢于斗争、善于斗争"是党在新时代新征程上创造新的伟业的重要法宝。党的百年历史就是一部伟大斗争史，党和人民取得的一切成就，建立中国共产党、成立中华人民共和国、实行改革开放、推进新时代中国特色社会主义事业，都是通过斗争取得的。进入新时代，党和国家事业面临的形势之复杂、斗争之严峻、改革发展稳定任务之艰巨世所罕见、史所罕见。以习近平同志为核心的党中央审时度势、果敢抉择、攻坚克难、锐意进取，团结带领全党全军全国人民撸起袖子加油干，风雨无阻向前行，义无反顾进行具有许多新的历史特点的伟大斗争，实现了第一个百年奋斗目标，取得了全面建成小康社会、历史性地解决绝对贫困等伟大成就和历史性变革。在百年奋斗征程中，中国共产党锤炼了不畏强敌、不惧风险、敢于斗争、敢于胜利的风骨和品质。我们党依靠斗争创造历史，更要依靠斗争赢得未来。当前，逆全球化思潮抬头，单边主义、保护主义明显上升，世界经济复苏乏力，局部冲突和动荡频发，党的建设特别是党风廉政建设和反腐败斗争还面临一些顽固性、多发性问题，对党治国理政考验之大前所未有。我们唯有以狭路相逢勇者胜的气概，增强志气、骨气、底气，不信邪、不怕鬼、不怕压，主动迎战，直面一切困难和挑战，敢于斗争、善于斗争才能破难题、解困境，才能铸就新的时代辉煌、创造新的历史伟业。党的二十大认为，敢于斗争、敢于胜利是党和人民不可战胜的精神力量，大会同意把发扬斗争精神、增强斗争本领写入党章，激励全党知难而上，迎难而进，全力战胜前进道路上的各种困难和挑战，依靠顽强斗争打开事业发展新天地。

三、自我革命：管党治党、兴党强党的时代答案

勇于自我革命是我们党最鲜明的品格，在夺取新民主主义革命全国胜利之前，我们党就开始深入思考将来如何为人民执好政和长期执政的问题。1945年7月，黄炎培等国民政府参政员应邀到延安，在毛泽东同志居住的窑洞里，当黄炎培提出如何找到一条新路，来跳出朝代更替、治乱兴衰的历史周期率问题时，毛泽东同志庄重地回答："我们已经找到新路，我们能跳出这周期率。这条新路，就是民主。只有让人民来监督政府，政府才不敢松懈。只有人人起来负责，才不会人亡政息。"这是中国共产党人给出的党跳出治乱兴衰历史周期率的"第一个答案"。中国共产党人始终在实践中认真践行这一答案，历史已经证明，人民民主是应对治乱兴衰、跳出历史周期率的一条新路。

直到今天，人民民主仍然是我们党始终高扬的光辉旗帜，在党的二十大上，习近平总书记指出，"人民民主是社会主义的生命，是全面建设社会主义现代化国家的应有之义"，并提出要发展全过程人民民主，保障人民当家作主，强调"必须坚定不移走中国特色社会主义政治发展道路，坚持党的领导、人民当家作主、依法治国有机统一"。

进入中国特色社会主义新时代，中国共产党成为百年大党，历史这么长、规模这么大、执政这么久、成就这么辉煌，党内党外、国内国外赞扬声很多，会不会在一片喝彩声中迷失自我？面对尖锐复杂的"四大考验""四种危险"，能不能跳出治乱兴衰的历史周期率？这个问题又一次被摆到了中国共产党人面前。以习近平同志为核心的党中央洞察历史兴衰，把握党情世情，立足党的十八大以来全面从严治党的伟大实践，创造性提出"党的自我革命"的重大命题，逐渐形成了关于党的自我革命的战略思想。在党的二十大上，习近平总书记郑重宣布，"经过不懈努力，党找到了自我革命这一跳出治乱兴衰历史周期率的第二个答案"，能够确保党永远不变质、不变色、不变味。同时，习近平总书记要求，"全党必须牢记，全面从严治党永远在路上，党的自我革命永远在路上，决不能有松劲歇脚、疲劳厌战的情绪，必须持之以恒推进全面从严治党，深入推进新时代党的建设新的伟大工程，以党的自我革命引领社会革命"。党的二十大对全面从严治党作出了战略部署，提出了坚持和加强党中央集中统一领导、坚持不懈用新时代中国特色社会主义思想凝心铸魂、完善党的自我革命制度规范体系、建设堪当民族复兴重任的高素质干部队伍、增强党组织政治功能和组织功能、坚持以严的基调强化正风肃纪和坚决打赢反腐败斗争攻坚战持久战等党的自我革命的战略举措。

人民监督是外来要求，自我革命是内生动力，从"人民监督"的第一个答案到"自我革命"的第二个答案，是以习近平同志为核心的党中央深刻认识到，确保我们党永远不变质、不变色、不变味，永葆马克思主义政党的政治本色，关键还得靠我们党自己，并以巨大的政治勇气、强烈的责任担当，引领党不断加强革命性锻造，探索出一条长期执政条件下解决自身问题、跳出历史周期率的成功道路。

党的二十大总结了党的百年历史特别是党的十八大以来党的建设的伟大实践，丰富和发展了习近平新时代中国特色社会主义思想，为广大党员提供了坚定理想、锤炼党性和指导实践、推动工作的强大力量；提出了"三个务必"的新要求，给出了党跳出历史周期率的第二个答案，体现了我们党对党的建设规律、共产党执政规律的认识提高到新的高度，进一步丰富了马克思主义建党学说，进一步深刻回答了建设什么样的长期执政的马克思主义政党、怎样建设长期执政的马克思主义政党这一重大课题，是我们党应对风险挑战、深入推进新时代党的建设新的伟大工程的根本遵循。

党的二十大精神融入高校思想政治理论课教学的几点想法

欧　歆*

一、引言

党的二十大以来，以习近平同志为核心的党中央高度重视高校思政工作，明确提出"把思想政治工作贯穿教育教学全过程和落实立德树人根本任务"的新要求，并将之写入高校德育工作章程中。党的二十大报告指出，全面贯彻党的教育方针，落实立德树人根本任务，培养德智体美劳全面发展的社会主义建设者和接班人。思政课是落实立德树人根本任务的关键课程，是加强和改进高校思政工作的灵魂工程。近年来，高校思政课建设成效显著，教师队伍规模和素质稳步提升，教学方法不断创新，已从外延式发展转向内涵式发展。新时代新征程思政课高质量发展要以守正创新、协同精准为导向，聚焦教师和学生两个环节，凝聚新共识、激发新动能、构建新格局，继续书写铸魂育人奋进篇章。

二、坚持党对高校的全面领导，坚决落实立德树人根本任务

高校作为培养人才的重要阵地，承担着立德树人光荣而艰巨繁重的任务，具有独特优势和重要地位。高校作为培养人才、输送人才的"重要阵地"，承担着培养人才、传播思想、服务社会、推动发展的"重任"。要深入贯彻习近平总书记关于高校思想政治工作的重要论述，把思想政治工作贯穿教育教学全过程和落实立德树人根本任务作为首要任务来抓。

（一）旗帜鲜明讲政治，全面贯彻落实党的教育方针

坚持党对高校的全面领导，是做好高校思想政治工作重要前提。将党的二十大精神融入高校教育，加强党对高校的领导，这也是办好中国特色社会主义大学的一大保

---

* 欧歆，广东财经大学马克思主义学院讲师，研究方向为马克思主义思想政治教育。

障，并且要不断地为百年复兴以及中国梦的实现做好根本的大保障。将党的领导融入各个方面之中并且落实好校长负责制，做到党建工作与业务工作同研究、同考核。将党对高校的全面领导贯穿于学校治理各领域和各方面一切工作当中。要加强党对高校工作总体布局中对"三全育人"主体责任的统一设计与落实，明确党建工作"五级书记抓、一级抓一级"的工作机制，落实学校党政领导班子成员党建工作责任制。全面加强思想政治工作队伍建设，强化党组织在高校中的领导核心地位，保证学校依法治校、全面从严治党走向纵深。

（二）加强基层党组织建设，以坚强的领导保障实现立德树人根本任务

加强党对高校的全面领导，是实现思政教育目标的根本保证。党组织建设的好坏，直接影响着党对高等教育工作的领导。要坚持和加强党对高校的全面领导，把党的建设作为根本政治任务，把抓好党的基层组织建设作为提高高校思想政治工作质量的根本保证。学校的基层党组织也要充分发挥自身的领导作用，并且围绕立德树人的根本任务以及自身的中心工作，对基层党组织的建设作出贡献。同时，要将政治摆在首要的位置，不断强化高校基层组织中的职能作用以及宣传作用，提升党组织的整体功能以及自身基本的活力，加强高校基本党组织的有效建设；并且着力把基层党组织打造成一个政治更加坚定、团结协作、服务中心、推动改革、促进发展的坚强战斗堡垒。

三、坚持马克思主义指导地位，切实发挥高校思政教育主阵地作用

马克思主义是我党立党立国的根本思想，并且也是我国社会主义理论的主要来源。高校的思想政治教育必须坚持着力培养社会主义建设者和接班人。在共产党党章之中，也作出了明确的规定，中国共产党所坚持的政治根本立场，是实现共产主义的一个必然要求，高校思政工作必须坚持"两个确立"，这也是担负起培养社会主义接班人以及未来的社会主义建设者的政治任务。习近平总书记指出，办好思想政治理论的课程，关键是在教师以及教学，所以教师要提升自身的职业素养和创新能力。我们要把立德树人作为高校思想政治工作最根本、最核心任务，加强建设、全面推进、不断提高，不断培养担当民族复兴大任的时代新人。

（一）深入开展理想信念教育，坚持以政治理论教育为核心

理想信念是共产党人精神上的钙，如果缺乏了理想精神，那么就会出现缺钙，或者是各种软骨病，要加强理想信念教育，不断引导学生树立一个正确的人生观以及价值观来补足精神之钙，稳定学生的思想发展，通过开展形式多样的主题教育实践活动，通过宣讲理论知识、开设专题党课等多种形式强化理论武装、引导大学生牢固树立马克思主义政党立场、观点、方法，不断增强学生的四个意识以及坚定学生的四个信念，

并且还要做好两个维护，才能做到深化理想信念教育。

在当前社会主要矛盾发生转化的新形势下，加强对青年理想信念教育仍然是高校思想政治工作的首要任务。要紧紧围绕未来要培养什么样的人、怎么样去培养相关的问题进行深入的研究以及分析。习近平总书记在学校思想政治理论课教师座谈会上强调，要坚持政治性和学理性相统一，以透彻的学理分析回应学生，以彻底的思想理论说服学生，用真理的强大力量引导学生。思政课做到政治性和学理性的和谐统一，是思政课改革创新的首要要求，是思政课教师教学的基本追求。这就要求高校思政课教师要善于用学术的逻辑讲好"四个意识"，讲出"四个自信"，讲清"两个维护"，坚定不移地用习近平新时代中国特色社会主义思想铸魂育人。

（二）深化拓展中华优秀传统文化教育，传承红色基因

中华民族的传统文化是中华民族发展的精神命脉，也是中华民族发展的根本支柱，所以也是学校办学的一个基础，利用好中华传统文化，展开相应的教育，具有非常重要的意义。在我国的哲学体系之中实际上有很大一部分都是受到中国传统文化的影响，融入中华民族优秀的传统文化是非常重要的一个环节。习近平总书记也在不断强调，要不断地弘扬我国优秀的传统文化，坚持文化自信并发扬中华优秀传统文化，也是中华民族能够不断发展以及生生不息的重要源泉以及支柱。所以，未来将中华优秀传统文化融入高校思政课堂之中，对于学生的发展有着非常重要的意义及影响。

（三）深化"三全育人"综合改革，全面加强马克思主义在基层的贯彻落实

党的二十大报告指出："培养什么人、怎样培养人是教育的根本问题。"教育大计，教师为本。教师是实现社会主义现代化的关键力量，教师队伍是学校各项工作的基础。习近平总书记在学校思想政治工作座谈会上强调："要培养德智体美劳全面发展的社会主义建设者和接班人。"教师是立德树人任务的第一责任人，要把思想政治工作贯穿人才培养全过程、各环节，实现全员全方位全过程育人。要以习近平新时代中国特色社会主义思想为指导，结合党和国家事业发展对各类人才培养过程中遇到的重大理论和实践问题，发挥好教师在引领学生成长成才方面"关键少数"的示范作用；要引导全体师生坚定中国特色社会主义道路自信、文化自信，为中国特色社会主义培养合格的建设者和接班人。

（四）优化教学方式方法，增强思政教育效果

实践证明，思政教育要实现立德树人根本任务，离不开高校思政课堂的教学方式方法改革。通过创新改革，不断提高思想政治教育教学的针对性和实效性。例如：利用网络技术实现思想政治教育的网络化、数字化和多媒体融合。教师要不断学习网络知识和技能，优化教学方式方法，可以通过组织线上线下相结合、案例教学、互动讨

论等多种方式让学生接受更深层次的教育。在课堂上，教师要以习近平同志为核心的党中央对大学生提出的新要求为引领，通过鲜活的案例宣传习近平新时代中国特色社会主义思想，充分利用大数据、人工智能等信息技术创新课程教学方式方法。如"互联网＋思政"教学系统能够实现实时监督学生学习状态和掌握学习情况、教学过程可视化呈现和评价课堂教学效果，引导学生在课堂上开展自我学习、自主学习，及时发现问题，从而达到有效利用思政教育资源、思想政治工作阵地对学生进行理想信念教育。这样才能达到立德树人的教育目的。

（五）树立文化自信，筑牢高校学生的精神根基

文化自信是一个国家、一个民族对自己文化及其历史传承状况的总体认同，对自身历史文化遗存和传统价值观念有正确认识，并自觉予以传承与弘扬。中国传统文化源远流长，积淀着中华民族最深层的精神追求，是中国人民精神家园的重要组成部分。要把中华优秀传统文化中体现为中华民族整体精神的优秀部分，及时地通过学校的相关课程来进行弘扬。在高校思想政治教育教学中，与中华民族传统文化相关的内容要始终贯穿于课程教学。教师要及时认识到传统文化资源的优势并且能掌握利用，通过自身不断地将优秀文化进行传承，让更多的大学生以及青年理解中华民族优秀传统文化博大精深的内涵以及其中蕴含的精神追求，只有在高校大力推进马克思主义中国化进程、时代化大众化进程中培育和践行社会主义核心价值观，不断增强文化自信，才能更好地夯实大学生的精神根基。高校要坚持把弘扬中国文化同促进世界文明交流作为重要使命，通过思想政治理论课教师深入挖掘中华优秀传统文化蕴含的思想观念、人文精神和道德规范，结合学生成长规律，创新教育教学方法体系和人才培养模式，引导学生自觉将中华优秀传统文化融入自己的灵魂之中并付诸实际行动。要引导大学生坚定中国特色社会主义道路自信、制度自信和文化自信，为实现中华民族伟大复兴而奋斗！这是文化自信的基础与支撑；这是对社会主义核心价值观最有力的诠释！在高校的思政教学中必须注重充分利用高校自身优质资源及深厚的文化底蕴优势为当代大学生提供优秀文化滋养！

四、全面推进"课程思政"改革，创新思政教育理念、方法、手段

（一）提升教师思政意识和能力水平

提升教师思想政治意识和能力水平，要切实发挥思政课程的重要作用。高校要坚持把思政课建设作为核心工作来抓。教师要不断加强学习，提升自身素质，加强自身修养，增强社会责任感。同时不断增强思想政治工作的时代性和创新性。在教师中大

力宣传习近平总书记系列重要讲话精神和思政课程改革理念,把思政教育融入学生学习生活全过程。

(二) 坚持正确办学方向

坚持正确的办学方向,也是中国特色社会主义办学的根本要求。所以在办学的过程之中,一定要坚定自身的方向,才能促进自身的教学发展。高校要把党的领导贯穿于教育教学的各个方面,同时还要把课程思政与社会主义核心价值观有机结合,这样才能将党的理念融入教育之中,才能促进人才的培养,坚定自身正确的办学方向,办好教学,才是开展育人的重要途径,要进一步发挥思政课的主渠道作用,使思政教学成为专业教育工作者开展教学管理、考核评价、学生成长过程中的重要环节。同时,应将立德树人贯穿于专业教育各环节,将思想政治教育贯穿各类学科培养过程,实现"全过程"育人。因此,必须加强党对教育教学工作的全面领导,全面推进"课程思政"改革并取得实效才是最根本的目的和方向所在。

站在新的历史起点上,面对新的机遇与挑战,作为青年党员教师的我,不禁思考:经历百年的艰辛路程,又将迎来下一个百年奋斗目标,是什么让我们一直向着一个又一个的目标奔跑前进,是什么支持着我们不断突破自己的极限开创未来,是什么激励着我们不能放弃自己的使命担当?是鼓舞和激励中国人民不断攻坚克难、从胜利走向胜利的长征精神!是不怕苦、不怕死,坚决听从统帅指挥的抗美援朝精神!是万众一心、同甘共苦的抗疫精神!

一个时代有一个时代的主题,一代人有一代人的使命。一代人有一代人的青春,一代人有一代人的长征。正是一代人又一代人奉献了青春,中华民族在短短的一百多年转危为安,即将要叩响伟大复兴的世纪大门。在这个历史进程中,个人的前途命运,始终与国家和民族的前途命运紧密相连。大国崛起,守护了万家灯火;每个人的奋斗,又汇集成了时代洪流。英雄的旗帜永远飘扬,精神的火炬永不熄灭。长城内外、大江南北,全国人民心往一处想、劲往一处使,14亿中国人绘制了"团结就是力量"的时代画卷。我们这一代青年人更应该懂得并且能够扛起这一时代的重任,学习党史,悟党性,将党的精神力量发扬光大。面临百年未有之大变局,我们要不断传承和发扬无可畏惧、坚忍不拔、求真务实、自强不息的精神,就是要敢于斗争、善于斗争,知难而进、坚韧向前,把新时代中国特色社会主义伟大事业不断推向前进!

"自主研学"在党史学习教育中的运用及启示

——基于"中国近现代史纲要"课程活动的调查分析

邓玉柱*

习近平总书记在党的二十大报告中强调，"坚持理论武装同常态化长效化开展党史学习教育相结合，引导党员、干部不断学史明理、学史增信、学史崇德、学史力行，传承红色基因，赓续红色血脉"。① 坚持常态化长效化开展党史学习教育，既是党的二十大报告中的一项重要要求，也是学习宣传贯彻党的二十大精神的一个重要支撑。因此，在"中国近现代史纲要"教学中就如何深入推动党史学习教育融入思政课程具有十分重要的现实意义。本课题运用"自主研学"教学模式，在学生中开展"听我讲家乡红色人物故事"活动，就如何调动学生学习党史的主动性，以更好地将党史学习教育融入思政课堂等问题展开了持续探索。"自主研学"教学模式是指以学生为主体开展研究性学习的教学模式，即"在教师的指导下由学生自主地发现问题、探究问题，获得结论的过程"②。我们发现"听我讲家乡红色故事"活动在促进学生学习党史过程中有着明显区别于课堂党史专题讲解的效果，颇受学生欢迎。许多学生表示："听我讲家乡红色故事"活动是这学期"纲要"课程学习过程中"最有意义"的收获。本文拟以"听我讲家乡红色人物故事"活动为例，以学生的红色人物调查报告、课堂学习反馈等为资料，围绕党史学习教育融入高校思政课堂的路径问题展开初步探讨，以期为高校推动党史学习教育常态化长效化，深入学习党的二十大精神提供借鉴。

---

* 邓玉柱，法学博士，广东财经大学马克思主义学院讲师，主要是从事中共党史、中国近现代史和华侨华人史的教学与研究。

① 习近平. 高举中国特色社会主义伟大旗帜　为全面建设社会主义现代化国家而团结奋斗——在中国共产党第二十次全国代表大会上的报告［M］. 北京：人民出版社，2022：65.

② 王德强，邢斌. 教育心理学——教育实践与学生发展取向的心理学研究［M］. 武汉：华中科技大学出版社，2017：165.

一、"听我讲家乡红色人物故事"活动介绍

"听我讲家乡红色人物故事"是笔者于2020—2022年讲授"中国近现代史纲要"课程过程中，以班级为单位所开展的学生课堂分享活动。活动先后涉及三个教学班，共299个学生。活动内容主要由两部分组成：一是要求三个班的学生通过文献分析、实地调查等方式调研自己家乡红色文物资源及典型红色人物事迹，撰写调研报告，报告完成后提交"学习通"平台。报告要求学生首先概述家乡红色资源的总体情况，然后重点选取1~2个家乡中国共产党人，梳理其生平事迹，并对他（们）选择马克思主义、开展革命活动的心路历程展开分析。三个教学班的299个学生，共有294位学生提交报告。其中A班99位学生，有94位提交报告，完成率95%；B班100位学生，全部提交，完成率100%；C班100位学生，全部提交，完成率100%。二是鼓励学生将完成的报告内容制作成PPT，在课堂上面向全体同学分享展示，采取随机抽查和主动报名两种方式确定上台展示名单，每班平均有45%的学生面向全班展示分享其对家乡红色人物的调查报告。

学生的"家乡"主要是指学生的祖籍地，一般以地级市为单位，涉及广东省广州市等21个地级市，以及江西、福建、湖北、湖南、山东、新疆、西藏等省份的十多个地级市。参与活动的学生选取的家乡红色人物来源广泛，有民主革命时期的革命先烈，也有新中国成立后在社会主义建设、改革过程中涌现的英雄、劳模等，除了有毛泽东、叶剑英、叶挺、聂荣臻、李大钊、董存瑞、刘胡兰等大中小学教材中出现过的著名历史人物之外，绝大部分仅在地方党史中较有知名度，有些革命先烈存世资料稀少，有的人甚至连一幅照片都没留下。在展示的诸多革命先烈中，许多人年仅20岁左右，正值青春年少，在同民族与国家的敌人作斗争的过程中献出了自己宝贵的生命，如佛山籍地下党员何小静牺牲时年仅21岁，清远籍"文总"六烈士之一的赖寅仿牺牲时年仅23岁。还有许多革命先烈的故事极具传奇色彩，如曾任中共中央特科"红队队长"的江门籍革命先烈龚昌荣，中国共产党历史上第一个飞行员——清远籍革命烈士冯达飞，江门开平籍美国共产党员（后转入中国共产党）谢创等，引起了学生的普遍关注和兴趣。有些学生还通过口述历史方法，将自己长辈从事革命活动的经历整理出来，并在课堂上展示分享，颇具感染力和说服力。如来自东莞的骆同学分享了他的爷爷作为东江纵队成员，在抗日战争时期香港被日军占领的情况下，参与秘密营救了800多名国内文化工作者和进步人士的故事。还有部分来自新疆、西藏等少数民族地区的学生分享了边疆少数民族地区革命人物的故事，如来自西藏的藏族同学西介绍了在西藏平叛战斗中屡立战功的罗布顿珠的故事，来自新疆的黄同学介绍了为新疆和平解放作出卓

越贡献的赛福鼎同志的故事。在分享展示环节中，三个教学班学生共展示分享红色历史人物97个，其中广东红色人物78个，新疆、西藏等其他省红色历史人物19个，覆盖全国19个省（自治区、直辖市）44个地市。

二、"听我讲家乡红色人物故事"活动效果

为了了解"听我讲家乡红色人物故事"活动在课程党史学习教育中的效果，我们于学期末在"学习通"APP上开展了"简要谈谈本学期学习中国近现代史的收获"的问卷调查。调查共发出问卷299份，回收288份，其中70%的学生在反馈中特别提到了"听我讲家乡红色人物故事"活动，并对该活动的开展表示了肯定。从学生的反馈中我们得知，活动取得以下几方面的效果：

（一）拉近了党史与学生之间的距离，对革命先烈的精神和事迹有了更深刻的认识

通过对家乡红色人物和事件的调查和分享，学生普遍感受到党史上发生过的英勇事迹其实离我们并不遥远，而是我们身边实实在在发生过的。梁同学表示，对家乡红色人物的调查和分享，"让我了解到了许许多多革命先辈。以前觉得他们离我很遥远，但现在觉得他们与我们身边有血有肉的青年人没什么不同"。有学生表示，在这次活动前，"我对英雄人物的看法仅限于历史教科书上的人名，但了解了家乡的红色英雄故事后，我才发现原来我身边就有英雄，离我那么近"。李同学表示，原以为"因为家乡的红色人物故事……是耳熟能详的"，然而当较为深入挖掘这些故事后，尤其是发掘红色人物加入中国共产党的心路历程后，才发现"我们对这些值得敬佩的红色人物的认识仅及皮毛。我尝试去了解一些不那么为人熟知的红色人物，结果发现他（们）进行红色活动的一些场地正是我日常出行经常途经的地方"。

许多学生表示自己在搜集家乡红色文化资源和烈士事迹的时候，对革命先辈的革命精神有了更深层次的认知，许多学生表示中国目前和平发展、人民的幸福生活来之不易，这些都与革命先辈的忘我牺牲是分不开的。陈同学表示，对革命先辈事迹的调查和分享活动，使他懂得了中国革命的胜利"是一份伟大的事业，不是一两个名气大的伟人就能支撑起来的，还有无数的无名或是不常被人提起的，为这份事业发展而努力的人。在家乡红色人物分享中，这种感受是尤为突出的，默默无名的战士太多了，每一个都是伟大的，值得被铭记的"。有学生表示，"一些烈士在尚未满20岁就牺牲了，而还有千千万万的烈士因为硝烟、时局混乱，就算牺牲了也无法拥有姓名，至今能找到与他们相关的史料也是少之又少。……但是也是因为他们的力量的集合才有了我们今天的幸福生活"。还有学生表示，革命先辈"或默默无闻或赫赫有名，都为国家

的独立和复兴奋斗着，甚至不惜牺牲自己的生命，当今中国的繁荣昌盛离不开他们的努力"。刘同学表示，"活动"的开展令其"加深了对革命先辈们的敬意和对如今这样来之不易的安稳惬意生活的珍惜之感"。

（二）使学生了解到了更多革命先烈的英勇事迹，加深了对教材知识的理解

家乡红色人物故事的调查和分享活动让学生了解了更多教材之外来自五湖四海的红色人物，他们或是为了民族独立、人民解放抛头颅、洒热血的无名战士，或是地下党员、飞行员、学生、教师、作家，将这些红色人物的故事串起来，就是一部内容丰富、形象生动、有血有肉，且与我们日常生活十分"贴近"的中国共产党人的奋斗史。各种类型的英雄事迹加深了学生对教材中党的重大历史事件的认知和理解。来自广东茂名的学生在讲述家乡革命人物朱也赤、罗克明的事迹时涉及的怀乡起义，是1927年12月15日中共南路特委和信宜县委为配合广州起义而领导人民举行的一次伟大革命实践，补充了教材中关于大革命失败后中国共产党武装反抗国民党而发动广州起义的内容。来自广州的李同学表示，"我也因为课程需要介绍家乡红色故事这个契机，第一次来到广州起义纪念馆，第一次比较深入地了解发生在广州的红色革命故事，第一次通过网络详细地搜索广州起义的相关内容。……在资料收集的过程中，我对广州红色革命故事得到了更加深入、生动的了解"。刘同学表示，"在活动中我除了了解了耳熟能详的大城市革命故事，也了解到了小地方人民的革命精神和对马克思主义的追求与渴望。让我们更深刻地了解到，近代史不仅是书本上的知识，更是发生在自己身边的历史，拉近了我们与书本知识的距离"。总之，不同地区的革命先烈故事形象而深刻地阐释了近代中国波澜壮阔的历史演进趋势和中国共产党为什么能的历史命题，进而加深了学生对"纲要"教材内容的理解。

（三）革命先烈的光荣事迹，激发了学生为中华民族伟大复兴接力奋斗的使命和担当

建党百年之际，通过红色人物故事的调查和分享，许多学生深受英雄事迹的触动，纷纷表示要将革命先辈的精神发扬光大，继承他们的遗志，为中华民族的伟大复兴而继续努力奋斗。卢同学表示，"我深深地认识到这一百年来我们党经历的腥风血雨、大风大浪，知道了这一百年来我们走得多不容易，知道了如今的幸福生活都是英雄们抛头颅洒热血为我们换来的，我们要缅怀英雄，不忘初心，牢记使命，继续奋斗"。梁同学说，对家乡红色人物的调查和分享，革命先烈的事迹"让我深切体会到，当代人要努力过好每一天，不虚度光阴，才是延续他们生命的最好方式"。李同学表示，活动"使我对中国近代的屈辱和艰辛有了更加深刻的印象，对现代生活倍感珍惜，也为从屈辱和艰辛中体现出来的民族精神感到自豪。于我而言，作为一名大学生，现在能做的

就是永不遗忘中国屈辱的历史，珍惜现在美好的生活，好好学习，本科毕业后继续深造，为国家贡献出自己的一份力量"。陈同学表示，"同学们对家乡红色故事的介绍，使我知道祖国各地都有着很多先烈为我们现在的生活付出过很多，有的同学介绍的还是身边的故事，让人十分感动与感慨，我们真的必须铭记历史，以史为鉴，为祖国更繁荣的未来作出自己的一份贡献！"黄同学表示，经过对家乡红色人物的调查和分享，"更加明白了我们今天的幸福来之不易，我们更应该珍惜，并为伟大复兴的中国梦而奋斗"。

（四）加强了学生对家乡红色资源的了解，增强了对家乡的自豪感

红色资源是我们党艰辛而辉煌奋斗历程的见证，是最宝贵的精神财富。学生通过对自己家乡红色人物和资源的调查，增强了对家乡党史的了解。文同学表示，"讲述家乡的红色故事，让我更加了解我的家乡的历史。其实我的家乡花都是广州的一个区，根本不起眼。……但通过我的深入调查了解后发现，……花都的前身'花县'并不是不起眼，我的家乡原来有着丰富的红色革命遗址资源，……我为我是花都人而感到骄傲"。范同学说，"介绍家乡的红色故事，不查不知道，不问不知道，原来家乡还有这么多红色事迹，有一些故事性还很强，很喜欢这种在完成学习任务的时候，突然就了解到很多自己以前不知道的有意思的事情，让自己觉得自己不只是在完成任务，也是在增加自己对家乡红色故事……的了解"。杨同学表示，"通过课堂展示这个环节，搜集了很多资料，更加了解家乡历史文化。其实很羞愧的是在这之前我对家乡过去的一些历史文化并不了解，我的家乡竹林村有那么悠久的历史，革命先烈曾经竟然有过那么多英勇事迹，小时候去过的地点很多都是革命遗址……这些都是我不曾了解的。通过这次的资料搜集和PPT展示，我更加了解了我们村的一些革命遗址和历史人物，比如说我的祖先杨日耀"。另外，学生通过对自己家乡及其他地区红色人物和资源的了解，增强了对自己家乡和中华民族的热爱和认同感。辜同学表示，"在搜集整理资料的时候，我们不知不觉间就深入了解了家乡的人文特色，慢慢发现自己的家乡更美了！"来自不同地区的同学对其家乡红色资源和红色人物的分享介绍，也使学生了解到不同城市的历史和红色故事。梁同学表示，"通过班上同学们对自己家乡红色故事以及人物的介绍，认识了许多鲜为人知的革命英雄，潜移默化地提高了我们对民族的认同感和归属感"。

三、关于党史教育学习融入思政课路径的几点思考

"听我讲家乡红色人物故事"活动，通过引导学生自主选择家乡红色人物，并梳理其生平事迹，以及在课堂分享展示的方式，很好地将党史学习教育融入"中国近现代

史纲要"课堂。基于这一建立在"自主研学"模式基础上的"启发性"教学实践，我们对如何将党史学习教育更好地融入思政课堂，提出以下几点思考：

（一）"自主研学"是党史学习教育融入思政课教学的有效路径之一，更有利于激发学生学习党史的兴趣和获得感

所谓"自主研学"，是指在课堂内外，采用"启发、互动、探究式"的课堂教学实践，使教师主导与学生自学相结合，进而确立学生为学习主体地位的教学模式。①2019年3月，习近平总书记在学校思想政治理论课教师座谈会上的讲话强调，"要注重启发式教育，引导学生发现问题、分析问题、思考问题，在不断启发中让学生水到渠成得出结论"。长期以来，我国思想政治课存在把结论和观点直接灌输给学生，忽视学生主体性培养的现象，一个人的思想政治素质的形成离不开自主建构的过程，只有通过启发和引导，才能促使受教育者对学习内容有更深刻领悟。结合当代大学生的知识结构和认知特点，片面地灌输容易导致学生的厌学心理。对家乡红色人物进行调查研究，并面向全班同学进行展示分享的"自主研学"活动，使大部分学生都有满满的收获感，实现了学生在党史学习过程中的主体性地位，使得党史学习教育真正做到入脑入心。肖同学表示，"老师在课上要我们将自己所在家乡的名人事迹以及红色故事分享给大家，让我留下了非常深刻的记忆，我觉得这是在学习过程当中，可以让我真真正正地留下深刻印象的教学方法"。廖同学表示，"这次活动的主题一出来就调动了我的兴趣……。首先，我对自己的家乡熟悉，这能让我更有表达的欲望。其次，了解一位英雄人物的生平比去搜罗一个地方的历史故事更生动，从而更有启发性。这次作业不仅让我了解到更多历史，也着实启发和提醒了我家乡红色文化的重要意义"。由此可见，启发性教学让学生成为党史学习教育的主体，可以充分发挥学生的主动性和创造性，调动学生学习的主动性和兴趣，让党史学习教育不枯燥、有收获。

（二）以学生身边的红色故事或资源为切入点，更容易让党史学习教育入脑入心

许多学生调查的红色人物或文物资源，其实早已以纪念馆、革命遗址等形式存在于我们的日常生活和学习之中，只是因为种种原因未被关注和了解，但通过学生的主动调查了解后，大部分人表示有"醍醐灌顶"式的"触动心灵"的启发。吴同学表示，"这学期课堂上很多同学展示他们家乡的红色人物，我也深受感触，事实上，在做这份作业时，因为需要查阅大量资料，这是我第一次近距离地主动去了解家乡的红色故事，不查不知道，一查才知道生活二十年的地方竟然有这样的红色故事，出过这么

---

① 郑家茂，潘晓卉. 理论教学、实践教学、自主研学、网络助学"四位一体"教学模式的构建［J］. 中国大学教学，2008（12）：7.

多热血的先辈。我调查的红色资源是一所学校,(通过查阅资料)我才知道我就读的小学和初中都是由这所红色学校演变而来,惊讶之余,还生出一股由衷的自豪感。这种对家乡、对母校的亲切和自豪感,是需要了解、去接近才能感受到的"。来自广州的林同学表示,"如果没有这一次的活动,我即使生活在广州二十一年,也只是知道黄花岗起义,而不知道共产党所领导的广州起义,实在是非常的惭愧,这次的活动让我更加了解所生活的城市,也发现原来在身边,就有着如此多的先辈留下来的红色足迹"。何同学表示,"在此之前其实对家乡的红色故事和资源并不那么了解,这次的作业推动我去了解去挖掘,真的获益匪浅。了解自己家乡的历史对自己个人的见识和成长是非常有意义的"。邹同学表示,通过这次活动,"对自己家乡的红色资源和人物有了更多的了解。特别是我了解到原来自己的家乡涌现过这么多优秀人物,我对他们有了更深的敬意"。

(三)党史学习教育融入思政课教学过程中,教师应发挥积极引导作用,对党史人物、事件及其与教材知识点的关联性进行适当点评和讲解

建立在"启发性"教学模式基础上的党史研学活动,在坚持以学生为中心的同时,也离不开教师的主导,即教师在以学生为主体的党史学习教育活动中,"要做好画龙点睛工作,加强引导和总结提炼"。我们党的一百年,是矢志践行初心使命的一百年,是筚路蓝缕奠基立业的一百年,是创造辉煌开辟未来的一百年。中国共产党从登上中国政治舞台的那一刻起,就坚持马克思主义立场观点方法,始终不渝为中国人民谋幸福、为中华民族谋复兴。作为思想政治理论教育的"中国近现代史纲要"的教学是在概要地介绍历史背景和历史过程的基础上对一些重大历史事件、历史人物和历史现象进行专题式的历史聚焦,其目的在于让学生认识近现代中国社会发展和革命、建设、改革的历史进程及其内在的规律性,深刻理解中国为什么选择了马克思主义、选择了中国共产党、选择了社会主义道路、选择了改革开放。因此,如何将党史学习教育的内容和目的,与"中国近现代史纲要"的教学内容和目的有机地结合起来,是教师发挥主导作用的重中之重。

在学生对来自自己家乡革命先烈事迹开展调查和展示的过程中,虽然不同地区的革命先烈故事让学生深受感动和鼓励,但许多人对红色人物或故事的了解往往是"就事论事",对人物或故事所处的大背景却不甚了解。这是我们党史学习教育融入思政课过程中,教师应该发挥的作用。如,来自潮州的学生讲述家乡革命先烈余登仁等涉及的"潮州七日红"历史事件时,教师应该结合"纲要"教材内容进行点拨,指出该红色故事是 1927 年 8 月 1 日南昌起义后,周恩来及贺龙率师南下,于 9 月 23 日占领潮州,建立起潮安县工农兵红色政权,并因寡不敌众于 9 月 30 日撤离潮州的历史事件,

对于我们完整地理解南昌起义具有重要的参考价值。再比如，针对来自广州的学生讲述的家乡革命先烈何小静的事迹："何小静，广州番禺沙湾北村人，抗战爆发后，参加抗日先锋队及艺协少年组，积极参与抗日救亡运动。1938年10月，参加中国共产党。1939年，何小静被派往国民党第七战区政工总队部，从事统一战线和抗日宣传工作。1941年，皖南事变后，蒋介石对共产党人和爱国青年进行抓捕，何小静被捕入狱。1942年3月，被秘密杀害，时年21岁"，教师则应重点指出人物牺牲的具体年代正值国共两党进行第二次合作、开展全民族共同抗日之时，以利于学生进一步了解抗日战争时期蒋介石破坏抗日民族统一战线的行径。

（四）由学生为主体讲述革命先烈故事，不仅有益于加深学生对党史的理解，还有利于提升学生的综合素质

2019年3月，习近平总书记在学校思想政治理论课教师座谈会上的讲话强调，"会讲故事、讲好故事十分重要，思政课就要讲好中华民族的故事、中国共产党的故事、中华人民共和国的故事、中国特色社会主义的故事、改革开放的故事，特别是要讲好新时代的故事。讲故事，不仅老师讲，而且要组织学生自己讲"。通过学生讲述革命先烈故事的方式开展党史学习教育更符合学生的思想实际、心理需求和认知特点，进而加深学生对党史的理解。本活动通过不同的学生分享不同的红色资源和红色人物，加深了学生对中国共产党带领中国人民取得民族独立、人民解放奋斗历程的认识。苏同学表示，"活动不仅让我了解了很多来自全国各地的革命先烈的故事，……也让我更加由衷地佩服那些为国家统一、民族振兴而付出生命的无名英雄们"。还有学生表示，"在同学们对于家乡红色资源和红色人物的介绍中，也了解到不同城市的历史和红色故事……因此也对广东的近代史有了深刻的了解"。

除此之外，活动的分享和展示环节还有助于锻炼学生的自信心和勇气，提升学生的综合素质。该活动要求学生通过自己的语言及制作的PPT等，展示革命先烈的事迹及个人感受，不仅可以锻炼学生对资料的处理能力、语言表达能力，而且还有助于提升学生的演讲能力。刘同学表示，"老师给我们充分的机会上台展示作业，锻炼了展示者在众多人面前发言的能力"。肖同学反馈，"老师鼓励我们大多数人制作PPT进行家乡红色人物和故事的分享，……我真心觉得这是一种很好的方式，……我觉得更重要的是，在大学其实很多人缺乏上台发言的锻炼机会，有时有这样一个机会自己也会犹豫或者没有胆量上去发言，把发言作为一种课程任务虽然短时间内要准备演讲会紧张和焦虑，但是最终还是受益无穷，对于自己在台上的表现，会发现自身的不足，以后就会有所改进"。

党的二十大报告明确指出："教育、科技、人才是全面建设社会主义现代化国家的

基础性、战略性支撑。"① 以立德树人为己任的高校思政课教师更要紧紧围绕"培养什么人、怎样培养人、为谁培养人"的根本问题,在培养德才兼备的高素质人才事业中发挥关键作用。"听我讲家乡红色故事"的教学实践表明,以"自主研学"模式调查家乡革命先烈事迹及红色资源的党史学习教育方法,对于学生深刻铭记中国共产党百年奋斗的光辉历程,深刻认识中国共产党为国家和民族作出的伟大贡献,深刻感悟中国共产党始终不渝为人民的初心宗旨,学习传承中国共产党在长期奋斗中铸就的伟大精神,具有十分良好的效果。活动的效果表明"自主研学"是党史学习教育融入思政课教学的有效路径之一,更有利于激发学生学习党史的兴趣和获得感。这为在大学课堂贯彻落实党的二十大精神,加强当代大学生群体理想信念教育,常态化长效化开展党史学习教育提供了有效路径。

---

① 习近平. 高举中国特色社会主义伟大旗帜 为全面建设社会主义现代化国家而团结奋斗——在中国共产党第二十次全国代表大会上的报告 [M]. 北京:人民出版社,2022;33.

智能媒体赋能高校国家安全教育的实践进路探析*

苏沛钰　孙晓晖**

党的二十大报告指出"国家安全是民族复兴的根基，社会稳定是国家强盛的前提"①。加强青年大学生国家安全教育，提高大学生的国家安全素养，事关新时代国家安全稳定大局和中华民族伟大复兴。智能媒体是指依托大数据、云计算、人工智能等技术，自主感知用户需求，针对特定时空和场景，动态向用户推送所需信息，从而实现技术驱动、人机协同、智能传播、精准高效的媒体形态。深入贯彻党的二十大精神，须深刻认识当前高校国家安全教育的问题挑战，在此基础上着力探析智能媒体赋能国家安全观教育的创新路径。

一、高校思政课加强国家安全教育的价值意蕴

随着"总体国家安全观"的提出，国家安全领域一系列重要战略举措出台，国家安全学也迎来新的发展机遇。2021年，国务院学位委员会决定将"国家安全学"设立为一级学科，要推进国家安全体系和能力现代化必须培养一批国家安全学科的人才。高校思政课加强国家安全教育正是贯彻落实总体国家安全观、夯实国家安全人才基础、筑牢青年大学生国家安全防线的关键举措。

（一）落实高校思政课立德树人根本任务的需要

"青少年教育最重要的是教给他们正确的思想，引导他们走正路。思政课是落实立

---

* 本文系教育部哲学社会科学研究重大课题攻关项目"全过程人民民主的法治保障体系建设研究"（批准号22JZD017）阶段性成果。

** 苏沛钰，广东财经大学马克思主义学院2022级硕士研究生。孙晓晖，男，山东安丘人，广东财经大学马克思主义学院副院长、教授、博士生导师。

① 习近平. 高举中国特色社会主义伟大旗帜　为全面建设社会主义现代化国家而团结奋斗——在中国共产党第二十次全国代表大会上的报告［N］. 人民日报，2022－10－26（01）.

德树人根本任务的关键课程"①。从根本上说，思想政治教育是做人的工作。"围绕学生生活、尊重学生需要、关注学生发展"是高校思想政治教育实践活动的内在规定，更是高校思想政治教育内容的现实所指。

党的二十大报告指出，总体国家安全观就是"坚持以人民安全为宗旨、以政治安全为根本、以经济安全为基础、以军事科技文化社会安全为保障、以促进国际安全为依托，统筹外部安全和内部安全、国土安全和国民安全、传统安全和非传统安全、自身安全和共同安全，统筹维护和塑造国家安全，夯实国家安全和社会稳定基层基础，完善参与全球安全治理机制，建设更高水平的平安中国，以新安全格局保障新发展格局"②。加强国家安全教育的主要任务是以总体国家安全观为统领，以国家安全战略需求为导向，不断增强国家安全意识和法治意识，为经济社会高质量发展提供坚实安全保障。

国家安全教育与高校思政课在教学目标上是一致的，二者统一于立德树人的根本任务，都是为全面贯彻党的教育方针，解决好"为谁培养人、培养什么人、怎样培养人"③这个根本问题。高校思政课加强国家安全教育是落实立德树人根本任务的需要，进而培养一代又一代立志实现强国梦、复兴梦、民族梦的社会主义建设者和接班人。

（二）增强高校思政课的针对性和亲和力的需要

习近平总书记强调"只有打好组合拳，才能讲好思政课，但无论组合拳怎么打，最终要落到把思政课讲得更有亲和力和感染力、更有针对性和实效性上来，实现知、情、意、行的统一，叫人口服心服"④。办好高校思政课，更好地用习近平新时代中国特色社会主义思想铸魂育人，需要遵循学生身心发展规律，让思政课更具亲和力和针对性，努力给青年大学生以人生启迪、实践智慧、精神力量。

（1）增强思政课的针对性的需要。

针对性是思政课的价值归旨和实践属性，发挥着效果达成的关键作用。通过聚焦"社会热点，时政焦点、国际国内形势"引导学生关注当下国家安全热点问题，尤其是中美战略博弈下我国在意识形态、海外利益、尖端科技等领域面临的重大安全风险。

---

① 习近平. 在学校思想政治理论课教师座谈会上的讲话［EB/OL］. (2019 – 03 – 18)［2020 – 09 – 03］. https://www. xuexi. cn/lgpage/detail/index. html?id =1346549353233555038&item_id =1346549353233555038.
② 习近平. 高举中国特色社会主义伟大旗帜 为全面建设社会主义现代化国家而团结奋斗——在中国共产党第二十次全国代表大会上的报告［N］. 人民日报，2022 – 10 – 26 (01).
③ 人民日报评论员. 坚持党的领导传承红色基因扎根中国大地 走出一条建设中国特色世界一流大学新路［N］. 人民日报，2022 – 04 – 26 (01).
④ 习近平. 在学校思想政治理论课教师座谈会上的讲话［EB/OL］. (2019 – 03 – 18)［2020 – 09 – 03］. https://www. xuexi. cn/lgpage/detail/index. html?id=1346549353233555038&item_id =1346549353233555038.

运用总体国家安全观这一锐利思想武器，达到坚定政治立场和价值认同的育人效果，从而不断增强思政课的针对性和实效性。

（2）增强思政课的亲和力的需要。

亲和力是思政课的人文特质和外在属性，发挥着情感认同的独特作用。通过直接聚焦"学生身边事、新鲜事、关心事"折射大道理。抗击疫情的人民战争、总体战、阻击战，正是总体国家安全观的一次生动实践，当中蕴藏着丰富的思想政治教育资源，为思政课教学提供了大批鲜活生动的"教材"。充分利用这一生动教材，可以使思政课程更贴近学生思想、更贴合学生实际、更符合学生期待，真正使总体国家安全观入耳、入脑、入心。

（三）深化"思政课程"与"课程思政"协同育人效应的需要

习近平总书记在学校思想政治理论课教师座谈会上提出"这些年来，思政课建设成效是显著的……同时，我们也要看到，思政课建设中的一些问题亟待解决……各类课程同思政课建设的协同效应还有待增强"①。"思政课程"与"课程思政"都立足"以德育人、以文化人"的原则，致力于解决"培养什么样的人、为谁培养人"的根本问题。思政课重"德与红"，专业课程重"智与专"。把国家安全教育融入各类专业课程，做精"智与专"的同时注重情感价值的引导作用。从国家安全稳定的全局、大局出发教育引导学生，助推爱国情、强国志与报国行深度融合。由此有助于发掘课程思政增长点，实现"思政课程"与"课程思政"同向同行、同频共振，形成协同育人效应。

"坚持显性教育和隐性教育相统一"，"要挖掘其他课程和教学方式中蕴含的思想政治教育资源，实现全员全程全方位育人。既要有惊涛拍岸的声势，也要有润物无声的效果，这是教育之道"。② 对于理工类专业课，在课堂教学中，可以结合国家战略需求和前沿科技发展，以总体国家安全观为牵引，引导学生掌握云计算、人工智能、虚拟现实、基因编辑等前沿领域中涉及的伦理、安全、法治和社会治理等问题，寓价值观引导于知识传授之中。坚持显性教育和隐性教育相统一，是加快形成"大思政"育人格局的内在要求。

---

① 习近平. 在学校思想政治理论课教师座谈会上的讲话［EB/OL］.（2019 – 03 – 18）［2020 – 09 – 03］. https://www.xuexi.cn/lgpage/detail/index.html?id = 1346549353233555038&item_id = 1346549353233555038.

② 习近平. 在学校思想政治理论课教师座谈会上的讲话［EB/OL］.（2019 – 03 – 18）［2020 – 09 – 03］. https://www.xuexi.cn/lgpage/detail/index.html?id = 1346549353233555038&item_id = 1346549353233555038.

二、智能媒体赋能国家安全教育的问题挑战

当今，世界百年未有之大变局正加速演进，各种可以预见和难以预见的风险因素明显增多，国家安全已经成为摆在我们面前的现实突出问题。智能媒体深刻改变着人们交流信息的方式，影响青年大学生的价值取向和意识形态。高校国家安全教育是守护国家和人民安全的"盾牌"，然而目前高校国家安全教育依然面临严峻的挑战。

（一）国家安全意识观念尚未入脑入心

习近平总书记强调"必须坚决维护国家主权、安全、发展利益，教育引导各民族继承和发扬爱国主义传统，自觉维护祖国统一、国家安全、社会稳定"①。青年兴则国兴，青年强则国强。青年大学生的国家安全意识强弱、国家安全素养高低事关国家的兴旺盛衰和民族的生死存亡。

尽管智媒技术的发展使得信息传播可以突破时空限制，提高交流效率，但智媒平台掺杂大量良莠不齐的信息。精准推送技术加剧了"信息茧房"效应，造成信息"海量"却"闭塞"的局面。各种调查显示当前青年大学生还存在国家安全信息"闭塞"的问题。以粤港澳大湾区高校学生为例，调查结果显示有72.86%的学生认为国家安全的重点内容是国土安全，仅有10.48%的学生认为政治安全才是国家安全的核心。需要指出的是，根据我国对总体国家安全观的表述，其中政治安全在国家安全体系中是根本、是核心的内容。此外调查还显示，当被问及是否了解《国家安全法》时，结果较为糟糕。有87.86%的学生只是听说过，但是没有了解，更有7.63%的学生没有听说过。② 可见，许多青年大学生对国家安全内涵的掌握有待深化，政治敏锐性和政治鉴别力有待提高。

智能媒体使得信息的传播与交流更加多元、分散、隐蔽，影响国家安全的因素复杂多变。近年来外部势力将文化渗透的对象瞄准在校青年大学生。大学生被策反参与危害国家安全案件时有发生，比如"大学生为境外刺探、非法提供国家秘密"案。来自一所职业技术学院的陈某某，通过社交平台结识了境外人员"涵"。因抵挡不住金钱利诱，陈某某于"2020年3月至2020年7月间，按照'涵'的要求，多次前往军港等军事基地，观察、搜集、拍摄涉军装备及部队位置等信息，并通过微信、坚果云等软件发送给'涵'。陈某某先后收受'涵'转账的报酬共计人民币1万余元以及鱼竿、卡西欧手表等财物。经密级鉴定，陈某某发送给'涵'的图片涉及1项机密级军事秘密、

---

① 人民日报评论员. 坚定不移走中国特色解决民族问题的正确道路［N］. 人民日报，2021－08－30（01）.

② 许梓影，游镇立，等. 自媒体时代大学生国家安全意识调查——以粤港澳大湾区部分高校为例［J］. 公关世界，2022（6）：23－24.

2项秘密级军事秘密和2项内部事项"①。青年大学生的人生观、世界观和价值观还在形成时期，缺乏防范风险意识和维护国家安全的智慧，错误地认为国家安全离自己很遥远，在受到敌对势力诱骗、威胁时，容易成为"砧板上的可口食物"。

（二）国家安全教育内容尚未与时俱进

党的十九届五中全会审议通过的《中共中央关于制定国民经济和社会发展第十四个五年规划和二〇三五年远景目标的建议》首次明确强调要"统筹传统安全和非传统安全"。党的二十大报告指出，要"强化经济、重大基础设施、金融、网络、数据、生物、资源、核、太空、海洋等安全保障体系建设"②。这充分体现了当前国际国内环境所面临的深刻变化，是我国总体国家安全观的进一步升华。

当前，大数据、人工智能、云计算等领域的博弈正在全球展开。从非传统安全威胁来看，外来的和内生的恐怖主义、网络"黑手"、生化武器威胁等都需要引起我们的高度重视。2022年"中国国家计算机病毒应急处理中心近日就美国政府对各国开展网络攻击发出预警"，"美国在全球范围部署网络攻击平台"③。美国将武器平台"网络化"就是一种严重的非传统安全威胁，具体来说是一种严重的网络安全威胁。形形色色的非传统安全问题成为威胁国家安全与人民福祉的首要因素，青年大学生的国家安全教育尤其是非传统安全教育亟待加强。

然而，高校的国家安全教育内容相对滞后，大多停留在传统国家安全领域的教和学。对于智媒时代新生的非传统安全尤其是海外利益安全、网络安全和科技安全鲜有涉及。针对粤港澳大湾区高校学生对"中美贸易问题是我国的外交热点"了解程度的调查，"结果显示66.90%是一般了解，偶尔关注，仅有16.17%非常了解，并且时刻关注着，有14.05%听说过，没有深入了解过，甚至有2.86%完全没有了解过"④。可见，高校的国家安全教育内容尚未与时俱进，非传统安全的基础知识、资料案例、实践表现纳入不够，导致青年大学生对国家安全的内涵和外延认知不足。

（三）国家安全教学模式尚未创新优化

在教育工作方面，习近平总书记强调要"及时更新教学内容、丰富教学手段，不

---

① 张昊. 检察机关依法惩治利用网络或邪教组织危害国家安全犯罪［N］. 法治日报，2022 – 04 – 18（03）.

② 习近平. 高举中国特色社会主义伟大旗帜　为全面建设社会主义现代化国家而团结奋斗——在中国共产党第二十次全国代表大会上的报告［N］. 人民日报，2022 – 10 – 26（01）.

③ 张红. 美国政府网络"黑手"祸害世界［N］. 人民日报（海外版），2022 – 04 – 30（06）.

④ 许梓影，游镇立，陈署宜，等. 自媒体时代大学生国家安全意识调查——以粤港澳大湾区部分高校为例［J］. 公关世界，2022（6）：23 – 24.

断改善课堂教学状况，防止形式化、表面化"①。智能媒体为国家安全教育提供丰富多样的教学手段，有利于把国家安全观讲深、讲透、讲活，激发青年大学生学习总体国家安全观的积极性和主动性，使国家安全观念转化为信念，国家安全知识转化为能力。

然而，目前的国家安全教育教学模式仅局限于传统的灌输说教和平面宣传，难以适应学生的视听习惯。针对粤港澳大湾区高校学生的调查结果显示"只有32.14%的同学对学校的国家安全教育表示非常满意"②。学生不满意高校的国家安全教育，一方面是由于教学没有做到理论联系实际，没有聚焦"学生身边事、新鲜事、关心事"。因此，青年大学生难以激发学习总体国家安全观的内在驱动力，从而无法将总体国家安全观内化于心、外化于行。

另一方面，智媒网络平台的各种社会思潮对青年大学生日常学习生活的渗透无孔不入，但是高校的国家安全教育却没有牢牢占据网络的主阵地。日益多样的社会思想观念，日趋多元的社会价值取向，纷繁复杂的社会思潮冲击着青年大学生的主流价值观，部分学生受错误观点的影响和别有用心者的挑拨，国家民族认同感下降，爱国主义情感淡化，否定爱国与爱党、爱社会主义的统一性，从而漠视国家安全观的学习。党的二十大报告指出，"坚定维护国家政权安全、制度安全、意识形态安全……全面加强国家安全教育，提高各级领导干部统筹发展和安全能力，增强全民国家安全意识和素养，筑牢国家安全人民防线"③。因此，高校要创新优化国家安全教育教学手段，大力弘扬爱国主义主旋律，牢牢把握国家安全观意识形态阵地建设。

三、智能媒体赋能国家安全教育的实践进路

"安而不忘危，存而不忘亡，治而不忘乱"，居安思危是治国理政的重大原则。深入学习贯彻习近平同志关于维护国家安全和社会稳定的重要论述，必须充分发挥智能媒体赋能国家安全教育的优势，教育引导青年大学生时刻绷紧国家安全意识这根弦，增强维护国家安全的思想自觉、政治自觉和行动自觉。

（一）结合不同门类思政课程定位国家安全教育的特色点

党的二十大报告指出，"加强基础学科、新兴学科、交叉学科建设，加快建设中国

---

① 习近平. 在学校思想政治理论课教师座谈会上的讲话[EB/OL]. (2019 - 03 - 18)[2020 - 09 - 03]. https://www. xuexi. cn/lgpage/detail/index. html?id = 1346549353233555038&item_id = 1346549353233555038.

② 许梓影，游镇立，陈署宜，等. 自媒体时代大学生国家安全意识调查——以粤港澳大湾区部分高校为例[J]. 公关世界，2022（6）：23 - 24.

③ 习近平. 高举中国特色社会主义伟大旗帜 为全面建设社会主义现代化国家而团结奋斗——在中国共产党第二十次全国代表大会上的报告[N]. 人民日报，2022 - 10 - 26（01）.

特色、世界一流的大学和优势学科"①。"交叉学科建设"的践行，有利于从全方位、高层次、宽领域帮助青年大学生牢固树立和践行总体国家安全观。因此，必须结合横向上的同一学段内不同门类的思政课课程特点要求，统筹设计和定位国家安全观教育的特色内容。

智能媒体使青年大学生获取信息更加便捷，但也为历史虚无主义思潮的渗透提供了"温床"，具有特定政治目的的历史虚无主义思潮乘机而入。国家安全教育融入"中国近现代史纲要"课程正是牢记历史、抵制历史虚无主义思潮、守好意识形态建设主阵地的关键环节。此外，新时代以来，我国发生了伟大的历史性变革，取得了举世瞩目的成就。美国为了稳固世界霸权地位，持续推进亚太战略，将武器平台"网络化"，这对我国安全构成了重大威胁和严峻挑战。因此，"习近平新时代中国特色社会主义思想概论"课程教学肩负着教育引导青年大学生深刻领会习近平总书记关于总体国家安全观理论的重任。

（1）结合"中国近现代史纲要"课程。首先，要把国家安全历史教育有机融入近代中华民族屈辱史，使得青年大学生牢记近代中国被侵略被掠夺、中国人民被压迫被奴役的惨痛教训，认清近代中国"落后挨打"的根源，激发青年大学生维护国家安全的坚定决心。其次，国家安全历史教育要有机融入党领导人民维护国家安全的伟大斗争历史的内容，深入阐释只有中国共产党、社会主义才能救中国，才能发展中国的道理。引导青年大学生深刻明白"'治国常富，而乱国常贫'，安全是发展的前提"②，只有坚持和加强党的领导，坚持和发展中国特色社会主义，才能保障国家长治久安和社会稳定。

（2）结合"习近平新时代中国特色社会主义思想概论"课程。一方面，结合新时代国际、国内制约国家安全的因素等战略视阈来加深青年大学生对总体国家安全观的认识，引导学生认识到新时代国家安全利益早已超出了传统的国土、军事安全领域，扩展到科技、网络信息、生态资源等非传统安全领域。另一方面，讲深讲透习近平总书记关于总体国家安全观重要论述的核心要义，引导青年大学生深刻理解总体国家安全观的思想来源、核心内涵和时代意义，培养青年大学生成为维护国家安全的骨干力量。

对于其他高校思政课主干课程，也要探索科学方法，锚定总体国家安全观教育的特色点。诸如"思想道德修养与法律基础"课要结合反面案例进行法治教育，引导青

---

① 习近平. 高举中国特色社会主义伟大旗帜 为全面建设社会主义现代化国家而团结奋斗——在中国共产党第二十次全国代表大会上的报告［N］. 人民日报，2022－10－26（01）.

② 人民日报评论员. 落实全球安全倡议，促进世界安危与共［N］. 人民日报，2022－04－23（01）.

年大学生同一切危害国家安全的犯罪行为作斗争，肩负起维护国家安全的时代重任。"马克思主义基本原理概论"课要深入解析总体国家安全观内蕴的马克思主义原理，引导青年大学生运用马克思主义的立场、观点和方法来分析新时代国家安全形势和热点问题。"毛泽东思想和中国特色社会主义理论体系概论"课要深入解析前四代中国共产党领导集体维护国家安全的战略思想，从中汲取维护国家安全的历史智慧。

（二）结合国家安全热点问题将非传统安全融入国家安全教育

当今，"世界进入新的动荡变革期，我国国家安全形势不稳定性不确定性增大"①。科技安全、生物安全、海外利益安全等非传统安全威胁持续蔓延。然而，目前大部分高校没有在思想政治课程中系统讲授非传统安全，导致青年大学生对国家安全的认知仍局限于传统安全领域，对非传统安全问题不甚了解，对新时代党和国家的国家安全政策认知模糊。因此，结合国家安全热点问题将非传统安全融入国家安全教育，可有效引导青年大学生心系"国家事"，肩抗"国家责"。

党的二十大报告指出，要"健全生物安全监管预警防控体系"②。习近平总书记"把生物安全纳入国家安全体系，深化了我们对国家安全的战略认识"③。生物安全问题已经成为当今全世界、全人类面临的重大生存和发展威胁之一。此外，近年来中美关系持续动荡，科技安全已成为双边关系中最敏感、受关注度最高的非传统安全领域。2022年8月，美国政府以"国家安全"为由，对字节跳动在美业务进行调查。字节跳动在人工智能等领域拥有多项前沿技术，必将面临核心技术泄露的危险。可见，科技不安全，国家安全各领域都将受到重大威胁。因此，将生物安全与科技安全融入国家安全教育具有必要性和紧迫性。

（1）生物安全教育。高校开展生物安全教育正是保障我国的生物安全和人民生命安全的关键环节。将生物安全融入国家安全教育，首先，要以当下国内外发生的重大生物安全事件为背景，将新发突发传染病的防控、生物遗传资源流失的防范、生化武器威胁的防御等内容融入生物安全教育，引导青年大学生自觉学习《中华人民共和国生物安全法》，树立"大生物安全观"，增强防范化解重大生物风险意识。其次，利用智能媒体宣传我国有效应对突发性公共卫生事件的成果和中国对外的援助，展现新时代的中国精神、中国速度、大国担当。由此，创造性地将疾病预防和生物安全知识与培养学生社会责任感有机结合在一起，引导青年大学生自觉把个人命运同国家民族的

① 解放军报评论员. 推动形成全民国防教育工作新格局［N］. 解放军报，2022 – 09 – 02（01）.
② 习近平. 高举中国特色社会主义伟大旗帜　为全面建设社会主义现代化国家而团结奋斗——在中国共产党第二十次全国代表大会上的报告［N］. 人民日报，2022 – 10 – 26（01）.
③ 南方日报评论员. 深化对生物安全重要性认识［N］. 南方日报，2020 – 03 – 05（A02）.

命运深深融合在一起，构建起维护国家安全的屏障。

（2）科技安全教育。党的二十大报告指出，"以军事科技文化社会安全为保障"①。科技安全是国家安全的保障。在科技全球化浪潮中，我国科技发展迅速，同时科技安全也面临来自西方发达资本主义国家的威胁与挑战。高校推进国家科技安全教育是筑牢国家科技安全防线的必由之路。首先，以国家科技安全形势和前沿科技发展为背景，深入分析我国科技安全治理的内在机理和重大战略，引导青年大学生关注人工智能、5G、云计算等前沿领域中可能涉及的隐私保护、安全治理、伦理道德规范等安全问题，提升青年大学生国家科技安全素养和增强青年大学生国家科技安危意识。其次，部分青年大学生可接触到前沿核心技术，一旦有意或无意泄露机密，成了敌对势力的利用工具，就会严重危害国家科技安全。对此，思政课教学必须充分结合典型案例，用反面事实教育学生，引导青年大学生增强法治观念、增强风险防范意识和坚持底线思维，依法同一切危害国家科技安全的破坏行为作斗争。

对于其他非传统安全教育，诸如生态安全教育要以习近平生态文明思想和总体国家安全观为统领，深入阐释我国生态安全现状以及生态文明建设的战略构想，引导青年大学生知晓当前我国面临的生态威胁和治理困境，从思想上筑牢生态安全的防线，提高化解生态威胁和塑造安全生态环境的能力。"没有网络安全就没有国家安全"②，筑牢网络安全防线已成为维护国家安全和社会稳定的关键。网络安全教育要以当下网络新挑战为背景，深刻阐释新时代国家网络安全治理的目标任务、方针策略等重大问题，引导青年大学生自觉学习《中华人民共和国网络安全法》，增强网络安全意识，提高风险防范能力。海外利益安全教育要以波谲云诡的国际形势为背景，用好中国特色大国外交全面推进的历史进程这一生动的思政课教材，引导青年大学生学深悟透习近平外交思想，自觉肩负起建设祖国的使命，承担起为世界、为人类作贡献的责任。

（三）结合智媒技术筑牢国家安全教育在互联网的主阵地

党的二十大报告指出，要"推进教育数字化"③。"智能媒体依托全媒性、融媒性、智能性的传播特征，成为高校思想政治教育的重要技术力量"④。智能媒体为国家安全教育的创新带来新机遇，助力推进国家安全教育进课堂、进教材、进头脑，加快形成

---

① 习近平. 高举中国特色社会主义伟大旗帜　为全面建设社会主义现代化国家而团结奋斗——在中国共产党第二十次全国代表大会上的报告 ［N］. 人民日报，2022 – 10 – 26 （01）.

② 金歆. 全面贯彻落实总体国家安全观 ［N］. 人民日报，2022 – 09 – 20 （09）.

③ 习近平. 高举中国特色社会主义伟大旗帜　为全面建设社会主义现代化国家而团结奋斗——在中国共产党第二十次全国代表大会上的报告 ［N］. 人民日报，2022 – 10 – 26 （01）.

④ 周光玲，黄义灵，张品良. 论智媒时代高校思想政治教育的路径创新 ［J］. 学校党建与思想教育，2021（18）：24 – 26.

全员育人、全过程育人、全方位育人格局。要让国家安全教育牢牢占据互联网的主阵地，必须充分发挥智媒技术赋能国家安全教育的优势，设计开发与国家安全教育相配套的智能媒体资源。

（1）精准识别对象，精准供需对接。提高国家安全教育的针对性，精准识别对象是前提，精准供需对接是关键。坚持让数据"说话"、让数据"可视"的原则，借助大数据、云计算、人工智能等现代信息技术手段，精准识别教育对象的特征和个性化需求，精准供给适合教育对象需求的国家安全教育内容，以供给侧改革满足需求端变化，确保育人取得成效。

具体来说，依托"智慧思政"系统和大数据一体化平台对海量信息进行全方位采集和分析，集合"能够反映学生思想和行为特征的文本、图片、HTML、音频、视频等信息资源"[1]，在保护个人隐私的前提下，匹配青年大学生特定群体的内容偏好、心理特征和价值取向进行数字化画像，结合当下国家安全形势和社会热点话题，生成具有时代特征的国家安全教育话语元素，实现青年大学生国家安全素质发展从"要我提升"向"我要提升"的转变。

（2）利用智媒技术打造教育跨界场景。运用人工智能、机器学习、全息影像等智媒技术，打造线上场馆、元宇宙、虚拟课堂等集交互性、沉浸性、时代性和趣味性于一体的学习环境，让国家安全教学课堂实现移动化、场景化、可视化。将理论知识融入鲜活故事中，把静态的教材转化为生动的音视频，用学生喜闻乐见的方式把国家安全教育内容讲生动、讲形象、讲精彩，于无声处润心启智，从感性共鸣走向理性认同。

虚拟现实技术（VR技术）赋能国家安全教育具有其鲜明的时代性，在信息传播和共情体验上具有独特优势。突出表现在"VR技术能够从多角度为学生弥补无法到场的遗憾，提升思政智慧传播的及时性并满足个性化场景的传播需求"[2]。要探索利用VR技术进行党代会场景构建和全景直播，助力青年大学生提升对党的二十大的参与感和实时体验，由此加速总体国家安全观与青年大学生在思想上的碰撞与交融，产生情感共鸣。利用虚拟现实技术真正做到国家安全教育因地制宜、因时制宜、因材施教，有效引导"广大青年用脚步丈量祖国大地，用眼睛发现中国精神，用耳朵倾听人民呼声，用内心感应时代脉搏，把对祖国血浓于水、与人民同呼吸共命运的情感贯穿学业全过程、融汇在事业追求中"[3]，培养具有国家安全意识和维护国家安全能力的堪当民族复兴大任的时代新人。

---

① 崔建西，白显良. 智能思政：思想政治教育创新发展的新形态 [J]. 思想理论教育，2021（10）：83-88.

② 张清扬. VR助力高校思政教育的优势及路径 [J]. 传媒教育，2022（7）：79-81.

③ 杜尚泽，李翔，扬昊. 新时代，总书记这样寄望青年 [N]. 人民日报，2022-05-04（01）.

当前，我国安全形势面临内忧外扰的局面。作为国家安全教育的主阵地，高校应充分发挥智能媒体赋能国家安全教育的优势，充分发挥思政课的主渠道教育引导作用，由此综合提升青年大学生的国家安全素养，筑牢国家安全人民防线，推动中国特色国家安全道路越走越宽广、国泰民安的新篇章更加精彩辉煌。

党的二十大精神融入高校"思想道德与法治"课程教学的理论逻辑、实践遵循、现实路径

曾昊鹏*

　　"思想道德与法治"课程作为高校思想政治教育的主阵地、主渠道，将党的二十大精神融入课程教学，是做好思想政治教育工作的必然要求。当然，在"融入"之前，任课教师应厘清党的二十大精神融入"思想道德与法治"课程教学的理论逻辑、实践遵循与现实路径，为课堂作好充分准备。

一、党的二十大精神融入"思想道德与法治"课程教学的理论逻辑

　　在"思想道德与法治"课程教学中宣传党的二十大精神为何如此重要？将党的二十大精神融入"思想道德与法治"课程何以成为可能？党的二十大精神与"思想道德与法治"课程教学关系如何？准确分析上述问题，回答好"为什么融入"，是"思想道德与法治"任课教师在开展教学工作时的必要前提。

（一）学习贯彻宣传党的二十大精神事关党和国家事业未来发展

　　在中国共产党成立一百周年大会上，习近平总书记向全世界庄严宣告："经过全党全国各族人民持续奋斗，我们实现了第一个百年奋斗目标，在中华大地上全面建成了小康社会。"① 如今，我们正以昂扬的姿态，开启全面建设社会主义现代化国家新征程，向第二个百年奋斗目标稳步进军。党的二十大是在这样一个历史交汇的关键节点上召开的具有承上启下、继往开来意义的大会。习近平总书记在大会上深刻总结了过去五年的工作和新时代十年的伟大变革，从理论和实践的双重维度深入阐释了一系列新时代坚持和发展中国特色社会主义的关键问题，为中华民族伟大复兴擘画了崭新蓝图，为全面建设社会主义现代化国家指明了前进方向。

---

* 曾昊鹏，广东财经大学马克思主义学院 2021 级硕士研究生，主要研究方向为马克思主义基本原理。
① 习近平. 习近平谈治国理政：第四卷［M］. 北京：外文出版社，2022：3.

学习贯彻宣传党的二十大精神，是当前和今后一段时期的重要政治任务。统一全党全国各族人民思想、凝聚力量开展党的二十大部署的各项工作，事关党和国家未来发展，事关中国特色社会主义前途命运，事关民族复兴与人民幸福。高校思政课堂作为思想引领的重要阵地，高校思政课堂教师应高度重视党的二十大精神宣传，主动肩负责任，在高校中营造浓厚的学习宣传氛围，引领青年学子积极投入到对党的二十大精神的学习中。"思想道德与法治"课程作为思政课中的重要环节之一，应与其他几门思政课程相配合，贴合学生实际情况，把握学生思想动态，弘扬主旋律，增添宣传内容的感染力。切实提升党的二十大精神在高校思政课中的宣传效果。

（二）党的二十大精神与"思想道德与法治"课程具有内在关联

"全党要把青年工作作为战略性工作来抓，用党的科学理论武装青年，用党的初心使命感召青年，做青年朋友的知心人、青年工作的热心人、青年群众的引路人。"[①] 在党的二十大报告中，习近平总书记对青年工作作出重要指示，阐明了青年工作的地位作用、实践要求与职责使命。高校作为知识青年的聚集地，应高度重视青年学生的工作，引领学生坚定不移听党话、跟党走，在民族复兴的伟大征程中绽放绚丽的青春之花。

"思想道德与法治"课程是一门"融思想性、政治性、科学性、理论性、实践性于一体的思想政治理论课"[②]。该课程着力解答大学生在成长过程中遇到的道德与法治方面的问题，以马克思主义的立场、观点与方法，引导学生树立正确的人生观与价值观、坚定崇高信念、抱有弘远理想、磨砺坚强意志、继承优良传统、弘扬中国精神、培养法治意识、积极践行社会主义核心价值观，具备优秀的思想道德素质与法治素养，成为合格的新时代建设者与党和国家伟大事业的接班人，为民族复兴凝聚磅礴力量。"思想道德与法治"课程以生动的教学实践客观回应了党的二十大报告中对于"培养什么人、怎样培养人、为谁培养人"的根本问题，因而与党的二十大精神有着内在契合性。

从总体分析，党的二十大精神能够融入"思想道德与法治"课程教学表现在三方面。从课程性质与归属上看，"思想道德与法治"课程是高校思想政治理论课的重要组成部分，是担负着巩固马克思主义意识形态在高校中的指导地位，落实立德树人根本任务的关键课程，该课程是宣传党的二十大精神的重要平台。从课程教学培养过程来看，"思想道德与法治"课程遵循了培育青年远大理想、积极主动引导青年、鼓励青年

---

① 习近平. 高举中国特色社会主义伟大旗帜 为全面建设社会主义现代化国家而团结奋斗——在中国共产党第二十次全国代表大会上的报告［M］. 北京：人民出版社，2022：71.

② 《思想道德与法治（2021年版）》编写组. 思想道德与法治（2021年版）［M］. 北京：高等教育出版社，2021：10.

投身实践的青年工作逻辑,与党的二十大报告中对于青年工作的要求具有内在一致性。从课程教学内容来看,"思想道德与法治"课程的教学内容深刻体现了党的二十大报告中提出的物质文明和精神文明相协调的中国式现代化特征,符合"大力发展社会主义先进文化,加强理想信念教育,传承中华文明,促进物的全面丰富和人的全面发展"①的要求。

（三）"思想道德与法治"课程教学需要以党的二十大精神为指导

"思想道德与法治课程"教学需要任课教师准确把握正确的思想导向,坚持以马克思主义的立场、观点与方法,科学、严谨、准确地传授知识,凝聚学生共识,并为其答疑解惑。如果教师在教学中无法找到正确方向,将马克思主义庸俗化、将思想政治教育工作娱乐化,或是脑海中充斥着历史虚无主义、信念动摇,那么"思想道德与法治"课程将会误入歧途,造成不堪设想的严重后果。

为此,习近平总书记在党的二十大报告中关于文化自信自强部分的重要论述为"思想道德与法治"课程教学提供了根本性的指导。第一,要坚持马克思主义在意识形态领域的指导性地位,使社会主义意识形态具有极强的凝聚力与引领力。在"思想道德与法治"课程教学中,一定要坚定马克思主义的立场、坚守办好让人民满意的教育之初心、坚持从中国视角出发看待问题。第二,积极践行社会主义核心价值观,"深入开展社会主义核心价值观宣传教育、深化爱国主义、集体主义、社会主义教育,着力培养担当民族复兴大任的时代新人"②。第三,坚守中华文化立场,讲好中国故事。大力弘扬中华优秀传统文化,从中提炼中华文明之精髓,使学生继承中国精神,做忠诚的爱国者,做改革创新的生力军。

当前和今后一个时期,"思想道德与法治"课程教学迫切需要以党的二十大精神为指引,把准方向、把牢导向,以更具科学性、权威性与时效性的理论作为坚实支撑,更全面地贯彻党的教育方针、落实立德树人的根本任务。

二、党的二十大精神融入"思想道德与法治"课程教学的实践遵循

针对如何全面准确地学习贯彻党的二十大精神这一重要问题,习近平总书记在参加党的二十大广西代表团讨论时提出了"五个牢牢把握"的重要要求。这是对党的二十大精神最权威、最精准、最生动的辅导,是深入理解党的二十大精神的具体行动指

---

① 习近平. 高举中国特色社会主义伟大旗帜　为全面建设社会主义现代化国家而团结奋斗——在中国共产党第二十次全国代表大会上的报告［M］. 北京：人民出版社，2022：23.

② 习近平. 高举中国特色社会主义伟大旗帜　为全面建设社会主义现代化国家而团结奋斗——在中国共产党第二十次全国代表大会上的报告［M］. 北京：人民出版社，2022：44.

南。在党的二十大精神融入"思想道德与法治"课程教学的实践过程中，也应遵循"五个牢牢把握"原则，准确全面地领悟党的二十大精神，同时深入研读教材，找到二者间切实的"融入点"。

（一）牢牢把握过去 5 年工作和新时代 10 年伟大变革的重大意义，激励学生担当复兴大任

"新时代是我们理解当前所处历史方位的关键词。"①"思想道德与法治"教材的绪论部分指出当代青年同新时代共同前进，青年在新时代施展才干的空间广阔。青年在大学阶段将面临一系列重要的人生课题，对于这些问题的思考与体会将影响今后人生道路的选择，这就必然要求青年学子深刻了解自身所处的时代背景，在人生的新阶段阔步迈入新时代奔涌的洪流之中。党的二十大报告深刻总结了党的十九大以来的重要工作，以及新时代十年以来的伟大变革。五年以来，以习近平同志为核心的党中央统筹中华民族伟大复兴战略全局和世界百年未有之大变局，在各种不确定性因素增加的情况下审时度势，迎难而上，一次次化危为机，攻坚克难，取得了一系列举世瞩目的重大成就。新时代的十年来，党团结带领人民共同经历了三件具有重要意义的大事："一是迎来中国共产党成立一百周年，二是中国特色社会主义进入新时代，三是完成脱贫攻坚、全面建成小康社会的历史任务，实现第一个百年奋斗目标。"② 在课程教学中，应着重以这三件大事把握新时代的历史坐标，把握五年来与十年来的伟大变革，在时代的号角中使青年学子领悟到新时代中国梦属于每一个中国人，激励学生勇挑时代重任，为民族复兴接续努力。

（二）牢牢把握习近平新时代中国特色社会主义思想的世界观和方法论，坚定学生理想信念

"思想道德与法治"教材的第一章与第二章分别讲述了人生观与理想信念相关知识要点，并在第一章的第三节详细阐明了人生观与世界观、价值观之间的关系。世界观是一个人对于其生活世界的总体看法与根本观点，对人生观起着决定性作用。树立正确的人生观，离不开马克思主义科学世界观的指引。习近平新时代中国特色社会主义思想，是以习近平同志为核心的党中央团结带领人民在长期的探索与实践中，将马克思主义与中国具体实际相结合、与中华优秀传统文化相结合形成的重要理论成果，是马克思主义中国化时代化新的飞跃；是对马克思主义科学世界观与方法论的继承，更

---

① 《思想道德与法治（2021 年版）》编写组. 思想道德与法治（2021 年版）［M］. 北京：高等教育出版社，2021：2.

② 习近平. 高举中国特色社会主义伟大旗帜　为全面建设社会主义现代化国家而团结奋斗——在中国共产党第二十次全国代表大会上的报告［M］. 北京：人民出版社，2022：4.

是对中国特色社会主义理论体系的完善与发展。在实践教学中，应着重以习近平新时代中国特色社会主义思想的世界观引导学生思考人生目的、人生态度与人生价值等问题，引导青年树立正确的人生观，能够辩证看待个人与社会的关系，将个人目标与社会进步紧密结合，在实现社会价值的同时实现个人价值，从而在服务人民、奉献社会的高尚追求中，在积极进取的人生态度中坚定理想信念，在实现中华民族伟大复兴的中国梦的实践中放飞青春梦想。

（三）牢牢把握以中国式现代化推进中华民族伟大复兴的使命任务，提升学生综合认知水平

"党领导人民成功走出中国式现代化道路，创造了人类文明新形态，拓展了发展中国家走向现代化的途径，给世界上那些既希望加快发展又希望保持自身独立性的国家和民族提供了全新选择。"① 以中国式现代化全面推进中华民族伟大复兴是当前党的中心任务，党的二十大报告进一步阐述了中国式现代化的概念、特征与本质要求。党团结带领人民自力更生、艰苦奋斗，在现代化发展的进程中既保留了世界各国现代化的进步特征，又有效克服了以往现代化模式的顽瘴痼疾。在"思想道德与法治"课程教学中，应呼应以中国式现代化推进民族复兴的工作主题，在课堂案例分析中融入了中国式现代化的成果。例如在教材第四章第二节强调人民至上价值立场时，应强调中国式现代化在丰富人民精神世界、实现全体人民共同富裕、使人口规模巨大的东方大国整体迈进现代化社会的伟大成就；在潜移默化中提升学生对于中国式现代化的综合认知，进而提升其政治认同感。

（四）牢牢把握以伟大自我革命引领伟大社会革命的重要要求，启发学生锤炼自身

习近平总书记指出："经过不懈努力，党找到了自我革命这一跳出治乱兴衰历史周期率的第二个答案。"② 勇于自我革命是马克思主义政党的鲜明政治品格，党的十八大以来，以习近平同志为核心的党中央以强大的勇气与坚定的信念全面推进从严治党，刮骨以疗毒，猛药去沉疴，消除了一系列严重隐患，为朗朗乾坤、民安物阜提供了坚实支撑。"党的伟大不在于不犯错误，而在于从不讳疾忌医，积极开展批评和自我批评，敢于直面问题，勇于自我革命。"③ 这种勇于磨砺自身的优秀政党品格，能够启发学生在发展道路上保持清醒的头脑，时常反思自我不足之处，勇于正视缺点并加以改

---

① 中共中央关于党的百年奋斗重大成就和历史经验的决议［M］. 北京：人民出版社，2021：64.
② 习近平. 高举中国特色社会主义伟大旗帜　为全面建设社会主义现代化国家而团结奋斗——在中国共产党第二十次全国代表大会上的报告［M］. 北京：人民出版社，2022：14.
③ 中共中央关于党的百年奋斗重大成就和历史经验的决议［M］. 北京：人民出版社，2021：70.

正。"思想道德与法治"课程教材的第五章第三节"投身崇德向善的道德实践"部分，集中阐述了锤炼个人品德与践行道德修养的价值意蕴与实践遵循。在教学过程中应以党的自我革命精神激发学生正向道德认同与道德情感，强化其道德意志和道德信念，自觉克服困难，在砥砺中前行。"广大青年人人都是一块玉，要时常用真善美来雕琢自己，努力使自己成为高尚的人。"① 要使学生牢记总书记嘱托，慎独自律，在长期的实践中不断完善自身，成为品德高尚的人。

（五）牢牢把握团结奋斗的时代要求，厚植学生爱党爱国情怀

党的二十大报告指出："团结就是力量，团结才能胜利。全面建设社会主义现代化国家，必须充分发挥亿万人民的创造伟力。"② 必须清楚认识到团结奋斗是中国人民创造历史伟业的必由之路。在革命、建设、改革的历史进程中，党团结带领人民完成了一项又一项彪炳史册的成就，以伟大奋斗创造了百年伟业，今后也定能以新的伟大奋斗创造新的伟业。"思想道德与法治"课程教材第三章第二节提出了做新时代的忠诚爱国者的四点要求，即"坚持爱国爱党爱社会主义相统一""维护祖国统一和民族团结""尊重和传承中华民族历史文化""坚持立足中国又面向世界"。在教学过程中，应注重四点要求的内在联系，以中华民族共同体意识为主线，厚植学生爱党、爱国、爱社会主义的情怀，引领学生与党同心，将学生的思想统一到党的二十大精神中，从而更加紧密地团结在以习近平同志为核心的党中央周围，心往一处想，劲往一处使，共同描绘中国梦的同心圆，为民族复兴凝聚磅礴伟力。

三、党的二十大精神融入"思想道德与法治"课程教学的现实路径

在"思想道德与法治"课程教学实践中，任课教师应该思考怎样把党的二十大精神"融得好、融得深入、融得有效"等问题。近年来，"思想道德与法治"课程发展取得了一系列丰硕成果，但不能否认的是在教学实践中仍有不少难题亟待解决，应以学习贯彻宣传党的二十大精神为契机，在实践中推进"思想道德与法治"课程建设。

（一）创新"融入"教学方法

创新始终是思政教学中的主题，但简单的创新二字却包含了许多内在要求。创新绝非完全改变现有的课堂教学模式，绝非标新立异，绝非为了创新而创新。习近平总书记指出："推动思想政治理论课改革创新，要不断增强思政课的思想性、理论性和亲

① 习近平. 论党的青年工作［M］. 北京：中央文献出版社，2022：143.
② 习近平. 高举中国特色社会主义伟大旗帜 为全面建设社会主义现代化国家而团结奋斗——在中国共产党第二十次全国代表大会上的报告［M］. 北京：人民出版社，2022：70.

和力、针对性。"① 在将党的二十大精神融入"思想道德与法治"课程教学过程中，应以透彻的学理性、彻底的思想理论、真理的强大力量促进学生反思、解答学生困惑、引领学生进步。不可浮于表面、照读演示文稿，最终变成空喊口号。与此同时应着力增强课程的吸引力与课堂感染力，充分发挥学生的主体性。党的二十大精神与"思想道德与法治"课程的内容表述是严谨的，却包含着无比生动鲜活的社会景观。教学中应紧密联系日常生活实际，让学生切身感受到自身所处的新时代之伟大变革，激发学生的内生动力，以平等交流对话的形式突破传统思政课堂中教师单方面的说教形式，实现灌输性与启发性的融合。

（二）协调思政课程关系

高校本科思想政治理论课包含"马克思主义基本原理"课、"毛泽东思想和中国特色社会主义理论体系概论"课、"中国近代史纲要"课、"思想道德与法治"课和"形势与政策"课。当前和今后一个时期将党的二十大精神融入思政课是上述五门课程的共同主题，是所有思政教师关注的热点话题。若不对几门思政课程加以协调，不明确自身教学内容的重点，在课堂中出现大量重复内容，那么不仅会使党的二十大精神宣传的效果打折扣，也影响各个思政科目本身内容教学的效果。在全面准确把握党的二十大精神、找准其与"思想道德与法治"课程"融合点"的同时，也应找准"发力点"。在教研过程中，应以教材内容为参考，在人生观与价值观、中国精神与优秀文化、道德品格修养、法治意识培养等具有"思想道德与法治"课程内容鲜明特色的部分融入党的二十大精神，本课程教师应与其他课程教师相互协同，形成强大的思政课联动效应，避免党的二十大精神宣传过程中的碎片化与频繁重复。

（三）优化线上资源使用

"信息化为中华民族带来了千载难逢的机遇。"② 从具体上看，互联网的发展给课程教学提供了丰厚的资源，为"思想道德与法治"课的发展提供了更多的路径选择。目前绝大部分高校已开启和使用网络学习平台，以此充分发挥互联网的便捷性与时效性。在党的二十大精神融入"思想道德与法治"课程教学的过程中，也应当重视线上资源的使用，将线上优质的关于党的二十大新闻咨询、党的二十大精神解读文章、专家讲座、线上课程等资源即时传递给学生，拓宽学生学习渠道。与此同时也应从三个方面考虑，优化线上资源的使用：其一，让学生大量自主学习在线网课以替代大量课堂教学任务，将会弱化线下班级式授课制的作用，难以达到既定的教学目标。其二，教师

---

① 习近平. 习近平谈治国理政：第三卷［M］. 北京：外文出版社，2020：330.
② 习近平. 习近平谈治国理政：第三卷［M］. 北京：外文出版社，2020：305.

在使用线上教学资源时，应注重其内容与"思想道德与法治"课程的契合性，不让学生漫无目的地学习。其三，在与学生共享线上学习资源时，应注重内容的准确，注重内容质量的把控。互联网学习资源众多，质量参差不齐，需要教师严格把关，真正将内容精良的思政学习资源递到学生手中，印在学生脑海。

（四）开放课程实践平台

"学习是成长进步的阶梯，实践是提高本领的途径。"① 应探索一条将党的二十大精神融入"思想道德与法治"课程教学的新途径，即为学生搭建课程实践平台，任课教师可与其他思政教师协作，为学生创造实地走访、调研、撰写调查报告等参与社会实践的机会。让课后作业不再局限于论文与心得体会。引导学生投身实践，推进思政课堂与外部社会的进一步融合，使学生在社会实践中感受新时代的伟大变革与中国的伟大成就，进而坚定理想信念，自觉弘扬爱国主义、集体主义、社会主义思想。也可充分发挥校内资源，利用校园空间搭建实践平台。如开办党的二十大精神图片宣传展，组织学生报名参与宣讲团，又如开办党的二十大精神与思想政治理论演讲活动，将课堂延伸到生动的实践中，以实践反哺课堂教学，进一步提升教学效果。

（五）共享"融入"教学成果

党的二十大所作的一系列决策部署具有长期性，学习、贯彻、宣传党的二十大精神具有长期性，因而将党的二十大精神融入"思想道德与法治"课程教学也具有长期性。"思政课长期以来形成的一系列规律性认识和成功经验，为思政课守正创新提供了重要基础。"② 党的二十大报告中的一系列论述是最新的理论成果，党的二十大精神时效性极强，其在思政课中的宣传与运用还有待进一步研究。在进行"融入"教育过程中，应充分借鉴过往思政课教学经验，并及时与其他任课教师进行讨论，以教研形式共享教学经验与教学成果，发掘"融入"教学的实践策略，反思教学的现实困境，探索切实可行的解决方案，逐渐形成对于党的二十大精神融入课程教学的一般规律性认识，以论文、报告、研讨会等形式总结出一套具有普遍适用性的"融入"教学方案。将优秀案例与教学实践成果与其他任课教师共享，共同推进党的二十大精神融入"思想道德与法治"课程、融入思想政治课教学的水平，让每一位肩负使命的思政课教师在课程教学中做到游刃有余。

---

① 习近平. 论党的青年工作 [M]. 北京：中央文献出版社，2022：19.
② 习近平. 习近平谈治国理政：第三卷 [M]. 北京：外文出版社，2020：330.

"大思政"格局视野下的"生命化"德育导向及其实践

党的二十大报告指出:"全党要把青年工作作为战略性工作来抓,用党的科学理论武装青年,用党的初心使命感召青年,做青年朋友的知心人、青年工作的热心人、青年群众的引路人。"这意味着思想政治教育工作要贴近青年人的生命体验,进入青年的内心,要有亲切感和信任感,建立起与青年人的生命对话,从生命对话的角度为青年人理想道德的追求提供指引。反观某些脱离实际的德育目标,往往容易忽视现实社会和人发展的阶段性,使得现实的、活生生的人本身从道德教育中脱离出来,生命在道德教育中失语更间接导致了思政话语与现实生活的疏离。"大思政"格局育人要求思想政治教育始终紧跟时代步伐,与时俱进,坚持走进学生生活,立足现实实际。将"生命化"意识和价值指引融入"大思政"格局育人工作是符合新时代育人的要求的,也是新时代育人的体现。

一、"大思政"格局的育人要求

"大思政"格局下的育人工作指向通过全局性、全面性的、多方位协调的思想政治教育工作达到立德树人根本任务的目的,强调"确立起高校育人体系的'静—动''量—质''显—隐'的有机统一体"①,形成动态的育人格局,指引学生形成良好道德品质和政治方向,这与"生命化"德育倡导的生命互动、生命伴随、生命生长和生活回归的育人观念相契合,从人本身出发对育人的内容、方式和目的作出新的定义,将道德品质的培养提高到生命和终身学习的高度,并强调以生动的、多元化的方式使学生自觉地体悟道德,显隐结合、潜移默化地让观念进入到学生的精神世界中。

(一)立德树人的目标

思想政治教育,事关立德树人的根本任务,思政课要融入青少年终身学习、全方

---

① 刘兴平. 高校"大思政"格局的理论定位与实践建构 [J]. 思想教育研究,2018 (4):104 – 108.

位受教的过程中来对待。胸怀大格局，立"国之大志"、修"国之大德"、成"国之大才"。立德树人理念的树立为思想政治教育提供了根本的指引，立什么样的德归根到底是为了树什么样的人，落脚点在于培养人，是指向人的全面发展的教育过程。以立德树人为根本指引，强调德的重要性，通过系统深入的理论教育，引导学生树立坚定正确的理想信念、政治信仰和政治立场，树立正确的世界观、人生观和价值观。在"大思政"格局中，德育工作是生长的、生命的，是一种终身教育，在将正确的世界观、人生观、价值观传递给受教育者的同时，更要以生命对话的形式丰富人的内心世界、塑造独立人格尊严，从显隐结合中凸显道德生命伴随，培养时代新人。

（二）协同育人的模式

构建全员参与、全时贯穿和全域协同的思想政治教育的大格局和有效协同机制，打好组合拳，是贯彻习近平加强新时代高校思想政治工作体系建设指示精神，落实立德树人根本任务的保障。推动各领域、各环节、各要素协同育人，以增强思想政治教育的实效性。所谓全员参与，强调的是调动学校各个部门、各个成员参与思想政治教育工作的状态，思想政治教育不能仅仅由专职思想政治人员来讲，其他学科教学人员也要参与到工作中，发挥各门课程育德育人的积极作用，形成联系密切、全面协调参与的工作体系。所谓全时贯穿，主要强调的是扩大思想政治教育的育人场域，思想政治理论不仅要在课堂上讲，更要显隐结合，将思想政治教育渗透进学校、社会等一系列活动之中，并重视利用日常生活场域，生活就是一个多方面协同的关键育人场域，也是提供丰富育人材料的场所。所谓全域协同，主要强调的是社会、学校各类教学资源、路径和渠道及其作用的充分发挥，是对教育对象全面的关照，在利用好思政课堂的这个主渠道的同时，拓展其他各类教学资源领域，形成"课程思政""思政课程""网络思政""精准思政"等多方位育人的思想政治体系。

（三）亲和育人的方法

亲和力问题是思想政治教育的基本问题，也是决定思想政治教育效果的关键。"大思政"强调亲和育人，从提高吸引力、理论说服力和情感号召力来提升育人质量，"大思政"格局凸显亲和育人方法表现为：其一，凸显亲和的思政话语体系，用生动、生活的语言来讲道理，"讲理论要接地气，要让马克思讲中国话，让大专家讲家常话，让基本原理变成生动道理，让根本方法变成管用的办法"[①]，要感染青年，就要运用青年喜爱并接受的话语和活动方式；其二，重视生命化的相互关系构建，思想政治教育从本质上讲是思想的交往，那么教育主体与教育对象之间的相互关系尤为重要，只有双

---

① 习近平. 习近平关于社会主义文化建设论述摘编［M］. 北京：中央文献出版社，2017：100.

方相互信任，思想的交往才能走进人的心灵，所以"大思政"强调建立生命化的课堂、生命性的师生关系、生生关系，强调"要有仁爱情怀，把对家国的爱、对教育的爱、对学生的爱融为一体，心中始终装着学生，让思政课成为一门有温度的课"①；第三，强调理论贴近现实，加强思想政治话语的影响力，一方面必须从现实生活中人民的思想关切作为切入点，是否反映现实关切直接关乎思想政治教育的实际效果。另一方面，理论贴近现实意味着思想政治教育不是一味灌输冷冰冰的、一成不变的道德观念，而是一种思辨的、理性的知识性传授和能力性训练，以深刻、鲜活、丰盈的方式剖析历史和现实，从而促进教育对象行动与责任的生成。

二、"生命化"德育的价值旨归

"生命化"德育的概念是基于现行道德教育中存在的问题提出来的，也是在对德育生命性和规范性进行思考后作出的阐释，"生命化"德育就是要回归到尊重生命成长本身、回归到现实的生活世界，引导学生形成美好生活价值观，是真正将规范性、自由性和生命性融入德育的价值导向。

（一）"生命在场"的育人原点

"生命化"德育的价值指向思想政治教育的"生命伴随"，人于天地之间存在，是以生命自由自觉之行实现人的本质，人的生命存在是人的德性生成的基础。人的生命是具有双重本质的，一方面人是依赖于自然的肉身存在，"人是自然界的一部分"；另一方面，"意识的生命活动把人同动物的生命活动直接区别开来"②，人又是有意识的、精神的存在。物质性生命是一切道德产生的原点，而道德是属人的生命的精神和现实需要，是洞悉生命本质的重要表现形式，这就决定了促进生命的发展是德育的最初使命。德育只有作用于人的生命实践，才能是善的，从这个意义上来说，德育和生命是内在的融合在一起的，因而"大思政"育人要以"生命在场"的德育作为切入点。

"生命在场"是指在德育过程中以学生为中心、促进学生在动态的课堂与生活的成长中体验生命的独特性，从而达到德性的生命内化。"生命在场"作为一种教育理念和追求，应该贯穿于课堂教学的整个过程。德育是一种特殊的生命活动，只有当学生个体"生命在场"时，德育才能成为一个不断创造、不断生成、不断成长的生命过程。因而德育要求"生命在场"，在场的过程就是"愤悱"的过程，激活学生对于德育的求知和践行的欲望，再"愤以启之，悱以发之"，使得德育生命化。"生命在场"要表

---

① 习近平. 思政课是落实立德树人根本任务的关键课程［J］. 求是，2020（17）：7.
② 马克思. 1844年经济学哲学手稿［M］. 北京：人民出版社，2018：52－53.

达的是德育所趋向的"生命化"状态。首先,"生命化"是从个体生命角度出发,对人在德育中主体地位的确定,把学生当作是"有意识"的个体存在。对此南京师范大学的冯建军教授提出"必须把人当成'人'"。所谓把人当"人",就是在教育过程中,要依据生命的特性,尊重生命发展的内在逻辑和规律,创造适合生命发展需要的教育①,也就是要将德育作为哺育完整生命、激发生命动力、凸显生命之美的过程。其次,"生命化"也从德育的社会属性来进行阐释,贺彩艳、王东维指出"它通过对学生进行生命价值的引导和教育,让其对自己有一定的认识,对他人生命抱以珍惜、尊重的态度,从而对社会及他人富有爱心"②。对个体生命意识的张扬也意味着对他人生命的尊重,在社会道德的认同下完善生命也是"生命化"德育的使命;最后,德育的根基是生活,是在个体与社会的交集的场域中来实现的,因而"生命化"德育也从生活、生命活动的表现来诠释,"个体之所以能够从一个单纯的生物性存在成长为一个具有道德准则的人,全赖这个感性世界的教化。"③对德育方式的变革,必须从感性生活本身入手才能得到最好的解答。

(二)"生命引导"的育人取向

道德的引导性与规范性对于生命来说并不意味着压抑与遮蔽,相反应该是对人的应有的生命情态的体现,"成为一个人并尊重他人为人",黑格尔对于法的定义同样适用于德育。德育的"生命引导"是"认识你自己"进而"实现你自己"。道德是人的主体性意识的彰显,是人对自身主体性的觉悟,因而德育也从生命道德实践的规范出发引导"人的实现",是人全面发展中不可或缺的一部分。"认识你自己"存在着两条不同的进路,一是个体从自我身份来认识自我,譬如"吾日三省吾身"④,通过反思自我来达到德性的目的;二是通过审视我与他人的关系来认识自我,譬如"三人行,必有我师焉",以他人为对象,审视自我德性中存在的问题;德育"生命化"从"认识你自己"来讲,一方面是引导学生学会体悟道德,从而"富润屋,德润身,心广体胖,故君子必诚其意",从个体自我生命的经验,认识和践行德行,成为一个有诚意有道德的人,而不是背诵道德技巧的人;另一方面是通过活动、情境来引起学生生命的共鸣,对此习近平总书记强调:"'大思政课'我们要善用之,一定要跟现实结合起来。上思政课不能拿着文件宣读,没有生命、干巴巴的。鲜活的思政课素材,正是亿万中国人

---

① 冯建军. 论生命化教育的要义[J]. 教育研究与实验,2006(5):26.
② 贺彩艳,王东维. 生命化德育的内涵与教育体系[J]. 求索,2013(11):217-219.
③ 陈玉祥. 德育生活化目标的人本解析[J]. 现代大学教育,2010(5):65-69.
④ 论语·大学·中庸[M]. 陈晓芬,徐儒宗,译注. 北京:中华书局,2011:8,82,264.

已经书写和正在书写的时代篇章。"① 道德德性的教育不止于课堂知识的灌输，而是在一定的情境中实现的人与自我、人与人的精神和实践的互动。

"实现你自己"是"生命化"德育中，从关注生命成长的维度来思考道德教育的目的，自我实现既是自我生命目标、生命价值取向的实现，同时也是个体生命在社会中的自我实现。"人的自我实现的精神动力来自主观对人的社会发展客观要求的认识并进一步通过形成自我发展的价值目标形式表现出来"②，道德是体现社会对个人自我实现的评价标准，因而道德实践具有社会性、时代性和主体性。德育对"实现你自己"的引导，一方面在于鼓励个体追求生命化需要，形成良好的自我认同，树立美好生活价值观，实现个体"善"的目标；另一方面在于个体自我价值的实现亦是履行社会职责的途径，个体的"实现你自己"是在社会中的实现，因而德育也从社会发展的维度促进人与人生命共同体的发展。

（三）"生命完善"的育人追求

德育的"生命完善"是指德育引导生命实现自身的价值所在，实现美好生活的目标，"道德教育引导人去建构的是一种更好的生活。所谓更好的生活即较之现存生活更具人性的生活，是使人得以更好生成和发展的生活"③。"生命化"德育的根本旨趣在于关怀人的生命，关注人的生活，关心人的幸福，引导人们构建幸福美好生活，进而促进人的全面发展。雅斯贝尔斯指出，"教育首先是一个精神成长的过程，其次才是科学获知的过程。"④ 德育对精神世界层面的培育，是生命完善的重要部分。随着物质生活共同富裕的持续推进，精神生活的富裕已成为需要重点推进的内容，这也是德育符合新时代的体现。

道德的践行是幸福追求的途径之一，"我们把那些始终因其自身而从不因它物而值得欲求的东西称为最完善的。与其他所有事物相比，幸福似乎最会被视为这样一种事物"⑤，在《尼各马可伦理学》里，"善是最高的幸福"，而善是关乎自身的，而不是他物的目标，生命的价值导向就是这种"善"的生动诠释，进而指出实现善的德性实践是激励自我生命的，并走向自我生命完善的途径。德育的功能就是引导人树立起坚定的理想信念，从而为关乎自身的善而实践，进而成为生命德性化的过程，引导个人合

① "大思政课"我们要善用之（微镜头·习近平总书记两会"下团组"·两会现场观察）[N].人民日报，2021-03-07（01）.
② 吴倬.人的社会责任与自我实现——论自我实现的动力机制和实现形式[J].清华大学学报（哲学社会科学版），2000（1）：1-4，21.
③ 鲁洁.道德教育的当代论域[M].北京：人民出版社，2015：315.
④ 卡·雅斯贝尔斯.什么是教育[M].童可依，译.北京：生活·读书·新知三联书店，2021：29-30.
⑤ 亚里士多德.尼各马可伦理学[M].廖申白，译.北京：商务印书馆，2003：17.

于德性的现实生活展开的过程，根本目的是人在生活中获得好的体验，是生活的、生命的幸福。"所以德育给个体精神生命以尊重和激励，使他们认识到成为自己的必要性，同时也认识到他人的生命具有与自己的生命同等重要的意义与价值，通过自爱之心提升为爱人之心，最终引领他们过上更加美好的生活"①，这也是"生命化"德育通过对精神世界的完善，促进人的全面发展的过程。

三、"生命化"德育的现实路径

思想政治理论的课堂也是德育的课堂，"大思政"育人凸显德育的生命伴随性，因而要求思想政治教育理论课堂也是有生命的。"生命化"德育就是要将"生命化"意识融入"大思政"的育人工作中，通过表达置身于世界中的生命感受，带领学生参与到真正获得生命感受的活动中去，从课堂、实践中去审视道德是人与自我、人与人之间、人与社会间人性的沟通，从而成为他们自觉的生命信念。

（一）确立"生命化"德育的教育理念

"大思政"育人格局下德育是一项巨大的、复杂的生命工程，普及"生命化"德育的理念是践行"大思政"育人的重中之重，认识开展生命道德教育的必要性，施行德育生命化实践是迈向生命德育化目标的第一步。首先，贯彻践行"生命在场"的德育方式的理念，重视学生的生命经历和生命经验，将学生视为真切的生命主体，要意识到德育的影响是生命的影响。其次，德育要回到学生的生活世界中去，生活是生命的亲历和实践，是生命一种自为、自主的伸展，是活生生的人的生命的灵性的展开。生活是生命栖息之地，生命是生活的前提，德育必须是栖息于人的生活，服务于人的生活的育人活动。最后，设立合理化的德育目标和德育价值，"大思政"育人是从现实的人出发去考虑德性的培养，从人本身出发，了解人和认识人是践行德育生命化的原点。德育的对象是人本身，从这个意义上讲，德育价值和目标的设立应当符合人的本性，而"生命化"德育具有复归人性的积极意蕴，要求从多样化的角度审视德育工作中人的现实需求和人性之真，从"现实的人"出发来理解德育的方式、目的和价值。

（二）构建"生命化"的课堂

对生命存在的尊重，德育"生命化"从赏识生命、助力生命生长开始。叶澜教授指出，"教育是直面人的生命、通过人的生命、为了人的生命质量的提高而进行的社会

---

① 夏晋祥. "生命化德育"：理论价值与实践路径的探寻——以思想政治课课堂教学为视角〔J〕. 课程·教材·教法，2021，41（10）：93-98.

活动"①；在长期的规训与教化的传统道德教育里，学生更多地习惯依赖、被动和服从，缺少主动创造的道德品质。在思想政治教育理论课上，"抬头率"问题就是直观的体现。转变课堂单向对话的方式，是"生命化"德育得以施行的首要步骤。

创造"生命化"课堂的关键是实现课堂内容的多样化、互动化和生动化，构建具有人情味、情感亲切的生命性师生关系和生生关系，以"两课"为载体，将生命道德教育的内容、方式与价值观渗入到各类教学活动中，不但注重知性德育的培养，更在内容、方式上体现关怀生命的指向。开展丰富多样的德育实践活动，使学生在活动过程中体悟道德德性，理解道德德性的生命所在。对此习近平总书记在思想政治理论课教师座谈会上就指出"要注重启发式教育，引导学生发现问题、分析问题、思考问题，在不断启发中让学生水到渠成得出结论。这里面，会讲故事、讲好故事十分重要"②，讲好故事，是创建生命化课堂的重要形式，而学生倾听生命故事，是生发新的道德领悟的契机，"生命化"课堂应通过生动的叙事方式实现将过去的生命状态在当下显现，使一个干巴巴的道理成为一个"活的"生命跳动，通过各类生命故事以情动人、以理服人、以史育人，从而鼓励学生践行生命道德。

（三）形成"生命化"的育人评价机制

"立德树人"是德育评价标准，而生命的道德是不断生发的动态过程，因而思想政治教育的评价机制不应该从课本、某一个考核活动来进行确认，形成生命化的育人评价机制是思想政治教育实现"生命化"的关键环节。不再采用课堂单一的主观性评价和阶段定点式评价，而是在评价的过程中注重各评价主体与学生之间的沟通和互动，以从"知识"向"方法"转移，让学生从"被动"走向"主动"，使学生从"他律"走向"自律"，自觉在德育活动中不断认识自我、感知社会，这也是落实"大思政"育人工作所应有的评价机制。

一方面，从评价的主体是基于能动的、创造性的人本身来看，必须明确德育评价是为了实现德育的内化和践行，也就是促进人以及人的道德品格的健全发展和德性践行，"生命化"的德育要求德育评价是生命体验的一部分；另一方面，"生命化"的德育评价是对本体价值的回归，"育人"和"育德"是德育的本体价值，德育评价中一切的价值指向归根到底都必须符合"培养人"的首要目标，必须首先保障"培养人"的价值目标的实现。因此，透过德育本体价值的深刻认识，德育评价可以更好地整合和协调不同价值观，使德育工作更好地回归于培养人这一根本教育使命。

---

① 叶澜. 教育理论与学校实践 [M]. 北京：高等教育出版社，2000：136.
② 习近平. 思政课是落实立德树人根本任务的关键课程 [J]. 求是，2020 (17)：7.

（四）搭建多元化的"大思政"育人平台

"生命化"德育意味着生命的体验都可能会是德育的过程，因而只要有生命实践存在的地方就为体悟道德德性提供了生活材料。思政课教学的关键或直接任务，是要创造出适合学生的活动，挖掘出思政课教学中适用于道德实践的因素，增强思政课教学的开放性和实践性，留出时间与空间让学生进行感受多元性、生动性和生命性道德的活动。因而不仅课堂是生发德育的地点，其他场域的活动也为思想政治教育提供了丰富的经验材料。

数字化时代，网络在极大程度上拓宽了青少年的思想活动空间，并形成了独特的教育场域，产生了许多信息化、多元化的教育资源。智媒体正在重塑传统德育、思想政治教育的方式，以场景化、生动化的方式渗透在青少年的日常生活中，对青少年产生了极大的影响。搭建多元化的育人平台，要从青少年的日常活动场域入手，关注青少年在网络空间中的思想动态，利用好智媒体的优势，推动思想政治教育工作从内容和方式上同时代相适应，在利用好传统优势的同时发挥新媒体技术的先进作用，从而建设好多元化的"大思政"育人平台。

全球产业链重构背景下粤港澳大湾区的安全发展逻辑

张宝翠[*]

党的二十大报告强调："加快建设现代化经济体系，着力提高全要素生产率，着力提升产业链供应链韧性和安全水平。"[①] 确保产业链供应链稳定安全，既是新时代我国经济实现高质量发展的重要内容，也是构建国内国际双循环新发展格局的重要前提和保障。近年来，以美国为首的西方发达国家试图通过组建全球联盟，旨在加大对我国参与发达国家科技合作的限制[②]，我国既有依靠技术引进消化再创新的产业升级路径受到严重掣肘，参与全球产业链分工的"低端锁定"风险进一步加剧，产业链供应链安全问题已成为制约我国经济高质量发展的重要因素。

在全球产业链重构的背景下，作为中国区域经济发展的示范区，粤港澳大湾区（以下简称"大湾区"）的经济实力和发展不断迈上新台阶。党的二十大报告将国家安全提到"民族复兴的根基"[③] 这一新高度，意味着国家安全面向更加高远的发展视野，要求更加系统的格局建设。面对当前经济形势的新变化，为何要实现以新安全格局保障新发展格局、以新发展格局推进高质量发展？如何更好地维护经济安全？针对以上问题，本文试图揭示新时代大湾区的安全与发展的内在逻辑，并且从"外防""内稳"这两个角度阐释统筹大湾区发展和安全的现实路径，为大湾区共同筑牢国内外的经济安全防线提供参考。

一、大湾区适应经济形势新变化的现实考量

当前全球化产业链供应链重构已经成为世界经济发展的明显趋势，以习近平同志

---

[*] 张宝翠，广东财经大学马克思主义学院 2020 级硕士研究生，主要研究方向为马克思主义政治学。

[①] 习近平. 高举中国特色社会主义旗帜　为全面建设社会主义现代化国家而团结奋斗——在中国共产党第二十次全国代表大会上的报告 [M]. 北京：人民出版社，2022：28.

[②] 林梦，路红艳，孙继勇. 全球供应链格局调整趋势及我国应对策略 [J]. 国际贸易，2020（10）：19-25.

[③] 习近平. 高举中国特色社会主义旗帜　为全面建设社会主义现代化国家而团结奋斗——在中国共产党第二十次全国代表大会上的报告 [M]. 北京：人民出版社，2022：56.

为核心的党中央审时度势、作出重大决策，提出"要牢固树立安全发展理念，加快完善安全发展体制机制，补齐相关短板，维护产业链、供应链安全，积极做好防范化解重大风险工作"①。面对挑战，大湾区主动作为、化危为机，制定了一系列新的产业发展规划，旨在全力维护好产业链、供应链安全，推动经济高质量发展和区域经济协同发展。

（一）"挑战"：多重安全冲击与大湾区的发展困境

自 2018 年以来，美国政府肆意挑起大规模的对华贸易战，使得中美之间的经济关系由贸易摩擦转向全面的经济关系冲突，事实上，美国排除中国的全球产业链重置行动是"大变局时代美国霸权焦虑和霸权护持战略极端化的一个重要表现"②，目的是通过重塑全球产业链来阻碍中国产业发展、以复兴自身产业竞争力。在特朗普政府时期，美国的对华贸易战的手段是"加征关税"，如 2018 年美国根据"301 调查"的结果对价值近 3 000 多亿美元的中国商品加征了四轮关税。拜登政府对华经济竞争的主要手段则转为"供应链韧性战略"（Supply Chain Resilience Strategy）。在产业支持政策方面，拜登政府先后通过《2021 年基础设施投资与就业法案》《2021 年美国创新和竞争法案》《2022 年芯片与科学法案》《2022 年通胀削减法案》等，以"在岸生产"（on-shoring）的战略复兴美国本土的制造业；在产业外交层面，从特朗普时期的"全面脱钩"到拜登时期的"选择性脱钩"，"友岸外交""盟友外交""恰当外交"，聚焦于高技术产业与战略性资源产业，旨在重构以美国为中心的全球供应链立体网络。

在此发展趋势下，大湾区面临着来自客观和主观因素的安全问题和发展困境。其一，近年来全球分工生产的供应链问题从"效率（efficiencies）优先"到"韧性（resilience）优先"，即从"重效率"转变为"重安全"，由此导致近年来国内的外企工业企业数量骤减。外资把供应链（制造业）搬回本国生产，或是把原有的在华外企迁移到生产成本更低的越南、老挝等地。尽管这会损失效率，但也减少了对中国的依赖。其二，从外商供应链的组织模式来看，外资在制造业领域的投资减少导致国内的生产布局发生变化：制造业企业的参与方式正由内部垂直一体化逐步过渡为外部性合约供应商，即便体现了中国企业在生产环节具有一定的成本和效率优势，但也暴露其与全球产业链的黏性下降。历史地看，大湾区制造业的外资主要来源于香港的直接投资，如改革开放之初港商回侨乡办厂，其中大多数是"三来一补"的劳动密集型产业。由于近年来港资的来源和构成日益变得复杂（如国际资本、国内资本、本地港资等），传

---

① 中共中央宣传部　中央国家安全委员会办公室. 总体国家安全观学习纲要［M］. 北京：学习出版社，人民出版社，2022：57.

② 任平. 美国挑起贸易战的实质是什么［N］. 人民日报，2018-08-10（05）.

统的制造业投资故而也受到一定的影响。其三，除了外资在制造业比重下降的原因之外，外商掌握着制造业的高端领域也是重要的影响因素，即更多地从过去劳动密集型向技术密集型、资本密集型转变，原来的劳动密集型可能由本国企业承担。从国际环境来看，由于近年来大湾区土地、劳动力等要素成本有所上升，美日等外企纷纷从大湾区撤企，并转入成本更低的越南等地区。从大湾区自身来看，传统的"劳动密集型"产业陷入发展危机，世界各地信息科技、人工智能的全球化发展使各地的制造业企业进入科技竞争阶段。其四，虽然近年来大湾区制造业的集聚和专业化效应明显，但是城市之间产业的定位仍有模糊的表现，相互之间存在竞争的主观因素。可见，大湾区面临着多重的安全危机和发展困境。

（二）"机遇"：化危为机与"全方位守住安全防线"

"备豫不虞，为国常道……我们既要有防范风险的先手，也要有应对和化解风险挑战的高招，既要打好防范和抵御风险的有准备之战，也要打好化险为夷、转危为机的战略主动战。"[①] 面对防范与抵御风险，习近平总书记多次强调要"努力在危机中育新机、于变局中开新局"[②]。事实上，大湾区具备丰富的劳动力资源、综合立体的交通网络、规模的产业体系、强大的生产能力、巨大的内需市场等优势。其中，大湾区最大的优势是产业的生产能力，弱点则是缺乏核心技术，这种技术主要被西方发达国家所垄断。《粤港澳大湾区协同创新发展报告（2021）》显示，虽然大湾区同族专利持续增长领先东京湾区、旧金山湾区、纽约湾区，但其发明专利影响力仍有较大提升空间。[③]美国掀起的全球产业链重组和逆全球化对大湾区造成了双重的影响：一方面会使大湾区的产业链供应链遭受短期的冲击；另一方面，从长远来看，会刺激大湾区的产业进行自我研发，在突破"卡脖子"的核心技术之后或许会重归产业的内部垂直一体化，故而增强产业链供应链的韧性和安全能力是扩大内需的必然要求。由此可见，全球价值链重构或许对大湾区来说既是挑战又是机遇。

虽然"脱钩断链"等言论甚嚣尘上，但是大湾区近年来始终致力于提升产业链供应链韧性和安全水平，并颁布了多个文件以协同推进各城市产业链的一体化、专业化水平。在空间布局上，大湾区发展坚持极点带动、轴带支撑、辐射周边，推动大中小城市合理分工、功能互补，旨在进一步提高区域发展协调性，构建结构科学、集约高

---

① 习近平.提高防控能力着力防范化解重大风险　保持经济持续健康发展社会大局稳定［EB/OL］.（2019－01－22）.共产党员网，https：//www.12371.cn/2019/01/21/ARTI1548064520747640.shtml.

② 习近平.习近平谈治国理政：第四卷［M］.北京：外文出版社，2022：183.

③ 广州日报数据和数字化研究院（GDI智库）.粤港澳大湾区协同创新发展报告（2021）［EB/OL］.（2022－02－28）.人民网，http：//gd.people.com.cn/n2/2022/0301/c123932－35154030.html.

效的大湾区发展格局。如发挥香港—深圳、广州—佛山、澳门—珠海的带动作用，以发挥城市之间的引领力、影响力、辐射力。在完善城市群和城镇发展体系上，优化提升中心城市（香港、澳门、广州、深圳），发挥区域发展的核心引擎作用；建设重要节点城市（珠海、佛山、惠州、东莞、中山、江门、肇庆等），以深化改革创新来增强城市综合实力；发展特色城镇；建立健全城乡融合发展机制体制，推动建设具有岭南特色的宜居城乡。在交通基础设施建设上，广东省政府明确要求要加快大湾区之间的轨道交通智慧化建设，助推基础设施"硬连通"、科技创新"智联通"，打造世界级轨道交通品牌。《粤港澳大湾区发展规划纲要》也明确提出要"构筑大湾区快速交通网络"，"加快城际铁路建设，有序规划珠三角主要城市的城市轨道交通项目"①。在制造业转型上，广东坚持制造业立省不动摇，全面推动制造业高质量发展"六大工程"，制造业基础不断夯实巩固。据统计，在2022年的前三季度，广东规模以上工业增加值28 953.65亿元，同比增长3.4%，高技术制造业完成增加值8 500.75亿元，增长5.8%，制造业投资增长18.4%，产业链补链强链稳步推进②。正如习近平总书记所说的"要全方位守住安全底线"③，大湾区主动作为、化危为机，近年来在推动珠三角一体化的高质量发展中不断取得成效。在《粤港澳大湾区发展规划纲要》颁布三周年之际，2021年大湾区的经济总量约12.6万亿元人民币，较2019年增长了约9.35%；进入世界500强企业大湾区有25家；广东省现有高新技术企业超6万家；等等。④ 总体而言，美国试图主导的全球产业链重构，实质上表明了美国全球影响力相对下降的趋势，这恰恰是大湾区在推动珠三角产业一体化建设中应予以镜鉴和避免的。也即是说，统筹发展和安全是推动大湾区构建新发展格局、实现高质量发展的重要保障。

二、大湾区坚持统筹发展和安全的必要逻辑

"安全是发展的前提，发展是安全的保障。"⑤ 统筹发展和安全，既是大湾区经济发展的重要保障，又是新时代国家安全的必然要求。正如党的二十大报告明确提出要推

① 中共中央 国务院. 粤港澳大湾区发展规划纲要 ［EB/OL］. (2019 – 02 – 18). http://www. xinhuanet. com/politics/2019 – 02/18/c_ 1124131474. htm .
② 工业交通统计处. 2022年前三季度广东工业经济运行情况分析 ［EB/OL］. (2022 – 11 – 18). http://stats. gd. gov. cn/tjfx/content/post_ 4048571. html .
③ 习近平. 分析研究当前经济形势和经济工作 审议《关于十九届中央第九轮巡视情况的综合报告》［N］. 人民日报，2022 – 07 – 29 (01).
④ 广东省统计局 国家统计局广东调查总队. 2021年广东省国民经济和社会发展统计公报 ［EB/OL］. (2022 – 02 – 28). http://stats. gd. cn/tjgb/content/post_ 3836135. html .
⑤ 中共中央宣传部 国家发展和改革委员会. 习近平经济思想学习纲要 ［M］. 北京：人民出版社，学习出版社，2022：140.

进国家安全体系和能力现代化，并再次强调了"新安全格局"和"新发展格局"的重要性。进入新时代，大湾区要从"安全面向"和"发展面向"两个角度入手确保产业链供应链稳定安全，实现以新安全格局保障新发展格局，以新发展格局推动高质量发展。

（一）"安全面向"：以新安全格局保障新发展格局

习近平总书记在党的二十大报告中提出，"建设更高水平的平安中国，以新安全格局保障新发展格局"①，并从健全国家安全体系、增强维护国家安全能力、提高公共安全治理水平、完善社会治理体系四个方面作出明确部署。这充分体现出构建新安全格局的理念之"新"、举措之"新"，为大湾区营造有利于构建新发展格局的安全环境提供了根本遵循和行动指南。一是"新"在思想理念之系统性。新安全格局与新发展格局，是国家治理体系和能力现代化战略设计中的"一体两面"，要求贯彻总体国家安全观，统领两个大局，统筹发展和安全，把维护国家安全贯穿党和国家工作各方面全过程，为国家高质量发展奠定安全基础。二是"新"在安全发展之实践性。"明者因时而变，知者随事而制"。在新中国成立初期，党中央实施"安全优于发展"的战略，聚焦于政治安全领域；在改革开放时期，和平与发展成为时代的主题，邓小平同志提出"发展才是硬道理"，高度重视正确处理改革发展稳定的关系；进入新时代，世界正经历着百年未有之大变局，习近平同志强调保证国家安全是头等大事，坚持统筹发展和安全。党和国家在综合分析了当前国际国内形势，在深刻总结中国传统国家安全和维护国家安全实践的基础上，鲜明揭示了中国式现代化可能面临的各领域、各类型安全风险挑战，提出以新安全格局保障新发展格局，充分体现了马克思主义的实践品格。三是"新"在目标愿景之人民性。人民立场是中国共产党的根本政治立场，国家安全工作归根结底都是为了保障人民根本利益，使得人们群众获得感、幸福感、安全感更加充实、更有保障、更可持续。人民性成为新时代推进国家安全体系和能力现代化的鲜明特点。实践证明，以新安全格局保障新发展格局，蕴含着统筹发展和安全的重要战略思想，这完全符合中华民族伟大复兴新阶段对国家安全的新需求，从根本上为实现中国式现代化提供了理论支撑和实践保障。

大湾区为何要以新安全格局保障新发展格局？从安全层面来看，新安全格局是内外兼修的安全格局。就目前的形势而言，大湾区既要从多方面、多层次、多领域来防范化解来自市场性或非市场性的外部性挑战，又要从自身竞争力入手以高端技术赋能传统产业的转型发展，以提升产业基础能力和产业链现代化水平。首先，总体国家安

---

① 习近平. 高举中国特色社会主义旗帜　为全面建设社会主义现代化国家而团结奋斗——在中国共产党第二十次全国代表大会上的报告［M］. 北京：人民出版社，2022：56.

全观以人民安全为宗旨，坚持国家安全一切为了人民、一切依靠人民，为人民群众安居乐业提供坚强保障。大湾区构建新安全格局的初衷是坚持人民至上的立场，从提高公共安全治理水平、完善社会治理体系等多个方面提升人民群众的幸福感、安全感。其次，构建新安全格局有利于大湾区破解与美国等国家跨境数据流动规制的冲突，为加快传统贸易数字化改造、推动建设全球贸易数字化领航区创造良好的数字化营商环境。再次，构建新安全格局有利于大湾区维护经济安全。由此，大湾区从坚持深化供给侧结构性改革这条主线入手，全面优化产业结构，提升创新能力、竞争力和综合实力，进而"围绕产业基础高级化、产业链现代化，发挥协同联动的整体优势，把实体经济特别是制造业做实做优做强"①。最后，构建全域联动、立体高效的国家安全防护体系为坚持扩大内需的战略基点、建设全国统一大市场、形成国民经济良性循环、实现高水平的自立自强等营造了有利于构建新发展格局的安全环境。

（二）"发展面向"：以新发展格局推动高质量发展

发展是我国解决一切问题的基础和关键，新发展格局和高质量发展之间的共同点、落脚点都是"发展"。习近平总书记强调："构建新发展格局要牢牢守住安全发展这条底线。这既是构建新发展格局的前提和保障，也是畅通国内大循环的题中应有之义。"②近几年，市场和资源"两头在外"的国际大循环动能明显减弱，而国内大循环活力日益强劲。在这种情况下，坚持扩大内需这个战略基点，构建新发展格局，既是把握未来发展主动权的战略性布局，也是维护我国经济安全的必然之举。从以国内大循环为主体来看，加快培育完整内需体系是构建新发展格局的重要基础，主要是通过发挥内需潜力以更好地联通国内市场和国外市场，主要包括形成强大的国内市场、以高质量供给提高人们的消费能力和意愿、形成市场主导的投资内生增长机制，等等。从国内国际双循环相互促进来看，"经济发展格局要从外向型经济主导，转向国内循环和国际循环的良性互动"③，以更好地发挥国内国际两个市场的资源优势，促进内需和外需、进口和出口、引进外资和对外投资的协调统一发展。

2022 年 1 月至 10 月，中国进出口总值 34.62 万亿元人民币，比上一年同期增长 9.5%。其中，出口 19.71 万亿元，增长 13%；进口 14.91 万亿元，增长 5.2%；贸易

---

① 中共中央宣传部　中央国家安全委员会办公室. 总体国家安全观学习纲要［M］. 北京：学习出版社，人民出版社，2022：80.

② 习近平. 新发展阶段贯彻新发展理念必然要求构建新发展格局［EB/OL］.（2022 - 08 - 31）. http://dangjian. people. com. cn/n1/2022/0831/c117092 - 32516428. html .

③ 董志勇. 新发展格局与高质量发展的内在逻辑［J］. 北京大学学报（哲学社会科学版），2022，59（1）：128 - 136.

顺差 4.8 万亿元，扩大 46.7%。① 可见，出口的快速增长和进口的缓慢增长形成鲜明对比，贸易顺差扩大折射出我国经济发展和产业竞争力具有强大的韧性。在复杂多变的环境下，我国工业体系的强大韧性和潜力充分彰显，能及时、有效、灵活地顺应国内国际市场需求变化，不断形成新的出口佳绩。2022 年的前三季度，我国对"一带一路"沿线国家合计进出口 10.04 万亿元，增长 20.7%②。"一带一路"已经发展成为全球供应链稳定、开放、高效的重要支撑力量。当前，大湾区跨境电商领衔外贸新业态彰显强劲的活力和韧性，为促进全球贸易畅通，推动国际投资合作注入了新的动力。《广东省人民政府关于印发广东省推动服务贸易高质量发展行动计划（2021—2025 年）的通知》为大湾区进一步发展跨境电商产业提供了发展方向和政策支持。③ 截至 2022 年的前三季度，广东跨境电商进出口总额在突破 3 000 亿元的基础上，实现跨境电商综合试验区省内全覆盖，数量居全国第一。

三、大湾区要共同筑牢国内外经济安全防线

统筹发展和安全，既要坚持系统把握、抓纲带目的原则，又要坚持内外兼顾、开放共赢的原则。经济安全肩负着筑牢国家繁荣富强、人民幸福安康、社会和谐稳定等物质基础的重任，无疑是国家安全体系的重要组成部分，是国家安全的压舱石。在全球价值链重构的背景下，大湾区作为我国开放程度最高的区域之一，在各类经济安全风险挑战前更是首当其冲，因而成为维护国家经济安全的重点区域。因此，大湾区要从"外防""内稳"这两个角度共同筑牢国内外经济安全防线。

（一）"外防"：高度警惕境外三大领域的重大风险冲击

面对国内外复杂多变的安全和发展环境，我们更应坚持系统把握、抓纲带目的原则，对当下的境外三大风险领域展开研判，从而对大湾区面对经济安全的严峻形势形成清醒认识。第一，在金融安全方面，美国利用美联储加息、缩表等手段转移其经济金融化与产业资本积累产生的困境，进而使全球资本加速回流美国。第二，在能源和重要资源安全方面，美洲国家的战略资源国有化倾向会压制中国制造业的优化升级。新能源汽车直接牵动着新一轮大国产业与技术革命的基本格局，中国及其他主要国家都将发展高容量电池产业视为一场不能输的战略竞赛。由于发展高容量电池的关键材

---

① 中国海关总署. 今年前 10 个月我国进出口同比增长 9.5% ［EB/OL］. （2022 – 11 – 07）. http://www.customs. gov. cn//customs/xwfb34/302425/4668228/index. html .

② 中国海关总署. 今年前 10 个月我国进出口同比增长 9.5% ［EB/OL］. （2022 – 11 – 07）. http://www.customs. gov. cn//customs/xwfb34/302425/4668228/index. html.

③ 广东省人民政府关于印发广东省推动服务贸易高质量发展行动计划（2021—2025 年）的通知 ［EB/OL］. （2022 – 01 – 29）. http://www.gd. gov. cn/zwgk/jhgh/content/post_ 3802663. html .

料包括锂、钴和镍，目前中国对这三种矿产都高度依赖海外进口，导致国内的供应存在巨大风险。第三，欧美等国家对俄罗斯经济制裁的风波会延伸至我国的金融安全领域和产业链领域。随着欧美对俄制裁的扩大，俄方债务风险可能出现加速暴露，引发全球资本市场动荡，显著冲击我国金融安全。此外，俄罗斯是重要的大宗商品资源国，也是我国部分原材料的主要进口国，欧美对俄制裁所引起的国际贸易阻滞也可能对我国的相应生产链造成严重冲击。

针对境外三大风险冲击，我们既要坚持预防为主、标本兼治的原则，提前做好境外风险应急防范预案，也要积极践行内外兼顾并用的原则，夯实国内经济基本面，筑牢国外风险防线，在更高水平开放条件下维护大湾区的经济安全。第一，政府要建立激励约束机制以促进大湾区内的资金流通。事实上，大湾区内部现存三个相互独立的关税区（粤港澳大湾区、香港特别行政区、澳门特别行政区），还未实现资金的自由流动，进而无法把大湾区的各地优势和潜力融合优化。因此，要制定更多的优惠政策促进大湾区与港澳之间的金融服务合作、开发更多的融资管道和跨境金融，进而配合大湾区的产业链发展。第二，大湾区要从优化能源供应结构和强化能源储运体系入手确保能源和重要资源安全。一方面，从能源供应结构维度，要着重增强清洁、绿色、低碳能源供应；另一方面，从强化储运体系维度，要加快电网建设、大型石油储备基地和LNG接收站的建设来保证能源供应充足，确保对港澳能源供应的安全和稳定。第三，面对大宗商品价格大幅波动带来的不利影响，要全力做好大宗商品保供稳价工作。

（二）"内稳"：着力提升产业链供应链韧性和安全水平

除了应对来自外部的经济安全挑战，对于大湾区自身而言，必须坚持系统把握、突出重点的原则，从根本上消除重点区域的经济安全隐患。维护经济安全有利于更好地促进大湾区经济的持续健康发展，进而激发其全产业链、供应链的韧性潜能。

第一，在重视政府主导和塑造市场能力的前提下提升大湾区的产业链供应链现代化水平。中国特色社会主义制度为确保产业链供应链稳定安全提供了制度保障。大湾区要重视政府在经济社会发展方面的功能，特别是关于构建"新基建"的全产业链优势。在涉及国家安全的军工、能源、粮食、生态领域，应该发挥政府的主导作用，确保国家产业安全、国防安全、能源安全、粮食安全和生态安全。在诸如公路、铁路、电力等公共服务领域，应发挥政府的主导作用，辅之以市场的作用，不断释放居民的消费能力。在民生服务领域，应适时推动教育、医疗、住房、养老等社会领域的供给侧结构性改革，即强化政府的主导作用，辅之以市场的作用。

第二，在统筹发展和安全的基础上建设现代化经济体系。美国试图重构全球产业链，在形式上表现为贸易限制、产业外交，在实质上是要限制中国企业对前沿技术、高端装备和技术人才的吸纳能力。这就要求大湾区必须在发展好实体经济的基础上，重振产业体系，提高产业链水平，形成对美国断供的强有力反制和威慑能力。例如，实体经济在横琴粤澳深度合作区迸发新活力，其四大产业分别为科技研发和高端制造产业、中医药等澳门品牌工业、文旅会展商贸产业、现代金融产业。

第三，在提升内需总量和质量的基点上促进大湾区的创新链与产业链"双向融合"。当前，科技创新是经济社会发展的重要引擎，大湾区要想实现高端制造业的转型发展离不开加快攻克重要领域的"卡脖子"技术。只有实现高水平科技自立自强，才能把握竞争和发展的主动权，才能从根本上筑牢国家经济安全、国防安全和其他安全的防线。大湾区要围绕产业链延伸和创新链协同，布局重大跨境电商平台，既要推进大湾区与国际之间合作，又要推动创新要素向优势区域产业链集聚，从而打造一批占据科技竞争和未来发展制高点的创新型产业集群。

培育青年群体共同富裕认同感的路径分析

魏莎莎[*]

理论一经群众掌握，就会变成物质力量。习近平总书记在党的二十大报告中指出，"青年强，则国家强。当代中国青年生逢其时，施展才干的舞台无比广阔，实现梦想的前景无比光明"[①]。习近平总书记呼吁青年群体成为中国特色社会主义建设的接班人和建设者，为实现共同富裕而奋斗。新时代青年对共同富裕理念的理解和贯彻，是推进中国式现代化的重要前提，本文选取粤港澳大湾区青年为研究对象，着力开展探寻粤港澳大湾区青年群体对于共同富裕的群体态度调研，并展开分析，提出对策，以提高粤港澳大湾区青年群体对共同富裕的认同感、获得感和幸福感，筑牢大湾区青年共同的思想基础，打通粤港澳共同发展的"最后一公里"，积极推动粤港澳大湾区实现繁荣发展、共同富裕。

一、粤港澳大湾区共同富裕的发展现状与优势

（1）区位优势明显。粤港澳大湾区位于中国南部沿海，"三面环山，三江汇聚"，以泛珠三角区域为发展腹地，临近东南亚，这里地理位置优越，水陆空交通极为便利，拥有香港国际航运中心、世界十大港口之一的深圳港、香港港和广州港，以及香港、广州、深圳等亚太地区重要的航空枢纽，一个完整的现代综合交通运输体系正在加速形成，大湾区"1小时生活圈"也已基本形成，这有利于进行地域合作，促进粤港澳大湾区经济的迅速发展。

（2）经济实力雄厚。粤港澳大湾区经济实力雄厚，经济发展水平全国领先，是中国经济发展的火车头，也是中国经济活力最强的区域之一，其经济影响力位列世界四大湾区之首。截至2022年2月，粤港澳大湾区11个城市GDP已达到12.63万亿元，

---

* 魏莎莎，女，广东揭阳人，揭阳职业技术学院思想政治理论课教学部专任教师。

① 习近平：高举中国特色社会主义伟大旗帜　为全面建设社会主义现代化国家而团结奋斗——在中国共产党第二十次全国代表大会上的报告［M］．北京：人民出版社，2022：71．

比 2017 年增长约 2.4 万亿元，以全国不到 1% 的国土面积、5% 的人口总量，创造出全国 12% 的经济总量①，其经济体量早已超过美国纽约湾区。

（3）产业体系完备。粤港澳大湾区产业体系完备，既有先进制造业、现代服务业、传统金融业，也有强劲的高科技产业。同时，粤港澳大湾区产业梯队明显，其中，香港是世界金融、航运、贸易中心和国际航空枢纽，澳门则是国际自由港和世界旅游休闲中心，广州则是久负盛名的国际商贸中心和综合交通枢纽，深圳是以高新技术产业主导的国际科技创新中心，东莞是世界工厂和"制造之都"，珠海、佛山、中山等作为大湾区重要节点城市，制造业基础雄厚，产业格局各具特色。重大产业的集群优势为大湾区经济的发展带来了强劲的动能，成为中国建设世界级城市群和参与全球竞争的重要空间载体。

（4）国家政策支持。推进粤港澳大湾区建设，是习近平总书记亲自谋划、亲自部署、亲自推动的一项重大国家战略，也是推动"一国两制"事业发展的新实践。以习近平同志为核心的党中央高度重视粤港澳大湾区的发展，党的二十大报告强调："推进粤港澳大湾区建设，支持香港、澳门更好融入国家发展大局，为实现中华民族伟大复兴更好发挥作用。"② 2019 年发布的《粤港澳大湾区发展规划纲要》指出，粤港澳大湾区不仅要建成充满活力的世界级城市群、国际科技创新中心、"一带一路"建设的重要支撑、内地与港澳深度合作示范区，还要打造成宜居宜业宜游的优质生活圈，成为高质量发展的典范。

二、粤港澳大湾区青年群体对于共同富裕的群体态度分析

习近平总书记明确指出"共同富裕，是马克思主义的一个基本目标"。他在党的二十大报告中也强调："中国式现代化是全体人民共同富裕的现代化。共同富裕是中国特色社会主义的本质要求，也是一个长期的历史过程。我们坚持把实现人民对美好生活的向往作为现代化建设的出发点和落脚点，着力维护和促进社会公平正义，着力促进全体人民共同富裕，坚决防止两极分化。"建设共同富裕是中国式现代化的发展方向，也是青年承担的重大时代使命。粤港澳大湾区的青年群体基于共同富裕所呈现出来的态度不尽相同，大致可概括为以下类型：

（1）积极乐观型。2020 年是我国脱贫攻坚战的收官之年，已取得了全面脱贫的伟

---

① 粤港澳大湾区三周年：奋力打造高质量发展典范［EB/OL］.（2022 – 06 – 23）［2022 – 06 – 28］. https://www.thepaper.cn/newsDetail_ forward_ 18702433.

② 习近平. 高举中国特色社会主义伟大旗帜 为全面建设社会主义现代化国家而团结奋斗——在中国共产党第二十次全国代表大会上的报告［M］. 北京：人民出版社，2022：58.

大成就，全面脱贫是我国全面建成小康社会的底线目标。2021年7月1日，习近平总书记在庆祝中国共产党成立100周年大会上庄严宣告，我们在中华大地上全面建成了小康社会。全面建成小康社会是实现共同富裕的重要基础，也是真正落实共同富裕的关键理念，只有全面小康才能为共同富裕奠定扎实的基础。党的二十大报告中明确指出我国已"完成脱贫攻坚、全面建成小康社会的历史任务，实现第一个百年奋斗目标"[①]，这意味着我国向共同富裕又迈进了坚实的一大步。

1949年新中国成立以来，特别是1978年改革开放以来，广东作为中国改革开放的第一省，是改革开放的先行者、开拓者和引领者，连续30多年经济总量全国排名第一，"广东奇迹"举世瞩目。粤港澳大湾区的青年群体身处这样一个经济发达的沿海地区，他们的家庭总体来说相对比较富裕，生活水平质量较高，家庭家风家教良好，物质生活和精神生活都比较丰富，他们更加注重提升知识素养、投身社会实践、引领社会文化风尚、追求美好幸福生活，始终保持着积极昂扬的生活态度和奋斗精神。因此，他们中的大多数群体对于共同富裕目标的实现都充满信心和希望，抱有积极乐观的态度。

（2）理性中立型。党的二十大报告中提出："到2035年，我国发展的总体目标是：人民生活更加幸福美好，居民人均可支配收入再上新台阶，中等收入群体比重明显提高，基本公共服务实现均等化，农村基本具备现代生活条件，社会保持长期稳定，人的全面发展、全体人民共同富裕取得更为明显的实质性进展。"[②]党的十九大报告也提出，到2050年，全面建成社会主义现代化强国，全体人民共同富裕基本实现。社会主义共同富裕思想，是邓小平理论的重要内容，他吸取了过去的经验和教训，总结出共同富裕是人民大众最终达到富裕，但绝不是"同时富裕、同步富裕、同等富裕"，我们要允许一部分人一部分地区先富起来，先富的帮助后富的，不搞"杀富济贫"，从而逐步实现共同富裕的结论。当前，我国社会的主要矛盾转化为人民日益增长的美好生活需要和不平衡不充分的发展之间的矛盾。青年群体应把促进全体人民共同富裕摆在更加重要的位置，更加自觉、更加坚定地将人民对美好生活的向往作为奋斗目标，坚持走高质量发展的道路，坚信美好生活都是奋斗出来的，只有努力奋斗才能梦想成真。因此，粤港澳大湾区青年群体中很多人都保持着理性中立的态度，认为实现共同富裕是一个在动态中向前发展的渐进过程，不可能一蹴而就，也不可能齐头并进。我们要

---

① 习近平. 高举中国特色社会主义伟大旗帜　为全面建设社会主义现代化国家而团结奋斗——在中国共产党第二十次全国代表大会上的报告［M］. 北京：人民出版社，2022：4.

② 习近平. 高举中国特色社会主义伟大旗帜　为全面建设社会主义现代化国家而团结奋斗——在中国共产党第二十次全国代表大会上的报告［M］. 北京：人民出版社，2022：24.

坚持稳中求进、久久为功，尽力而为，要深入研究不同阶段的目标，分阶段促进共同富裕。

（3）消极悲观型。我国目前仍是世界上最大的发展中国家，仍处于并将长期处于社会主义初级阶段。在这一阶段实现共同富裕，要充分估计实现共同富裕的长期性、复杂性和艰巨性，同时，中国是一个人口大国，人口基数大，但目前个人收入差距较大，贫富差距悬殊，主要体现在城乡收入差距过大、行业收入分配不均和东西部发展不平衡上，而贫富分化加剧有可能造成中国社会"两头过大，中间小"的凹陷型结构。因此，要实现全体人民共同富裕绝非易事。再者，中国传统文化充斥着平均主义思想和小农意识，也极大影响着人们对共同富裕的理解。有的青年群体对共同富裕的认知还不是很充分，他们认为，共同富裕就是每个人拥有的财富是均等的，是平均主义的同等富裕，不然怎么能称为共同富裕。在此国情之下加之对共同富裕内涵的错误理解，致使一部分粤港澳大湾区青年认为实现全体人民共同富裕是一个非常艰难而又长久的过程，对实现共同富裕的信心不足，持有怀疑、悲观和消极的态度。

三、粤港澳大湾区青年群体对共同富裕持有中立或消极态度的原因

表1、表2分别展示了广东省2016—2021年城镇和农村居民家庭人均收入基本情况，可以看出广东省城镇和农村居民家庭人均收入呈逐年增长趋势，但农村居民家庭人均收入和城镇居民家庭人均收入相比仍有较大差距。

表1 广东省2016—2021年城镇居民家庭基本情况

指标	2016	2017	2018	2019	2020	2021
调查户数（户）	5 542	5 477	5 550	5 550	5 550	5 550
平均每户常住人口（人）	2.83	2.87	3.18	3.21	3.23	3.35
平均每户就业人口（人）	1.66	1.67	1.73	1.73	1.69	1.77
人均可支配收入（元）	37 684.3	40 975.1	44 341.0	48 117.6	50 257.0	54 853.6
1. 工资性收入	27 965.3	30 087.3	32 180.1	34 151.9	35 429.3	38 605.8
2. 经营净收入	4 203.9	4 560.8	4 872.6	5 473.8	5 237.3	5 855.2
3. 财产净收入	4 374.8	5 077.2	5 816.6	6 686.2	7 425.9	8 020.1
4. 转移净收入	1 140.3	1 249.8	1 471.7	1 805.7	2 164.4	2 372.5

数据来源：《广东统计年鉴2022年》，http://tjnj.gdstats.gov.cn:8080/tjnj/2022/directory/10/html/10 - 08.htm。

表 2 广东省 2016—2021 年农村居民家庭基本情况

指标	2016	2017	2018	2019	2020	2021
调查户数（户）	2 612	2 605	2 350	2 350	2 350	2 350
平均每户常住人口（人）	3.69	3.65	3.45	3.47	3.45	3.74
平均每户就业人口（人）	2.07	2.03	1.81	1.76	1.72	1.88
人均可支配收入（元）	14 512.2	15 779.7	17 167.7	18 818.4	20 143.4	22 306.0
1. 工资性收入	7 255.3	7 854.6	8 510.7	9 698.7	10 613.5	12 765.0
2. 经营净收入	3 883.6	4 118.6	4 432.7	4 446.9	4 584.9	5 438.8
3. 财产净收入	365.8	414.8	448.9	541.0	616.1	795.3
4. 转移净收入	3 007.5	3 391.7	3 775.5	4 131.7	4 328.9	3 306.8

数据来源：《广东统计年鉴 2022 年》，http://tjnj.gdstats.gov.cn：8080/tjnj/2022/directory/10/html/10－15.htm.

（一）个人及家庭状况的影响

2020 年，脱贫攻坚战如期打赢，意味着中国已完成了全面建成小康社会的底线任务，国内生产总值超过 100 万亿元，人均国内生产总值超过 1 万美元，城镇化率超过 60%，中等收入群体超过 4 亿人。[①] 这意味着我国在实现共同富裕的道路上又前进了一大步。尽管目前大家均已达到了全面脱贫的小康水平，但是很大一部分人距离富裕水平还有一段距离，个人收入差距较大，"未富"群体仍占据一大部分比例，这一部分"未富"群体的家庭整体收入水平不高。由于家庭整体收入的限制，他们对于生活水平的满意程度不会很高，对社会的判断也不会很积极，对家庭家教家风的建设也不会特别重视。受家庭整体氛围的影响，这部分家庭的粤港澳大湾区青年群体对全体人民共同富裕的实现大多持中立或消极的态度。

（二）学校教育的缺失

青年群体个人成长路上除了深受家庭教育影响之外，他们后天受到最多的教育便是学校教育了。学校教育他们的品质、思想、知识以及能力，力图培育他们成为德智体美劳全面发展的当代新青年。然而当下部分青年群体对于共同富裕内涵的理解还不到位，他们认为共同富裕是无差别的同时富裕、同步富裕、同等富裕。这便是学校教

---

① 兰琳宗. 以坚实国力从容应对风险挑战［EB/OL］.（2022－04－06）. https://www.ccdi.gov.cn/pln/202204/t20220406_ 184307.html.

育的缺失，没有让学生正确理解共同富裕的内涵，认识到共同富裕不是少数人的富裕，而是全体人民都富裕；认识到共同富裕不是无差别的平均富裕，而是普遍富裕基础上的差别富裕；认识到共同富裕不是单一的物质富裕，而是物质生活和精神生活的全面富裕；认识到共同富裕不是整齐划一的同步富裕，而是部分到整体的逐步富裕；认识到共同富裕不是短期就能实现的富裕，而是需要长期努力奋斗才能实现的富裕。除此之外，部分学生头脑中的中国传统文化的小农意识根深蒂固，而今大部分学校过于重视传授学生基础文化知识，未能及时关注学生的思想教育，没能改变他们浓厚的小农思想使之领悟共同富裕的内在本质。

（三）舆论引导的不足

青年群体除了受到家庭和学校的影响较大外，还会受到外界社会舆论的影响。当前处于高速发展的信息时代，社会舆论的传播速度飞快，影响面广，因而社会舆论的影响和作用越来越大，它犹如一把双刃剑，既有积极的影响，又有消极的影响，可分为正向舆论和负向舆论。正向舆论既可反映社会规律、促进社会稳定发展，又可促进政治稳定和政权稳固，它作为革命的先导，引导人们认识真理和掌握真理，维护绝大多数公众的利益。而负向舆论则违背真理、歪曲事情的真相、蛊惑人心、违背社会规律和大多数公众的利益，它的产生具有明显的阶级属性，落伍的社会势力会制造负向舆论，用以攻击进步力量，迷惑广大群众的眼睛。粤港澳大湾区青年群体身处国内经济发达地区，接收到的来自国内外的社会舆论较多，西方反华势力利用互联网对中国进行恶意抹黑、诽谤造谣和蓄意煽动，并对青年群体进行舆论和文化渗透，掀起阵阵舆论逆流，造成一部分大湾区青年对共同富裕认知的扭曲，无法辨别事情的真相，也致使他们对我国实现共同富裕的信心不足、持消极悲观的态度。

四、提高粤港澳大湾区青年群体对于共同富裕认同感的对策路径

鉴于仍有部分粤港澳大湾区青年群体对于共同富裕的实现持有悲观消极的态度，本文对此现象展开一系列分析并提出以下对策路径：

（一）注重家风家教建设

党的二十大报告指出："提高全社会文明程度。实施公民道德建设工程，弘扬中华传统美德，加强家庭家教家风建设，加强和改进未成年人思想道德建设，推动明大德、守公德、严私德，提高人民道德水准和文明素养。"[①] 天下之本在国，国之本在家。家

① 习近平. 高举中国特色社会主义伟大旗帜　为全面建设社会主义现代化国家而团结奋斗——在中国共产党第二十次全国代表大会上的报告［M］. 北京：人民出版社，2022：44.

庭是社会的基本细胞，是人生的第一课堂，是一个人成长的重要场所，而家风家教则是家庭的重要组成部分，也是家庭最宝贵的财富。家风家教非小事，自党的十八大以来，党中央高度重视家风家教建设，习近平总书记也多次强调优良家风家教的重要性。家风家教是中国传统文化和伦理道德在家庭中的传承和体现，对个人行为品质的塑造以及世界观人生观价值观的形成都发挥着至关重要的作用。家庭教育是人生整个教育的基础和起点，是学校教育和社会教育的重要基础，因而家风家教在培育个人品德方面比起学校教育和社会教育有着非常显著的优势。

优良的家风家教不仅关系到个人健康成长，还关系到社会和谐进步乃至国家稳定繁荣。优良的家风家教有利于传承优秀文化，满足人民的精神文化需求；有利于建设和谐社会，增强基层社会的治理；有利于建设和谐家庭，培养家庭成员待人接物的态度；有利于满足个人发展的需要、提高个人的思想政治素养以及促进个人形成良好的道德品行。

因此，对实现共同富裕抱有中立或消极态度的粤港澳大湾区的部分青年群体应重视对他们的家庭教育和家风家教建设，让家庭美德和优良家风家教作为无言的教育、无声的力量，在日常生活中潜移默化地影响每一位家庭成员，帮助青年群体树立正确的世界观、人生观、价值观和奋斗观，从而为共同富裕奠定良好的思想基础，让共同富裕的思想观念在每个家庭落细落小落实，融入家庭日常生活。引领广大家庭在弘扬中华民族传统家庭美德的同时，升华爱国爱家的家国情怀，建设相亲相爱的家庭关系，体现共建共享的家庭追求，大力推进家庭文明建设，培养社会主义家庭文明新风尚，以优良家风家教引领社会风尚、塑造国民精神，让家庭成为培育和践行共同富裕思想观念和奋斗目标的摇篮。

（二）强化学校教育

教育是国之大计、党之大计。教育既是国强民富的动力基础，更是全体人民共享富裕的内涵基础。在我国，促进人的全面发展是教育的最终目标，而学校教育是个人一生所受教育中最重要的组成部分，是帮助学生形成正确的思想观念、培养良好个性习惯、掌握专业知识能力的重要途径，在学生的成长发展过程中是不可或缺的。习近平总书记在党的二十大报告中指出："办好人民满意的教育……全面贯彻党的教育方针，落实立德树人根本任务，培养德智体美劳全面发展的社会主义建设者和接班人……深化教育领域综合改革，加强教材建设和管理，完善学校管理和教育评价体系，健全学校家庭社会育人机制。加强师德师风建设，培养高素质教师队伍，弘扬尊师重教社会风尚。"① 在这里，他重申了党的教育方针并强调了学校教育的重要性。中国特色社会主义共同富裕强调共同奋斗，是通过提升人的能力来推进共同富裕，这在根本上还是要靠学校教育，通过教育让社会所有人获得必备的学识和能力。

因此，我们需重视学校教育的地位和作用，强化学校教育建设，积极探索培育新时代粤港澳大湾区青年群体对于共同富裕正确价值观的具体路径：

（1）深化理想信念，加强教育引导。习近平总书记指出"促进共同富裕与促进人的全面发展是高度统一的"，从而深刻揭示了人的全面发展与共同富裕之间的内在逻辑关系。当前，一个人要想获得全面发展，便不能脱离学校教育。学校教育应帮助青年群体深化共同富裕的理想信念，教导青年群体自觉遵循社会主义核心价值观的引领，将理想信念和价值观念转化为情感认同和行为习惯，同时内化于心、外化于行地将其贯穿至精神文明建设的方方面面，以期提高粤港澳大湾区青年群体对共同富裕的认同感、获得感和幸福感，筑牢湾区青年共同的思想基础，打通粤港澳共同发展的"最后一公里"。

（2）改善教育资源，促进教育公平。党的二十大报告中明确提出："坚持以人民为中心发展教育，加快建设高质量教育体系，发展素质教育，促进教育公平。加快义务教育优质均衡发展和城乡一体化，优化区域教育资源配置，强化学前教育、特殊教育普惠发展，坚持高中阶段学校多样化发展，完善覆盖全学段学生资助体系。"② 教育公平是共同富裕的重要环节，是社会公平的坚实基础，而以人民为中心是我国教育公平的基础，是中国特色社会主义教育公平的根本价值追求。我国要始终坚持以人民为中心，努力满足人民对教育的美好期待，追求公平而有质量的教育；要弥合教育资源的地域差距，合理配置区域教育资源，保障人民平等地享有可分配的教育资源；要聚焦教师资源统整能力，矫正政府教师资源配置行为，提高教师资源配置的供给质量，使教育改革发展成果更好地惠及全体人民，促进人的全面发展，提高人民的教育获得感、幸福感，从而提升湾区青年对共同富裕实现的认同感。

（3）完善教育制度，加强改革创新。坚持深化教育改革创新是我国教育事业实现历史性变革的根本动力，党的十八大以来，我国高度重视教育事业发展的公平导向，"坚持教育公益性原则，把教育公平作为国家基本教育政策，大力推进教育体制改革创新"。要办好人民满意的教育和促进教育公平化，就要完善教育制度，加强改革创新，

---

① 习近平. 高举中国特色社会主义伟大旗帜　为全面建设社会主义现代化国家而团结奋斗——在中国共产党第二十次全国代表大会上的报告［M］. 北京：人民出版社，2022：34.
② 习近平. 高举中国特色社会主义伟大旗帜　为全面建设社会主义现代化国家而团结奋斗——在中国共产党第二十次全国代表大会上的报告［M］. 北京：人民出版社，2022：34.

特别是针对家庭经济水平处于中低等的青年群体。对此，有以下措施可以实行：首先，学校的收费制度应合理化，学校可根据地区经济发展水平、家庭承受能力的不同，制定不同的而又合理的收费制度；其次，学校奖学金激励机制应多元化，学校可根据学生自身条件的差异或考试成绩的不同，设置多元化和个性化的奖学金激励机制；最后，加快完善教育资助体系，由于我国文化差异较大、区域发展不均衡，单靠助学金、贷款难以解决较为贫困学生的经济需要，因此可以树立多元资助理念，构建多层次经济资助体系。这些措施可提高粤港澳大湾区青年群体的家庭经济水平，从而提升他们对实现教育公平和共同富裕的信心，增强认同感和幸福感。

（三）加强舆论引导

习近平总书记对宣传思想舆论工作高度重视，他在党的二十大报告中明确指出："牢牢掌握党对意识形态工作领导权，全面落实意识形态工作责任制，巩固壮大奋进新时代的主流思想舆论……加强全媒体传播体系建设，塑造主流舆论新格局。健全网络综合治理体系，推动形成良好网络生态。"① 作为社会意识形态的一种体现，社会舆论在日常生活中影响着青年的成长与发展。而青年时期是一个人世界观、人生观和价值观趋于成熟的关键阶段，但此时其思想尚未最终定型，极易受到外界各种因素的影响和形塑，波动性极大。社会舆论对青年的思想观念、理想信念和价值取向的影响不可小觑。

要实现共同富裕的奋斗目标和中华民族伟大复兴的中国梦，我们必须加强舆论的引导作用，在社会上形成创造共同富裕的正向舆论风气。当今时代，信息技术快速发展，以社交媒体、算法媒体为代表的互联网空间逐渐成为社会舆论形成和扩散的主要场所，在公共话语中扮演着越来越重要的角色。对此，我们可通过以下途径来加强社会舆论的正向引导，充分发挥社会舆论对青年群体的教育引导作用，以提高粤港澳大湾区的青年群体对实现共同富裕的信心。

（1）抢占网络舆论阵地。当前，国际社会意识形态领域的斗争日趋复杂，各种思想文化碰撞交汇、此起彼伏，互联网已然成为意识形态领域争夺人心、争夺青年的主战场。对此，我们应主动抢滩网络舆论阵地、争夺网络舆论空间，以第一时间掌握舆论，及时进行发声引导，牢牢把握网络舆情引导权、主动权，促使湾区青年坚定实现共同富裕的信心与决心。

（2）完善网络监督制度。随着网络信息时代的到来，信息传播途径不断增多，各种思想、言论鱼龙混杂，我们要牢牢控制住各种文化信息的传播途径，尤其要加强网

---

① 习近平. 高举中国特色社会主义伟大旗帜　为全面建设社会主义现代化国家而团结奋斗——在中国共产党第二十次全国代表大会上的报告［M］. 北京：人民出版社，2022：43－44.

络管理和监督，绝不允许给错误的思想意识提供传播途径。同时要对网络舆论监督有全面清晰的认识，不断规范、引导和完善，建立有利于网络舆论监督的制度和途径，打造一个全社会的正确舆论监督体系。

（3）加强网络宣传教育。紧紧围绕共同富裕的主题，重视网络宣传教育方面的作用，加大网络宣传力度，利用网络主动开展正面宣传和正面引导，教育引导青年群体不断提高自身对网络信息的鉴别能力，学会对海量信息进行正确的区分和识别，自觉抵御外来的舆论、文化和意识形态渗透，始终坚定实现中国式现代化的共同富裕的理想信念和奋斗目标，立志做有理想、敢担当、能吃苦、肯奋斗的新时代好青年，让青春在全面建设社会主义现代化国家的火热实践中绽放绚丽之花。

当今世界正经历百年未有之大变局，处在实现"两个一百年"奋斗目标的历史交汇期，当代青年应勇挑重担、展现担当、拥抱挑战，始终坚定实现中国式现代化的共同富裕的奋斗目标和理想信念，为全面建设社会主义现代化国家、全面推进中华民族伟大复兴而团结奋斗！

回首党建百年，在新征程上继续推进新的伟大工程

李岳程*

中国共产党自成立之日起，一直在寻求党的自我完善与发展，使党在每一个时代都能找准自己的定位，以坚强的领导力量带领全国人民发展伟大的社会主义事业。回顾党建的百年春秋，有挫折，有转机，有重生，有希望。从一定意义上讲，中国共产党的发展史就是一部党的自身建设史。

认真审视党卷帙浩繁的自身建设成果，会发现中国共产党自身建设取得伟大成就的根本原因，是在"建设什么样的党、怎样建设党"的问题指引下，将马克思主义的普遍原理与中国实际相结合，一代代共产党人积极探索，最后形成了独具中国特色的马克思主义政党建设理论，闪耀着中国政治智慧的光辉，照亮复兴之路。

一、马克思主义政党建设的思想渊源

马克思、恩格斯的政党建设思想产生于 19 世纪 40 年代的欧洲，随着工业革命到来，生产力得到迅猛发展，资产阶级不断加剧对无产阶级的剥削，使得贫富差距过大，加剧了资产阶级与无产阶级之间的矛盾，革命力量不断增强，工人运动不断兴起，这也提供了适宜的历史背景，加之剩余价值理论和唯物史观的诞生，为马克思主义政党的发展打下了思想理论基础。

1847 年，马克思、恩格斯创建了第一个以无产阶级为基础的政党。世界上第一部周密和完备的马克思主义政党纲领《共产党宣言》于 1848 年问世，这也标志着马克思主义政党思想的诞生。

关于共产党的性质，《共产党宣言》中提到，"在实践方面，共产党人是各国工人政党中最坚决的、始终起推动作用的部分；在理论方面，他们胜过其余无产阶级群众的地方在于他们了解无产阶级运动的条件、进程和一般结果"。[①] 这也是世界上第一次

---

* 李岳程，广东财经大学马克思主义学院 2022 级硕士研究生，主要研究方向为党的建设。
① 马克思，恩格斯. 共产党宣言［M］. 北京：人民出版社，2014：53.

公开讲述关于对马克思主义政党的具体要求，包括理论要求和实践要求。

关于党的纲领，《共产党宣言》指出"推翻资产阶级统治，代替那存在着阶级和阶级对立的资产阶级旧社会的，将是一个这样的联合体，在那里，每个人的自由发展是一切人的自由发展的条件"[①]。这就提出了党的最低纲领和最高纲领。

2018 年 5 月在纪念马克思主义诞辰 200 周年大会上，习近平总书记指出，"我们党的老一辈革命家都是受《共产党宣言》的影响而走上革命道路的。我们党的第一部纲领就是按照《共产党宣言》精神制定的。……中国共产党人是《共产党宣言》精神的忠实传人"。共产党人就是始终围绕着人民的利益而聚在一起的，为人民的利益而奋斗，这也是马克思主义政党与其他党派的本质区别。可以说，《共产党宣言》中关于马克思主义政党思想的理论，为后来我国一代代共产党人探索党的建设问题提供了思想理论的奠基。

二、中国共产党党的建设百年峥嵘

（一）新民主主义革命时期

俄国十月革命的胜利给当时的中华民族的先进分子带来了解救中国的新思路，五四运动的爆发拉开了近代中国新民主主义革命的序幕，1921 年 7 月，中共一大的召开诞生了中国共产党这一伟大的马克思主义政党，制定了《中国共产党第一个纲领》，提出了党的奋斗目标、组织原则、制度等问题都编入了该纲领中。中国共产党的成立，是开天辟地的大事变，从此中国革命事业与建设事业有了新的领导核心，中国人民有了主心骨，中华民族有了新的希望。然而辉煌而伟大的事业并不是一帆风顺的，中国共产党对于自身的建设也经历过坎坷。

1921 年到 1935 年的这 14 年，可以说是党的建设的"幼年"时期，为了使我党能适应复杂严峻的形势，承担起革命的任务，中国共产党在实践中探索并在中共二大提出，"中国共产党不是'知识者所组织的马克思学会'，也不是'少数共产主义者离开群众之空想的革命团体'，'应当是无产阶级中最有革命精神的大群众组织起来的为无产阶级而奋斗的政党，为无产阶级做革命的急先锋'，……我们便要到'群众中去'，要组成一个大的'群众党'"[②]。党的三大之后，国共第一次合作，尽管广大的共产党员具有极高的革命热情和先进性，但是中国共产党在那时毕竟还只是个小党，还不懂得用马克思主义理论来分析具体情况和指导中国革命的实践问题，缺乏实际的斗争经

---

① 马克思，恩格斯. 共产党宣言 [M]. 北京：人民出版社，2014：53.
② 中央档案馆. 中共中央文件选集 [M]. 北京：中共中央党校出版社，1989：90.

验，使得党在第一次国共合作中丧失了自主权，对党的事业造成了严重的打击。1927年，党在武汉召开了著名的八七会议，会议上结束了陈独秀右倾机会主义在党中央的统治，确定了一条农村包围城市的革命路线，但没有注意防止和纠正党内已经滋长的"左"倾情绪，随后党内连续出现三次"左"的错误，特别是王明"左"倾教条主义给党的事业几乎造成了灭顶之灾。

从遵义会议到新中国成立的14年，是以毛泽东同志为主要代表的一代共产党人，将马克思主义政党思想理论与中国共产党党的建设实际相结合的伟大胜利时期。在这一时期，中国共产党党员从原先的4万名发展到448.8万名。[①] 期间，瓦窑堡会议实现了党的政治路线的正确转变；六届六中全会上，党确立了一条加强自身建设的组织路线；党的六届七中全会上，毛泽东在党中央的领导核心地位得到了确立；党的七大上，毛泽东思想被确立为全党的指导思想。值得注意的是，抗日战争期间，党员的数量得到巨大的发展，为了加强党的建设，中共中央政治局于1939年8月作出《关于巩固党的决定》并开展整风运动。1939年10月，毛泽东在《〈共产党人〉发刊词》中阐述了关于党的建设、统一战线和武装斗争，回答了建设一个什么样的党、为什么要建设党、怎么样建设党以及在党的建设过程中怎样对待马克思主义的问题，提出了党的建设伟大工程，并正式提出中国共产党建设的总目标，即"建设一个全国范围内的、广大群众性的、思想上政治上组织上完全巩固的布尔什维克化的中国共产党"[②]。可以说在这一时期，党的建设的理论和实践经验的总结，推动着党向前发展，为新中国的成立以及成立后国家的建设打下了坚实的基础。

（二）社会主义革命和建设时期

新中国成立之后，中国共产党的地位发生了根本性的转变。因此，如何建设好一个执政党、不断提高党的执政水平，为社会主义革命和建设起好引领作用，成为党的建设的一个重要的历史性的课题。

新中国成立初期，百废待兴、百业待举。如何带领全国人民一起重建"一穷二白"的国家，推进社会主义改造，提升我国工业化的水平，是我党这一时期的工作中心。因此，坚持从严治党，是新中国成立初期党的建设的鲜明特色。新中国成立之初，中国共产党之所以能在那么复杂严峻的形势下稳健推进社会主义革命，关键还是在于从严治党的方针。其中的"三反"运动，即反贪污、反浪费、反官僚主义，就取得了重大的胜利。

经过社会主义改造后，我国进入了社会主义建设时期，在这一时期，党的建设在

---

① 欧阳淞. 中国共产党党的建设基本问题研究［M］. 北京：人民出版社，2021：83.

② 毛泽东. 毛泽东选集：第二卷［M］. 北京：人民出版社，1991：602.

探索中遭遇了挫折与偏离。首先，毛泽东同志在党的八大上就提出，"我们党已经成了团结全国人民进行社会主义建设的核心力量"①。此后，他在新民主主义青年团第三次全国代表大会上也指出，"中国共产党是全中国人民的领导核心。没有这样的核心，社会主义事业就不能胜利"①。这也标志着新中国成立之后党的建设的良好开端。同时，他在党的建设方面也提出了许多正确的措施，包括强调坚持民主集中制和集体领导制度，反对个人崇拜，加强党内监督、发展党内民主。可以说，党的建设形成了良好的开端。但是随后党的工作重心转移到阶级斗争上，党的建设方向也发生了偏移，在党的九大通过的党章修改为"无产阶级与人民群众"，并提出"党组织应是无产阶级先进分子所组成，应能领导无产阶级和革命群众对于阶级敌人进行战斗的朝气蓬勃的先锋队组织"②——即"五十字方针"。

虽然在这一时期，党的建设遭受严重的挫折，但是我们也应该客观地评价。邓小平同志曾说过，虽然我们从根本上否定，但是其实也有"功"的一面，它为我们提供了深刻的反面教材，只要正确地进行总结，它同样能推进党的建设向前发展，同样也是中国共产党人宝贵的精神财富。

（三）改革开放与社会主义现代化建设新时期

党的十一届三中全会作出把党的工作中心由阶级斗争转移到经济建设上来，成为新中国成立以来党的历史上一次具有深远意义的伟大转折，这也标志着我国进入社会主义现代化建设的新时期。从党的十一届三中全会到2012年党的十八大召开这34年，在和平与发展为主题的时代背景下，在以经济建设为中心的前提下，我国的经济得到了快速发展，积累了丰富的物质基础，同时党的建设在这一时期经历了新的考验。

在这一时期，党的建设新的伟大工程紧紧围绕实现党的建设总目标，在实践中继续向前推进，不断取得了丰硕的成果。党的十一届三中全会不仅在党和国家的建设事业上有重大深远的意义，同时在党的建设上也是崭新的启程，具有里程碑意义。本次全会全面纠正了"文化大革命"的错误思想，使党的思想路线、政治路线和组织路线得到纠正。此后，以邓小平同志为核心的党中央召开了十一届四中、五中、六中全会，废除了领导职务终身制，端正了党风等。其中，在1980年2月召开的十一届五中全会上，邓小平提出："修改党章是要进一步明确党在四个现代化建设中的地位和作用。执政党应该是一个什么样的党，执政党的党员应该怎样才合格，党怎样才叫善于领导。"③1982年9月，党的十二大报告提出："把党建设成为领导社会主义现代化事业的坚强核

---

① 中共中央文献研究室.毛泽东文集：第7卷［M］.北京：人民出版社，1993：114-115.
② 欧阳淞.中国共产党党的建设基本问题研究［M］.北京：人民出版社，2021：121-122.
③ 邓小平文选：第二卷［M］.北京：人民出版社，1994：238-247.

心。"这也是党在新时期下首次提出党的建设目标，与时代接轨，充分展现了党自身建设的时代性。在党的十二大之后，党有计划、有步骤地推进党的建设，健全民主集中制，改革领导机构和干部机构等，党的建设出现了全新的格局。

但是在此期间，党的建设也并不是一帆风顺的。由于新时期党的工作重心的转移，部分领导放松了对党的思想建设，出现了一手硬一手软的不平衡情况，因此党的十二届二中全会上进一步提出"坚强核心"的内容，即"把我们党建设成为有战斗力的马克思主义执政党，成为领导全国人民进行社会主义物质文明和精神文明建设的坚强核心。"① 这一目标的提出，回答了在坚持以经济建设为中心的基础上，应当怎样建设一个党的问题。

随着改革开放的全面展开，社会主义商品经济得到发展，商品经济改善了人们的生活，同时也使得党内相当一部分人陷入了思想泥潭。为了应对党内政治思想被商品经济交换原则腐蚀的现象，保持党的政治性先进性，党中央相继出台了一系列制度性规定。1994年9月，党的第十四届四中全会召开，此次全会集中讨论了党的建设的重大问题，作出《中共中央关于加强党的建设几个重大问题的决定》，并提出将继续领导全党进行新的伟大工程。"新的伟大工程"始于党的十一届三中全会，立足于改革开放和社会主义现代化建设的背景，在十四届四中全会被正式提出，并沿用至今。"新的伟大工程"是党在新时期下，不断采取措施加强和改进党的建设，体现了党的自我革命、自我提升的优良品质。

党的十六大以来，以胡锦涛同志为核心的党中央继续推进党的建设新的伟大工程。这一时期我们党利用百年一遇的良好发展战略机遇，迎难而上，在社会主义建设上取得飞跃式的进步，同时党的建设也取得很好的成就。党的建设的主要成就是贯彻坚持以执政能力建设和先进性建设为主线，全面推进党的建设伟大工程，进一步巩固了党的执政基础。

（四）在新时代统领新的伟大工程，坚定伟大工程在"四个伟大"中的引领地位

中国特色社会主义进入了新时代，从开始的曲折探索到后来取得的伟大成就，都离不开党和国家带领全国人民的奋力前进。站在这一新的历史方位，全国各族人民比历史上以往任何时候都要接近实现中华民族伟大复兴的胜利。

带领全国人民实现伟大复兴的中国梦，需要一个强有力的领导力量，而这个领导力量必须由中国共产党来承担。因为共产党是中国工人阶级的先锋队，始终代表着最

---

① 邓小平文选：第三卷 [M]. 北京：人民出版社，2001：36-39.

广大人民的根本利益。习近平总书记曾指出，"实现伟大梦想，必须建设伟大工程"。而这个伟大工程，就是一面旗帜，带领我们冲锋陷阵。在新时代，面对百年未有之大变局，实现中国梦必将面临重重险阻，若是领导力量遭到打击，那社会主义事业的前进也将遭到前所未有的抨击！基于这样的时代背景，这就要求将党这个领导核心建设得更加坚强、更有政治信仰、更有执政能力。从党的十八大以来，以习近平同志为核心的党中央团结带领全党，以巨大的政治勇气、坚定的必胜信心以及强有力的政治担当，坚定党的全面领导和全面从严治党，在党的建设方面取得了新的伟大成就。

1. 十八大到十九大党的建设的发展

从党的十八大到党的十九大，是党和国家发展极不平凡的五年，中国共产党知难而上，迎接挑战，锐意开拓进取，党和国家事业全面开创新局面，党的建设也取得长足发展。

首先，在这五年里，全面加强党的领导，明确提出了"以习近平同志为核心的党中央"，重点解决党内存在的腐败问题、思想问题和作风问题等，全党的政治意识、大局意识、核心意识、看齐意识得到了明显的增强，原本存在的相当一部分部门不重视党员的培养以及党的领导关系弱化等一系列问题得到了有效的解决。在党的十八届六中全会，全党已经正式明确了以习近平同志为核心，从此全党的力量更为凝聚。

其次，坚持党要管党、全面从严治党，把全面从严治党纳入"四个全面"的战略布局中。全面从严治党在"四个全面"中处于引领地位。任何伟大的事业，都需要掌舵者，而这个掌舵者只能是中国共产党。中国共产党带领我们夺取了新民主主义革命、社会主义革命和建设的伟大胜利，又带领全国人民取得了改革开放和建设社会主义现代化建设事业的辉煌成就，从锃亮的犁铧到四通八达的高铁再到载人的飞船，下可蛟龙潜海，上到众星揽月，这一系列的成就都离不开党的领导。

再次，坚持把党的政治建设摆在首位。改革开放以来，虽然我国在物质方面有了飞跃式的发展，但是由于商品交换原则的侵蚀，许多党员丧失了其政治本色。习近平总书记提出"旗帜鲜明讲政治是中国共产党的根本要求"。党的政治建设是党的根本性建设，若是党员丧失了其政治本色，说白了就是忘记了全心全意为人民服务的根本，那么党的建设就起不到根本性的作用。

最后，夺取反腐败斗争压倒性的胜利。反腐败斗争坚持从干部抓起，严格落实中央八项规定及其实施精神。面对党内的形式主义、官僚主义、享乐主义和奢靡之风，必须用铁的纪律严加管制，坚决消灭党的腐败分子，对腐败零容忍，坚持"老虎""苍蝇"一起打。反腐败斗争的不断胜利，极大赢得了党在全国人民中的威望，获得了全国人民的信赖，在国际上也赢得了巨大的赞誉。

2. 十九大以来党的建设不断完善

党的十九大以来，在以习近平同志为核心的党中央的坚强领导下，在习近平新时代中国特色社会主义思想的引领下，中国共产党在自我完善与发展上向纵深推进。全党上下依照党的建设的总目标、总要求，将党建设得更加强劲有力，全党斗志激昂、精神焕发，是政治上、思想上、组织上、纪律上、制度上的全面完善与发展。

党的十九大正式提出"新时代党的建设的总要求"，即"坚持和加强党的全面领导，坚持党要管党、全面从严治党，以加强党的长期执政能力建设、先进性和纯洁性建设为主线，以党的政治建设为统领，以坚定理想信念宗旨为根基，以调动全党积极性、主动性、创造性为着力点，全面推进党的政治建设、思想建设、组织建设、作风建设、纪律建设，把制度建设贯穿其中，深入推进反腐败斗争，不断提高党的建设质量，把党建设成为始终走在时代前列、人民衷心拥护、勇于自我革命、经得起各种风浪考验、朝气蓬勃的马克思主义执政党"。① 这一论述科学且全面地回答了新时代要建设一个什么样的党以及怎样建设党的问题。是党的建设百年来的经验总结以及对在新时代党综合国内国际的形势提出的总要求，是中国共产党人的智慧结晶，有重大的理论与实践意义。

继续坚持把党的政治建设摆在首位。2017年10月，党的十九大对党的政治建设作了全方位的阐述：一是突出党的建设的伟大工程的地位，明确了伟大工程在"四个伟大"中的引领地位，确保党在社会主义事业中的领导地位，永葆党旺盛的、顽强的生命力；二是强调中国共产党的本质特征以及中国特色社会主义事业的最大优势——中国共产党的领导；三是习近平新时代中国特色社会主义思想的"十四个坚持"的行动纲领把"坚持党的领导"列为第一条，而以"全面从严治党"作为第十四条来压轴；四是提出党的建设的总要求。

党的建设的总体布局有了新发展。在党的十九大报告中，"政治建设"被首次提出，同时"反腐倡廉建设"被"纪律建设"代替；正式将党的建设总体布局发展为"全面推进党的政治建设、思想建设、组织建设、作风建设、纪律建设，把制度建设贯穿其中，深入推进反腐败斗争"。

三、开启新征程，未来要不断加强和完善党的全面领导

2022年10月16日，党的二十大在北京召开，这是党在完成全面建成小康社会的第一个百年奋斗目标，开启全面建设社会主义现代化国家新征程、向第二个百年奋斗

---

① 本书编写组. 中国共产党第十九次全国代表大会文件汇编［M］. 北京：人民出版社，2017：42.

目标进军的关键时刻召开的一次十分重要的大会。党的二十大的召开，促进了全党上下思想的进一步统一，凝聚了党心，在党的建设事业上具有里程碑式的意义。

立足当下，全面建设社会主义现代化强国、实现中华民族伟大复兴的中国梦，关键还是在于党，必须坚持党的全面领导，必须深刻稳固党在建设伟大事业中的引领地位。在党的二十大上，习近平总书记提到了中国共产党的中心任务，即"团结带领全国各族人民全面建成中国特色社会主义现代化强国、实现第二个百年奋斗目标，以中国式现代化全面推进中华民族伟大复兴"。中心任务的转变，体现了党的先进性能力。

如何跳出中华几千年治乱兴衰的历史周期律，自我革命是第二个答案。[①] 自我革命是我党区别于其他政党的最显著的标志，也是我党长期执政的关键所在。中国共产党从"幼年时期"不善于运用马克思主义解决中国的实际问题，到带领我们夺取新民主主义革命和社会主义革命的伟大胜利，再到社会主义建设的曲折前行，又来到改革开放和社会主义现代化建设的新时期，党的自我建设又克服了商品交换原则对党的侵蚀，最后来到中国特色社会主义新时代。在这个新时代，我们党已取得反腐败斗争压倒性胜利。可以说，我们党之所以能够团结带领人民攻克坚如磐石的难关，创造一个接着一个彪炳史册的伟大奇迹，这种大刀向我的勇气，都是对党勇于自我革命的诠释。

党和人民的事业进行到哪一步，党的建设就要走到哪一步，甚至要走在前面。在过去，中国共产党带领全国各族人民完成了第一个百年奋斗目标，这是历史中从未有过的盛世伟举，必将载入史册。而如今，我们党又带领了全国人民继续踏上了新的赶考之路。党的二十大在深入推进新时代党的建设的伟大工程上，提出了明确的要求、具体的部署，为我们开启新征程上继续推进党的建设新的伟大工程指明了前进方向、提供了行动向导。

十年栉风沐雨，十年蓼虫忘辛。党的十八大以来，党面临着长期而尖锐的"四大危险""四种考验"，在这十年"长征"里，中国共产党向全国各族人民交上了一份满意的阶段性考试"分数"。胜人者有力，自胜者强。越是接近宏伟目标，越要保持清醒的头脑和超人的定力，越要坚持勇于自我革命的勇气。新的征程，必须不断推进新时代党的建设新的伟大工程，把党建设得更加强劲有力，我们党必将带领我们中华民族攻破前方重重阻垒，劈风斩浪、势如破竹，最终驶向梦想的港湾！

---

① 习近平. 高举中国特色社会主义伟大旗帜　为全面建设社会主义现代化国家而团结奋斗——在中国共产党第二十次全国代表大会上的报告［M］. 北京：人民出版社，2022：12.

"中国式现代化"融入高校思政课的实践逻辑探析[*]

孙晓晖　徐艺心[**]

习近平总书记在中国共产党第二十次全国代表大会上指出："从现在起，中国共产党的中心任务，就是团结带领全国各族人民全面建成社会主义现代化强国、实现第二个百年奋斗目标，以中国式现代化全面推进中华民族伟大复兴。"[①] "中国式现代化"是中国共产党领导的社会主义现代化，既有各国现代化的普遍性特征，更有基于本国国情的中国特色。作为人类文明新形态，将"中国式现代化"适时融入高校思政课教学实践，有利于高校思政课全面贯彻落实党和国家的科教兴国战略，落实立德树人根本任务，引导青年大学生矢志不渝听党话、跟党走，响应党的号召，为以"中国式现代化"全面推进中华民族伟大复兴贡献青春力量。

一、实践依据："中国式现代化"与高校思政课之间的内在关联

（一）"中国式现代化"与高校思政课的鲜明底色紧密贴合

高校是青年人学习知识、增长才干、放飞梦想的地方，同时也肩负着人才培养、科学研究、社会服务、文化传承创新和国际交流合作的重要职能。我国是中国共产党领导下的社会主义国家，决定了我国高校必须坚持社会主义的办学方向。"中国式现代化"是中国特色社会主义道路在现代化方面的具体体现，其融入高校思政课堂不仅适应了党和国家最新战略目标及其实现途径的实践需要，也深刻彰显了"中国式现代化"与高校思政课教学在社会主义方向这一鲜明底色上的一致性。"中国式现代化"蕴含

———————————

　　[*] 本文系 2023 年度国家社科基金一般项目"新征程党应对重大风险挑战的预见和防范能力建设研究"（23BDJ041）、2024 年度广东省本科高校教学质量与教学改革工程建设项目"'习近平新时代中国特色社会主义思想概论'教研室"（粤教高函〔2024〕30 号）阶段性成果。

　　[**] 孙晓晖，男，山东安丘人，广东财经大学马克思主义学院副院长、教授、博士生导师。徐艺心，女，河南驻马店人，广东财经大学马克思主义学院硕士研究生，研究方向为马克思主义中国化。

　　[①] 习近平. 高举中国特色社会主义伟大旗帜　为全面建设社会主义现代化国家而团结奋斗——在中国共产党第二十次全国代表大会上的报告 [M]. 北京：人民出版社，2022：21.

"坚持中国共产党领导"和"实现社会主义现代化"两大逻辑内容。从高校思政课课程设置看，"中国式现代化"紧密贴合几门高校思政课主干课程的教学过程。以"毛泽东思想和中国特色社会主义理论体系概论"和新开设的"习近平新时代中国特色社会主义思想概论"为例，一方面，两门课程涵盖了我国从新民主主义革命到新时代中国特色社会主义的发展历程，而"中国式现代化"在时间维度上与党的百年奋斗历史轨迹相重叠贴合，深刻反映出中国人民追求现代化的百余年历史征程；青年大学生可以从这两门课程的学习中，对"中国式现代化"这一伟大战略构思有更深刻理解。另一方面，从毛泽东思想中的"四个现代化"到邓小平理论中的"中国式的现代化"，再到习近平新时代中国特色社会主义思想中的"中国式现代化"，深刻体现了中国共产党人在现代化道路问题上的坚守、继承和发展。在党的二十大报告中，习近平总书记首次提出"以中国式现代化全面推进中华民族伟大复兴"的重大论断。二者的底色一致性使得将"中国式现代化"融入高校思政课教学能更好地增强青年大学生对"中国式现代化"发展路径的政治认同，有利于切实提升教学实效性。

（二）"中国式现代化"与高校思政课的意识形态目标相契合

思想政治理论课的思想性实质上蕴含政治性与理论性的双重要求。高校思政课是培养青年大学生意识形态的主阵地，帮助青年大学生铸牢社会主义意识形态和政治品格。"实事求是，一切从实际出发，理论联系实际，坚持实践是检验真理的标准"① 是马克思主义的重要理论品质，马克思强调实事求是的重要性，"中国式现代化"作为我们党领导的社会主义现代化，既有各国现代化的普遍性特征，更有基于我们自己国情的中国特色；它是从中国实际出发，充分运用马克思主义基本原理所开创的走向中华民族伟大复兴的中国道路。中国道路是马克思主义的科学社会主义即共产主义的道路，"中国式现代化"取得的成功，是以跨越资本主义制度的"卡夫丁峡谷"方式实现的，体现了守正创新的理论特质。当前我国正处于百年变局，叠加地缘政治和大国博弈，亟需牢牢掌握做好学生思想政治教育的主动权，将"中国式现代化"融入高校思政教学，引导学生夯实社会主义主流意识形态的政治信仰，增强其反对历史虚无主义等错误思潮的政治自觉，提振其明辨是非的洞察力和免疫力，使他们立足坚持和发展中国特色社会主义、建设社会主义现代化强国、实现中华民族伟大复兴的高度，使其从内心深处感悟马克思主义理论的力量之"源"并内筑起心灵柱石、灵魂灯塔。在此基础上，高校思政课对青年大学生培育的意识形态才能与党和国家主导的意识形态相契合。

（三）"中国式现代化"与高校思政课的人才培养目标相融通

"中国式现代化"教育与高校思政课教学目标相一致、教学内容相贯通、教学要求

① 邓小平文选：第二卷［M］. 北京：人民出版社，1994：278.

相契合。将"中国式现代化"融入高校思政课是实现人才自主培养目标的时代要求、推进思想政治理论课改革的现实要求、促进学生全面发展的必然要求。相对于基础阶段的教育,高校思政教育更加注重"为谁培养人才,培养的人才为谁服务"问题,特别是伴随中国特色社会主义进入新时代,高校思政课教学适应全面建设社会主义现代化国家新征程的形势发展需要,是全面推进中华民族伟大复兴、戮力同心实现中国梦的坚强政治保证,对进一步完善高校育人体系,推动思想政治理论课与时俱进,培养具有"中国式现代化"精神品格和实践能力的时代新人具有重要意义。习近平总书记指出:"我们党立志于中华民族千秋伟业,必须培养一代又一代拥护中国共产党领导和我国社会主义制度、立志为中国特色社会主义事业奋斗终身的有用人才。"① 我国高校思政课教学的终极目的和根本目标是培养德智体美劳全面发展的社会主义建设者和接班人,思想政治的教育过程要落实立德树人的根本使命,实现凝聚人心、完善人格、开发人力、培育人才、造福人民的价值目标。准确理解"中国式现代化"理论提出的价值意义及其与思想政治教育的内在逻辑关系,将"中国式现代化"与思想政治教育有效融合,是思想政治教育的拓新要求与价值旨归,对培养担当民族复兴重任的时代新人具有重要意义。

二、实践价值:"中国式现代化"融入高校思政课教学的重要意义

(一)有利于引导青年大学生学思践悟"中国式现代化"理论,坚持中国化时代化的马克思主义指导实践

中国式现代化道路作为普遍性规律和特殊性规律相统一的社会主义现代化方案,是马克思主义中国化时代化的最新成果。习近平总书记在党的二十大报告中强调:"实践告诉我们,中国共产党为什么能,中国特色社会主义为什么好,归根到底是马克思主义行,是中国化时代化的马克思主义行。"② 中国化时代化的马克思主义是百年大党风华正茂、中国特色社会主义"风景这边独好"的理论密码,为"中国式现代化"提供了理论思维上的科学指导,为这一战略构想融入高校思政课提供了实践遵循。恩格斯说:"一个民族要想站在科学的最高峰,就一刻也不能没有理论思维。"③ 理论维度越深厚,思政课就越有深度。"中国式现代化"理论深刻体现了中国共产党执政规律、社

---

① 习近平主持召开学校思想政治理论课教师座谈会 [EB/OL]. (2019 – 03 – 18). http://www.gov.cn/xin-wen/2019 –03/18/content_ 5374831. htm.

② 习近平. 高举中国特色社会主义伟大旗帜 为全面建设社会主义现代化国家而团结奋斗——在中国共产党第二十次全国代表大会上的报告 [M]. 北京:人民出版社,2022:16.

③ 马克思恩格斯选集:第三卷 [M]. 北京:人民出版社,2012:875.

会主义建设规律和人类社会发展规律的辩证统一，特定的世界历史民族选择了符合自身发展实际的现代化道路，取得的成就具有世界历史意义。将"中国式现代化"的发展成就在高校以思政课形式展示，必定会呈现出中国化时代化的马克思主义博大精深的实践伟力。让青年大学生沉浸于高校思政课学习之中，用"中国式现代化"的实践伟力触及其思想、震撼其心灵、使其获得启发，感悟为什么人民群众选择马克思主义、选择中国共产党、坚定社会主义理想信念、坚决走中国特色社会主义道路。通过高校思政课教学的点滴浇灌，使青年大学生自觉遵循马克思主义理论的指导，在感悟"中国式现代化"实践所取得伟大成就的同时，领悟马克思主义是如何深刻改变中国、改变世界的。

（二）有利于提升青年大学生对"中国式现代化"的政治认同，将"强国有我"信念内化于心、外化于行

"中国式现代化"融入高校思政课教学的要义在于引导青年大学生深刻认识马克思主义中国化时代化的真理性和科学性，引领青年大学生通过赓续学习马克思主义理论，了解中国国情，认识人类文明新形态，用发展着的真理指引前进方向、坚定理想信念，提升对"中国式现代化"的政治认同。习近平总书记在党的二十大报告中强调"青年强，则国家强。当代中国青年生逢其时，施展才干的舞台无比广阔，实现梦想的前景无比光明。全党要把青年工作作为战略性工作来抓，用党的科学理论武装青年，用党的初心使命感召青年……"①。鉴于此，高校作为主抓青年工作的重要场域，担负着大学生"革命人生观"培育的政治任务，要帮助学生树立科学的世界观、正确的人生观和价值观。这就要求高校要结合"中国式现代化"理论培养大学生的家国情怀，彰显社会主义高校"三全育人"的鲜明底色和中国特色：让学生在课程学习中完整理解和深刻把握"中国式现代化"生成与实践的前因后果，深刻认识当今中国所处的历史方位和自己所担负的历史责任，清晰区分"中国式现代化"与西方现代化进程的不同，切实提升广大青年大学生对"中国式现代化"的政治认同，内生出怀抱梦想又脚踏实地、敢想敢为又善作善成的精神品质，外化出矢志不渝听党话、坚定不移跟党走的自觉行动。在入脑入心入行中树立正确道路观，争做发扬团结奋斗精神、赓续共产党人精神血脉的社会主义接班人，推动"中国式现代化"与"强国有我"信念在当代青年大学生中生根发芽、互促互生。

---

① 习近平. 高举中国特色社会主义伟大旗帜　为全面建设社会主义现代化国家而团结奋斗——在中国共产党第二十次全国代表大会上的报告［M］. 北京：人民出版社，2022：71.

（三）有利于提高人才自主培养质量，为全面推进中华民族伟大复兴培养社会主义建设者和接班人

育才造士，国之根本。走好人才自主培养之路是建设社会主义现代化国家的战略之举。面对世界百年未有之大变局，我们比历史上任何时期都渴望人才，想要以"中国式现代化"全面推进中华民族伟大复兴，"引才"重要，"育才"更重要，因为关键性人才"要不来、买不来、讨不来"。国家发展靠人才，民族振兴靠人才。我们必须增强忧患意识，更加重视人才自主培养，加快建立人才资源竞争优势。党的二十大报告，再一次专门系统部署实施科教兴国战略，强化现代化建设人才支撑，目的很清楚，就是要推动我们国家由科教大国迈向科教强国，加快建设科技强国、教育强国、人才强国，为推动实现高质量发展注入强大的高端科教资源支撑，全面推进社会主义现代化强国建设。高校作为人才培养的重要基地，要旗帜鲜明地担当为党育人、为国育才的使命。新时代高校除了培养大学生专业理论知识，还应根据新时代新征程上党和国家发展的新任务新要求加强思想政治理论教育。高校思政课教学坚定人才自主培养自信，坚持社会主义办学方向，适时将"中国式现代化"发展进程融入课堂教学，有利于当代青年大学生筑牢"四个自信"，坚定历史自信，进一步增强历史主动；促进青年大学生思想上的全面健康发展，落实立德树人根本任务，办好人民满意的教育，全面提高人才自主培养质量。把"中国式现代化"融入式教育和社会主义核心价值观贯穿高校人才培养全过程，有利于以更加健全的教育培养机制，培养德智体美劳全面发展的社会主义建设者和接班人。

三、实践进路："中国式现代化"融入高校思政课教学的路径选择

（一）顺时而进：与时俱进拓展教学内容，推动高校思政课教学内容与"中国式现代化"理论同频共振

当前高校思政课教学中存在部分内容滞后、更新速度延迟、理论与现实脱节等问题，不能很好地适应新时代新征程上青年大学生新的思想发展需求，这要求高校思政教学要顺时而进，将"中国式现代化"这一党的二十大提出的最新战略构思及时融入高校思政课教学，有效发挥高校思政课的育人功能和共识凝聚作用。

教学内容体系建设是"中国式现代化"融入高校思政课教学的重要基础。为此，需要深入挖掘"中国式现代化"的课内外教学资源，强化教学内容支撑。其一，学校要提高"中国式现代化"融入高校思政课教学的重视程度，加大对"中国式现代化"教学内容精心设计和资源投入，开发或者购买一些与"中国式现代化"相关的校本教材，为教师开展"中国式现代化"教学提供充足的内容支撑。其二，教师要深入剖析

与整合教材内容，在备课中将零散的"中国式现代化"知识融入思政课教学内容中，将"中国式现代化"的理论精髓和精神实质贯穿于整个课堂教学体系中，增强教学内容整体性衔接。思政课教师要在教学过程中增添国内外社会发展现代化道路专题，引导青年学生提高对有害思想的甄别能力，有效抵御西方敌对势力的恶意抹黑，借助严密的逻辑话语体系来说明"中国式现代化"的内涵、特征、发展步骤、阶段目标等，使学生从理论层面丰富对社会主义现代化道路的认识，破除对西方发展道路"优越论"的迷信，进一步论证"中国式现代化"是不同于西方现代化发展逻辑的全新道路，使学生认识到"中国式现代化"才是带领中国人民走向伟大复兴的光明之路。其三，结合学生身心发展规律，打造一批与"中国式现代化"主题相关的实践育人精品项目，推动建立校地共建的"中国式现代化"教学基地，结合过去五年发展及新时代以来十年发生的伟大变革开展实践教学活动，引导青年大学生将"中国式现代化"与党的奋斗路程、党的斗争经验以及现实问题紧密联系，挖掘红色文化及其发展进路，通过翻转课堂、微课或慕课等教育形式讲好中国故事，增进对"中国式现代化"的日常生活体验，丰富"中国式现代化"的实践教学内容，让学生在实践教学活动中深刻了解"中国式现代化"的建设发展成就，引导学生正确认识"三大规律"，自觉提高"中国式现代化"的理论知识素养。

（二）应势而兴：积极主动推进教学方法改革，促进高校思政课教学范式与"中国式现代化"理论伴生发展

习近平总书记非常重视思政课的改革创新，多次强调要坚持在改进中加强思政课教学改革、不断增强思政课的思想性、理论性和亲和力、针对性，以满足学生成长发展的需求和期待等。传统的高校思政课教学在一定程度上存在枯燥乏味、晦涩难懂且不切实际的问题，导致学生在课堂上积极性不高，将思政课看作是修学分的"重在参与"型课程。因此，推动教学方法改革、教学模式创新，对促进高校思政课教学范式与"中国式现代化"理论伴生发展至关重要。"教学的成败很大程度上取决于教师是否能妥善地选择教学方法"[1]。因此，必须联动课堂教学、实践教学以及网络教学等方式，创新符合实际需要的教学方法。其一，优化课堂教学方法，积极将讲授法、讨论法和演示法等多种方法有效结合，提高教学效果。尤其是要推动现代信息技术融入课堂教学，开辟移动课堂、虚拟现实体验课堂、智慧课堂等多种平台，以融媒体教学增强教学趣味性，使"中国式现代化"教学效率更加高效。其二，创新实践教学方式，丰富学生的学习体验。马克思曾指出："一步实际行动比一打纲领更重要。"[2] 因此，有必要

① 孔德拉秋克. 教学论（中专）[M]. 李子卓，译. 北京：人民教育出版社，1984：57.
② 马克思恩格斯选集：第一卷 [M]. 北京：人民出版社，1995：16.

拓宽以"中国式现代化"为载体的实践教学形式，将参观教学法、任务驱动法和自主学习法有效结合，推动实行以直观感知为主的教学方法。通过组织中西方现代化比较分析研讨会、参观我国各地现代化发展成就展览和开展田野调查等，让学生以讲述实践心得体会或整理调查报告的形式对学习体验进行总结，将所闻、所感以及拟解决的问题进行系统整理，进一步深化学生对世界现代化、对西方现代化、对"中国式现代化"的理性认识，引导学生积极参与相关实践活动。

开展教学模式创新，如积极采用和推广对分课堂教学模式，基于认知心理学原理，采取一系列环环相扣的教学活动改变以往教师"一言堂"从头讲到尾的传统教学模式，将课堂时间一分为二，一半时间由教师授课，另一半时间则留给学生进行充分讨论，并在讲授与讨论之间设置知识吸收环节，凸显学生在课堂上的主体性，引导学生加强自我教育。在将"中国式现代化"融入高校思政课教学过程中科学设计聚焦学生现实困惑的"问题链"，针对教学内容提出"'中国式现代化'与西方现代化相比有什么不同呢?""'中国式现代化'为人类实现现代化提供了新的选择，这是否意味着中国有意向把自己的发展模式出口到国外呢?"等导入性问题，引导学生以接受知识为导向的学习转向以思考和交流为导向的学习，在不同观点交锋的对话场域，对社会现实问题进行辩证思考，通过科学有效的课堂互动和深入浅出的理论辨析，提高青年大学生对"中国式现代化"理论的政治认同，在解疑释惑中彰显思政课教学"讲道理""明是非"的思想理论张力。

（三）因事而化：充分发挥全媒体教学手段优势，实现高校思政课教学方法与"中国式现代化"实践交融互促

习近平总书记在党的二十大报告中指出要"加强全媒体传播体系建设，塑造主流舆论新格局"①。截至2022年6月，我国网民规模为10.51亿，互联网普及率达74.4%。② 近年来，以大数据、人工智能、融媒体和新媒体为代表的全媒体技术手段蓬勃发展，革新了青年大学生接触知识、获取知识的方式方法，拓宽了青年大学生学习思政课的渠道选择，为高校思政课教学带来更为丰富的媒介资源和前沿的学科知识，为"中国式现代化"融入高校思政课教学带来新的信息技术契机。其一，全媒体技术的发展拓宽了"中国式现代化"融入高校思政课的渠道。在互联网普及前，除口头传授知识外，青年大学生学习思想政治理论知识主要通过书本、报纸、电视等传统单向

① 习近平. 高举中国特色社会主义伟大旗帜 为全面建设社会主义现代化国家而团结奋斗——在中国共产党第二十次全国代表大会上的报告［M］. 北京：人民出版社，2022：43.
② CNNIC 发布第50次《中国互联网络发展状况统计报告》［EB/OL］.（2022－08－31）. http://cnnic.cn/n4/2022/0916/c38－10594.html.

性媒介。如今，全媒体教学已然成为思政课教学知识的重要渠道，为更好地传播"中国式现代化"理论，引导青年大学生为全面推进中华民族伟大复兴接续奋斗提供了全新载体。其二，全媒体教学丰富了"中国式现代化"融入高校思政课堂的实现形式。相较于传统思政课堂，智慧思政等各种网络平台给了青年大学生更为开放、多元和立体的学习空间，使广大青年学生能通过各种正能量推文、红段子、短视频等课外学习形式，利用碎片化时间学习了解"中国式现代化"理论。同时，一些青年大学生受到思政课教学的感召，又反过来用自己的话语方式输送知识，用网络流行语、微电影和更加容易引起同龄人共鸣的呈现方式生动讲述作为"95后""00后"一代人眼中的"中国式现代化"进程，既走心又走新，为高校思政课教学带来清新体验和别样观感，为"中国式现代化"融入高校思政课教学注入了新鲜血液。其三，高校思政课教师要在全媒体教学的发展趋向下不断增强自身的信息化素养及综合性能力。"办好思想政治理论课关键在教师"①，教师的综合能力直接影响将"中国式现代化"融入思想政治理论课的效果，因此有必要采取多项举措加强教师队伍的综合性建设。置身"信息大爆炸"的网络社会和手机智能时代，高校思政课教师亟需提升自身收集和分析数据的能力，借助互联网爬虫技术，快速、全面和准确地抓取有利于生动拓展"中国式现代化"的教学案例，拓展"中国式现代化"的教学素材源泉，促使严肃抽象的思政课学习走向通俗化和大众化，实现高校思政课新媒体教学与"中国式现代化"实践交融互促。同时还要进一步探索建立"中国式现代化"协同创新中心、名师工作室、教师实践研修基地等平台，整合校、院相关资源和研究力量，推动政产学研交流合作，提升教师队伍的综合素质。

（四）适时而谋：善用"大思政课"培根铸魂，赋能高校思政课教学过程与"中国式现代化"理论入脑入行

"大思政课"是立德树人系统工程中思想政治理论课的新形态，是对思政课建设经验和建设规律的深度凝结，在高校思政课培根铸魂的导向功能中占据新方位。将"中国式现代化"与高校"大思政课"相融合是落实习近平总书记提出的"'大思政课'我们要善用之"的具体反映，便于"中国式现代化"理论通过高校思政教学入脑入心入行，坚定大学生理想信念，提升"大思政课"的育人效能，打造"大思政课"格局。其一，善用"大思政课"并将之与现实相结合，多维度解读"中国式现代化"理论发展与实践进程，使青年大学生知其然更知其所以然地悟透"中国式现代化"形成和发展的时代背景；要以宏观出发、微观落脚的故事形式，启智青年大学生在学习成

① 习近平.用新时代中国特色社会主义思想铸魂育人 贯彻党的教育方针落实立德树人根本任务 [N].人民日报，2019－03－19（01）.

长中把完成学业小目标与实现中华民族伟大复兴大目标相贯通，启迪他们从自身做起、从小事做起、从点滴做起，立鸿鹄志，做奋斗者。其二，思政课教师必须具备深厚的历史视野，学会抓重点与关键点，"通过生动、深入、具体的纵横比较，把一些道理讲明白、讲清楚"①，将"中国式现代化"历史进程中的重大事件、重要会议、重要人物融入高校思政课的教学内容，使理论课堂变得有棱有角、有血有肉、有情有义，提高高校思政课教学的亲和力；同时，也要组织高校思政课教师集中学习党中央重大方针政策和决策部署，建立线上线下贯通机制，开展内化外化并重措施，积极营造校园文化氛围，合力凝聚多方资源力量，及时将有关"中国式现代化"理论创新最新成果贯穿融入教学体系，充分体现课程的思想性、理论性与实效性，不断提升新时代思政课高质量发展，努力培养在新征程上堪当民族复兴大任的时代新人。

青年兴则国家兴，青年强则国家强。习近平总书记强调："广大青年要坚定不移听党话、跟党走，怀抱梦想又脚踏实地，敢想敢为又善作善成，立志做有理想、敢担当、能吃苦、肯奋斗的新时代好青年，让青春在全面建设社会主义现代化国家的火热实践中绽放绚丽之花。"② 在当今中国特色社会主义伟大事业中，在老一辈与新一代青年的接力赛中，在迈向第二个百年奋斗目标新征程上，用"中国式现代化"理论指引和激励青年大学生成为高校思政课中迫切需要展开的教学环节。因此，亟需遵循将"中国式现代化"融入高校思政教学的实践逻辑，不断拓新"中国式现代化"在高校思政课的教学的实践进路，使"中国式现代化"理论在广大高校青年群体中落地生根、开花结果，激发其内化于心、外化于行的强大精神动力。

---

① 习近平. 思政课是落实立德树人根本任务的关键课程 [J]. 求是，2022 (7)：11.
② 习近平. 高举中国特色社会主义伟大旗帜 为全面建设社会主义现代化国家而团结奋斗——在中国共产党第二十次全国代表大会上的报告 [M]. 北京：人民出版社，2022：71.

中国式现代化关于人民至上的三重逻辑

谢 影*

党的二十大报告阐释了中国式现代化的特征：是人口规模巨大的现代化，是全体人民共同富裕的现代化，是物质文明和精神文明相协调的现代化，是人与自然和谐共生的现代化，是走和平发展道路的现代化。在中国式现代化五大特征中，首先提到的就是人口规模巨大的现代化。由此可见，在这场现代化征程中，人民是最坚实的依托、最强大的底气。习近平总书记指出："我国现代化是人口规模巨大的现代化。我国十四亿人口要整体迈入现代化社会，其规模超过现有发达国家的总和，将彻底改写现代化的世界版图，在人类历史上是一件有深远影响的大事。"① 因此，深刻领悟中国式现代化关于人民至上的理论逻辑、历史逻辑与实践逻辑，把握历史主动，有利于推进新时代具有中国特色的中国式现代化道路的历史进程。

一、理论逻辑

群众史观有着丰富的科学内涵，是马克思主义唯物史观的重要组成部分。在马克思主义与中国实际国情相结合的过程之中，群众史观也进行了中国化，这构成了部分的马克思主义中国化的理论基础。中国共产党始终秉持和汲取群众史观，认为人民群众是历史的主体，是物质财富和精神财富的创造者，是社会变革的决定力量。这对中国共产党带领人民自信自强、踔厉奋发迈向全面建设社会主义现代化国家新征程，具有重大意义。

（一）马克思主义群众史观的主要内容

人民是推动历史进步的动力。马克思主义群众史观始终坚持人民群众是历史的创造者的观点包含三个方面：人民群众是历史的主体，人民群众是物质财富和精神财富

---

* 谢影，女，广东财经大学马克思主义学院硕士研究生，研究方向为思想政治教育。

① 习近平. 高举中国特色社会主义伟大旗帜 为全面建设社会主义现代化国家而团结奋斗——在中国共产党第二十次全国代表大会上的报告［N］. 人民日报，2022－10－26（01）.

的创造者，人民群众是社会变革的决定力量。这三个方面相互联结，构成人类历史活动的全部内容。

（1）人民群众是历史的主体。

马克思在《神圣家族》中写道："历史上的活动和思想都是'群众'的思想和活动，随着历史活动的深入，必将是群众队伍的扩大。"① 他还提到，"在整个历史发展的无限过程中，人始终是主体"。这些都明确了人民群众是历史主体的思想。人类社会赖以存在和发展的基础是物质资料的生产和生产方式，人民群众作为历史主体，不仅通过推动生产力的发展，影响和决定着上层建筑的变革，并且参与推动社会形态的演变，从而肯定人民群众在历史创造中的决定性作用。

（2）人民群众是物质财富和精神财富的创造者。

首先，人民群众是社会物质生产资料和生活资料的创造者，人们赖以生存和发展的物品都是通过人民群众的生产劳动创造的，没有人民群众的生产劳动，人类社会将无法维持和发展。人民群众也创造了精神财富，人民群众的社会实践活动是科学、文化、艺术的唯一源泉；其次，劳动群众为人们从事精神文化活动提供了一切物质手段和物质条件；最后，劳动知识分子在精神财富的创造过程中起着极其重要的作用。精神财富凝聚了人民群众的智慧，推动了国家和民族的发展。

（3）人民群众是社会变革的决定力量。

马克思在《共产党宣言》中提出无产阶级革命运动的实质是"绝大多数人的、为绝大多数人谋利益的独立的运动"，体现了作为人民群众主体的无产阶级是人民群众解放的"心脏"。② 如果没有人民群众团结起来推翻旧的社会制度，就不可能有新制度的构建。

马克思、恩格斯在《德意志意识形态》中写道："我们的出发点是从事实际活动的人。"马克思主义"群众史观"从社会存在决定社会意识的历史唯物主义基本原理出发，坚持尊重社会发展规律与尊重人民历史主体地位的一致性。人民群众是推动历史发展的社会成员的总和，普适性人民大众，是从事物质资料生产的主体，通过实践和劳动为精神产品的生产提供物质前提，是推动历史发展的主要参与人和创造者，是改造自然和改造社会的决定力量。马克思主义是无产阶级认识世界和改造世界的思想武器，只有用马克思主义群众观点武装头脑，无产阶级和人民群众才能改变自己的命运。

（二）习近平群众观的主要内容

习近平总书记特别强调："坚持以人民为中心。人民是历史的创造者，是决定党和

① 马克思恩格斯文集：第一卷［M］．北京：人民出版社，2009：287.
② 马克思恩格斯文集：第一卷［M］．北京：人民出版社，2009：262.

国家前途命运的根本力量。必须坚持人民主体地位，坚持立党为公、执政为民，践行全心全意为人民服务的根本宗旨，把党的群众路线贯彻到治国理政全部活动之中，把人民对美好生活的向往作为奋斗目标，依靠人民创造历史伟业。"[①] 习近平总书记密切联系群众，倾听群众心声，带领我们进入新时代，形成了具有逻辑性和实践性的群众史观，习近平总书记提出的"以人民为中心"的发展理念，赋予马克思主义群众史观新的时代内涵。

（1）人民群众是力量源泉。

发展依靠人民。这是群众史观对人民重要性的阐述。社会发展需要依赖人民的力量，人民群众为社会主义现代化建设和中华民族伟大复兴中国梦的实现提供了强大的动力来源。因此，中国共产党必须坚持群众观点和群众路线，紧紧依靠群众。只有依靠人民群众，才能实现伟大梦想。

（2）人民群众是执政根本。

习近平指出，人民群众是我们党的执政根本。党来源于人民、植根于人民、为人民服务，党的力量源泉在于同人民保持血肉联系。中国共产党之所以能够得到群众的支持，正是因为密切联系群众，中国共产党才拥有了执政兴国的最大底气。

（3）人民群众共享发展成果。

发展成果由人民共享。人民是共享的主体，共享要求中国共产党在经济发展中得到的成果由人民共享，维护好公平正义，通过初次分配、再分配和三次分配保障人民能够更好地共享发展成果，广大人民群众的获得感、幸福感、安全感更加充实、更有保障、更可持续。

（三）中华民族优秀传统文化中"民本"思想的主要内容

中国传统文化承载着中华民族发展的血脉，中国传统文化中有着深厚的"民本"思想，民本思想一直是国家荣辱兴衰的关键。古人曰："为天地立心，为生民立命，为往圣继绝学，为万世开太平。"古人又言："凡举事必先审民心，然后可举"。孟子提出"民为贵，社稷次之，君为轻"的"民贵君轻"政治主张。唐代大臣魏征说："君为舟，民为水，水能载舟亦能覆舟。"由此可见，中国式现代化道路是对中华民族优秀传统文化的弘扬与超越。一个政党、一个政权，其前途命运取决于人心向背，只有真心为人民谋利，全心全意为人民尽责，赢得人民支持，一个政党与一个政权才有生命力。只有依靠人民干事业，我们党和国家才能克服一切艰难险阻，提高抵御防范风险能力，实现中国式现代化的发展目标。

[①] 习近平. 决胜全面建成小康 夺取新时代中国特色社会主义伟大胜利——在中国共产党第十九次全国代表大会上的报告 [N]. 人民日报，2017 – 10 – 26（01）.

二、历史逻辑

坚持人民至上，是中国共产党百年奋斗的关键法宝。为中国人民谋幸福、为中华民族谋复兴，是中国共产党人的初心和使命。坚持人民至上，体现了中国共产党的根本宗旨。中国式现代化中内含的人民至上观点是中国共产党将马克思主义群众史观与中国时代特征和具体国情相结合得到的智慧结晶，体现了马克思主义中国化理论体系的不断发展，也体现了中国共产党对中国百年奋斗史经验总结的继承和发扬。

（一）新民主主义革命时期创造根本社会条件

新民主主义革命时期，中国共产党就把人民立场作为根本政治立场，广泛开展工人运动、农民运动，依靠人民群众推翻帝国主义、封建主义、官僚资本主义"三座大山"，争取民族独立、人民解放，为实现中华民族伟大复兴创造根本社会条件，让人民当家作主的新型社会主义国家制度成为现实。毛泽东把群众史观与中国革命的具体实践相结合，他提出"人民，只有人民，才是创造世界历史的动力"①，并创立了独具中国特色的群众路线及群众方法，把人民群众广泛团结在党的周围。群众观点是党的根本观点与路线，也是党进行一切活动的根本依据，要坚持从群众中来到群众中去，将群众的意见践之于行动，并且在实践中不断检验其真理性。由此循环往复，为我国的革命、建设和改革发挥了指导性的作用。

（二）社会主义革命与建设时期奠定坚实基础

社会主义革命与建设时期，党领导人民自力更生、发愤图强，带领一穷二白、人口众多的东方大国完成了社会主义改造，建立起了社会主义制度，大步迈进人民当家作主的社会主义国家。在国民经济落后，物质资源匮乏，人民生活水平低下，各项制度亟须改进的情况下，中国共产党始终坚持以人民为中心的发展思想，始终坚持走社会主义发展道路，国民经济秩序逐步恢复，人民群众切身利益得到保障。在社会主义基本制度确立后，国民经济体系和工业体系初步构建，人民生活得到改善，为社会发展提供了坚实的物质保障和制度基础，也体现了中国共产党在革命与建设实践中关于人民至上的智慧结晶。

（三）改革开放和社会主义现代化时期提供有力保证

改革开放和社会主义现代化时期，党紧紧抓住以经济建设为中心，大力解放和发展生产力，中华民族从一穷二白、封闭落后走向繁荣富强。邓小平提出了"三个有利

---

① 毛泽东选集：第三卷［M］．北京：人民出版社，1991：1031．

于"标准，并再次强调"群众观点"的重要性。以江泽民同志为核心的第三代中央领导集体，形成的"三个代表"重要思想中的核心内容是始终代表最广大人民群众的根本利益，继承中国共产党的群众观点，并且诠释了中国共产党全心全意为人民服务的根本宗旨。以胡锦涛同志为总书记的党中央坚持"以人为本"把人民的利益放在核心的位置，不断满足人民群众日益增长的物质文化需要，保障人民的权益，让发展的成果由人民共享，以此来推动社会的发展。

由此可见，人民群众要通过实践来满足自身的需要，从而推动历史的车轮不断向前，这一过程也是新的需要以及新的利益不断往复的过程，正是人民群众新需要和新利益的出现，才推动了社会不断进步。从毛泽东的"一切为人民服务"和建设时期以人民为中心的发展思想到邓小平的"是否有利于提高人民的生活水平"，然后到江泽民的"代表中国最广大人民的根本利益"，再到胡锦涛的"发展成果由人民共享""实现人的全面发展"都是中国共产党奋进探索中对传统文化和革命文化的丰富与发展。如果说人民的"小推车"是中国共产党领导中国革命并取得胜利的"法宝"，那么，坚持人民至上，用好人民的"小推车"蕴藏的洪荒之力，也是实现中华民族伟大复兴中国梦不可或缺的"法宝"。自党的十八大召开至今的十年中，中国共产党和中国人民团结奋斗，深入贯彻以人民为中心的发展思想，在幼有所育、学有所教、劳有所得、病有所医、老有所养、住有所居、弱有所扶上持续用力，不断改善人民生活、增进人民福祉。人民群众获得感、幸福感、安全感更加充实、更有保障、更可持续，共同富裕取得新成效。

三、实践逻辑

党的十八大以来，中国特色社会主义进入新时代，中国式现代化进入新阶段。我们党始终坚持以人民为中心的发展思想，全面贯彻全过程人民民主，推动人的全面发展，中华民族迎来了从站起来、富起来到强起来的伟大飞跃。习近平主席在演讲中指出："中国经济社会的更好发展，归根结底要激发14亿多人民的力量。"中国共产党始终坚持以人民为中心，从国情出发想问题、作决策、办事情，既不好高骛远，也不因循守旧，从历史传统出发，坚持稳中求进、持续推进，激发14亿多人民撸起袖子加油干，一张蓝图绘到底，共同迈入现代化。

（一）坚持中国共产党领导的核心地位

坚持党的领导是中国特色社会主义的最本质特征，是中国特色社会主义制度的最大优势，也是实现社会主义现代化的根本保障。中国共产党之所以能够担负起我国现代化坚强领导核心的地位不是自封的，是历史和人民的选择，是由党的性质和使命决定的。坚持人民至上的价值立场，中国式现代化必须坚定不移地走社会主义道路。坚持中国特色社会主义是中国式现代化的本质要求之一。没有中国共产党的领导，中国式现代化就难以顺利推进。中国共产党发挥领导作用，不断完善社会主义现代化建设的顶层设计、政治保证愈益坚强，统筹兼顾各方切实利益，集中力量办大事，有效避免了西方现代化过程之中经济凋敝、环境破坏、主权丧失与社会崩溃等国家衰败问题。用几十年时间走完了发达国家几百年走过的工业化历程，为全面建设社会主义现代化国家奠定了雄厚发展基础。

（二）锻造中国共产党的过硬本领

当前，中国发展进入战略机遇和风险挑战并存、不确定难预料因素增多的时期，易产生各种"黑天鹅""灰犀牛"事件。居安思危、未雨绸缪，对于中国共产党来说至关重要。就外部环境而言，世界正处于百年未有之大变局，国际力量对比深刻调整，外部环境日趋复杂，我党走中国式现代化道路，需要敢于斗争、善于斗争，团结带领群众维护国家的尊严和利益，从而造就一个和平安全的发展环境。就内部环境来说，如今，社会中仍然存在着腐败现象，有的干部为了自身利益，罔顾群众的利益。因此，只有坚持党要管党、从严治党，以改革创新精神推进党的建设，不断增强党的自我净化、自我完善、自我革新、自我提高的能力，才能更好经受住执政考验、改革开放考验、市场经济考验、外部环境考验，更好地战胜精神懈怠危险、能力不足危险、脱离群众危险、消极腐败危险，使党始终成为中国特色社会主义事业的坚强领导核心，充分调动各方面积极性，通过伟大实践成功推进和拓展中国式现代化。

（三）走符合中国国情的正确道路

习近平总书记强调"中国特色社会主义是社会主义而不是其他什么主义"，中国式现代化建设乃至社会主义现代化建设都是一项前无古人的事业，没有可借鉴的现成经验。这就要求中国共产党在探索中前进。中国式现代化道路显著区别于西方现代化道路，具有人口规模巨大、实现全体人民共同富裕、物质文明与精神文明相协调、人与自然和谐共生、走和平发展道路的质的特性。中国共产党遵循世界现代化发展的普遍性规律，同时又立足于中国特殊的历史传统与现实国情展开中国式的探索，实现了普遍性与特殊性的有机统一。这条正确道路超越了西方现代化，体现了新时代坚持以人民为中心的发展思想，提高了人民的生活水平，改善了我国的发展方式，也为发展中国家探索适合自身的现代化道路提供了中国方案。这既促进了中国的发展，也促进了全人类的发展。

四、结语

历史照亮未来，征程未有穷期。习近平总书记在党的二十大报告中指出："从现在起，中国共产党的中心任务就是团结带领全国各族人民全面建成社会主义现代化强国、实现第二个百年奋斗目标，以中国式现代化全面推进中华民族伟大复兴。"这一重要论断明确了人民群众在整体推进民族复兴中的重要地位。在中国共产党的百年征程中，始终坚持"人民至上"、站稳人民立场、把握人民愿望、尊重人民创造、集中人民智慧，紧紧依靠人民创造历史，坚持全心全意为人民服务的根本宗旨，诉诸人民需求，贯彻党的群众路线，不断增进人民福祉，践行以人民为中心的发展思想，构建稳定和谐的社会环境，切实增强人民群众的获得感、幸福感和安全感。在新的历史方位上，中国共产党将坚定不移地坚持"以人民为中心"的发展思想，在新的赶考之路上，交出新的优异答卷。

中华民族共同体意识融入高校思政课实践优化路径探究

郑雅仪*

“以铸牢中华民族共同体意识为主线，坚定不移走中国特色解决民族问题的正确道路，构筑中华民族共有精神家园”①，这是党中央对实现中华民族伟大复兴的战略擘画。习近平总书记在党的第二十次全国代表大会上再次强调：“以铸牢中华民族共同体意识为主线，加强和改进党的民族工作。”这一强调凸显了新时代民族工作的重要性。2021年3月6日，习近平总书记在看望医药卫生界、教育界委员时对思想政治理论课教师提出期许：“‘大思政课’我们要善用之，一定要跟现实结合起来。上思政课不能拿着文件宣读，没有生命、干巴巴的。”② 联系实际，把党的理论融入思政课，有利于引导大学生砥砺奋进，达到培根铸魂、启智润心的效果。党的二十大报告为推进新时代高校思想政治教育和各族大学生铸牢中华民族共同体意识指明了主攻方向，提供了根本遵循。

一、中华民族共同体意识融入高校思政课的必要性

民族团结是各族人民的生命线，是发展进步的基石。改革开放特别是党的十八大以来，党高度重视民族工作，强调民族工作关键在党、关键在人。铸牢中华民族共同体意识是全国各族人民的共同愿望和迫切要求，党和政府职能部门、各企业事业单位都必须高度重视、落实这项工作。而当今国际社会，民族和地区之间差距越来越大，极端主义和民族分裂主义抬头，世界面临百年未有之大变局，推动中国各族人民实现共同富裕，尤其要重视对大学生群体进行中华民族共同体教育，以此汇聚实现中华民

---

* 郑雅仪，广东财经大学马克思主义学院2021级硕士研究生，主要研究方向为马克思主义中国化的历史进程与理论成果。

① 习近平．习近平谈治国理政：第四卷［M］．北京：外文出版社，2022：243.

② “‘大思政课’我们要善用之”［N］．人民日报，2021－03－07（01）.

族伟大复兴的强大力量。

（一）维护国家统一和民族团结的重要基础

国家统一、民族团结是中国各项事业的根本保证，是国家富强、民族振兴、人民幸福的前提条件。习近平总书记在庆祝中国共产党成立 100 周年大会上指出："一百年前，中华民族呈现在世界面前的是一派衰败凋零的景象。今天，中华民族向世界展现的是一派欣欣向荣的气象，正以不可阻挡的步伐迈向伟大复兴。"① 一百年沧桑巨变，好似换了人间，这正是中国共产党、中国人民、中华民族团结奋斗的结果。近代以来，西方列强用坚船利炮撞开中国大门，实现民族独立和团结成为中国人民的深切期盼。中国共产党勇于挑起重担，团结各族人民，制定一系列政策，并在实践中推动中华各民族的团结与统一，将民族工作融于革命斗争中，奏响民族团结大乐章。

铸牢中华民族共同体意识是团结各民族的本源。习近平在参加内蒙古代表团审议时指出："要紧紧抓住铸牢中华民族共同体意识这条主线，深化民族团结进步教育，引导各族群众牢固树立休戚与共、荣辱与共、生死与共、命运与共的共同体理念。"高校是青年人最多、思想最活跃的地方，是多种思潮的汇集地，是意识形态工作的前沿阵地。高校肩负着为国家立心、为民族立魂的重要使命，必须在新时代站稳守好意识形态阵地，在思政课教学过程中融入中华民族共同体教育，为广大学生讲解关于党团结和统一各民族的历史事实和现实案例，提升大学生的国家认同、民族认同，引导学生树立命运共同体理念，"立"住红色地带，为夯实祖国统一和民族团结提供切实保障。

（二）落实立德树人根本任务的重要环节

青年兴则国家兴，青年强则国家强。大学生群体受人生阅历、知识体系、社会经验等因素影响，世界观、人生观、价值观仍处于可塑阶段。因此，大学生在成长成才的过程中，应该接受党的科学理论的引导。习近平总书记在学校思想政治理论课教师座谈会上强调"青少年阶段是人生的'拔节孕穗期'，这一时期心智逐渐健全，思维进入最活跃状态，最需要精心引导和栽培"②。党中央加强对青年大学生的中华民族共同体教育，正是加强对大学生"四德"教育的重要体现，也是落实立德树人根本任务的重要环节。

如今，相当一部分大学生对中华民族共同体演进的历史脉络、基本内涵、价值意义和路径探究不熟悉，对各民族交往交流交融的历史与现实、新时代党的民族工作、民族事务的政策法规等知识缺乏了解。同时，人的本质是一切社会关系的总和，这就

---

① 习近平. 在庆祝中国共产党成立 100 周年大会上的讲话 [J]. 中华人民共和国国务院公报，2021（19）：6－11.

② 习近平. 思政课是落实立德树人根本任务的关键课程 [M]. 北京：人民出版社，2020：2.

决定了人的个体发展离不开集体的发展。中华民族以其特有的资源禀赋、历史传统、文化底蕴构筑起共有精神追求，成为实现民族复兴、人民幸福、国家富强的力量。通过加强对大学生的中华民族共同体教育，使得大学生明确个人与民族、国家的关系，深刻认识到各民族之间的你中有我、我中有你的血肉联系，将平日的所学所思内化于心、外化于行，融会贯通于具体实践当中。高校思政课能够帮助大学生认识中华民族的苦难辉煌，在课堂教育中铸牢中华民族共同体意识，在生活实践中促进各民族像石榴籽一样紧紧抱在一起，努力成为讲政治、有信仰、懂学识、知廉耻、促和谐的高素质人才。

（三）应对世界发展大势的迫切需要

当今世界正面临百年未有之大变局，国家、地区之间差距愈来愈大，民族分裂主义倾向日趋抬头，经济全球化面临重重困难，波谲云诡的国际形势、复杂敏感的周边环境、艰巨繁重的改革发展任务使得世界发展大势极其不稳定，特别是"黑天鹅""灰犀牛"事件频发，各类风险困难影响发展局势，凸显了中华民族共同体教育融入思政课的重要性。

中华民族伟大复兴关键在党，为政之要关键在人。思政课肩负着引导各族青少年正确认识世界和中国发展大势、时代责任和历史使命的重任，也担当着引导青年学生保持正确的政治方向和提升道德修养以及激励青少年把个人理想追求自觉融入国家和民族事业之中的重要使命。将中华民族共同体教育融入、贯穿思政课教育的全方位和全过程，当大学生面对各种思潮的交叉冲击和复杂多变的社会现象时，能够帮助他们做到保持定力、稳住方向、明辨是非，将爱国爱民情怀自觉融入个人发展的奋斗中，以实际行动报效祖国、服务人民。因此，必须坚持聚焦铸牢中华民族共同体意识这一主线，用心用情用力打造培根铸魂、启智润心的思政课，推动青年大学生坚定对伟大祖国、中华民族、中华文化、中国共产党、中国特色社会主义的高度认同，增强对中华民族的认同感和自豪感，不断推进中华民族共同体建设。

二、中华民族共同体意识融入高校思政课的可行性

中华民族共同体意识融入高校思政课教学具有历史重要性和现实紧迫性，需要在实践中贯彻执行。高校教学体系完善、师资队伍优良，加之思政课教材的内容与中华民族共同体教育具有一定的契合之处，为铸牢中华民族共同体意识的有机融入提供了有利条件，保证了高校思政课宣传和发扬中华民族共同体意识教育的有效功能。

（一）高校思政课教学的内容体系有利于中华民族共同体意识的有机融入

高校本专科教育中的五门思政课分别体现了铸牢中华民族共同体意识的相关内容。

"马克思主义基本原理"课的教学内容主要涉及辩证唯物主义和历史唯物主义的相关知识点，其中认识与实践、"社会存在"与"社会意识"的知识内容，有助于大学生更好地理解中华民族共同体意识和中国特色社会主义之间的关系。"毛泽东思想和中国特色社会主义概论"课介绍了中国共产党在不同历史时期的民族理论和民族工作实践，有利于大学生了解党的民族政策的具体内容和时代价值，了解中华民族五千多年来的发展脉络和各民族交流交融的历史过程。"中国近现代史纲要"课揭示了我们党在革命、建设、改革开放及新时代建设不同历史时期的重大成就和历史经验，有利于大学生了解党推动民族团结和祖国统一的理论创新和实践探索。"思想道德与法治"课主要讲述了马克思主义的人生观、价值观、道德观、法治观，社会主义核心价值观、中华民族大家庭，以及阐述了作为青年的学生个体与实现中华民族伟大复兴的辩证关系等，有利于引导大学生树立远大理想，培育优良品德，担当民族复兴大任。同时，有助于促进各民族学生团结相处、友好互助。"形势与政策"课帮助大学生开阔视野，及时了解和正确对待国内外重大时事，使大学生在新时代改革开放的环境下具有坚定的立场，铸牢中华民族共同体意识，增强民族自信心和社会责任感，坚定走中国特色社会主义道路。为硕博研究生开设的"中国特色社会主义理论与实践研究""自然辩证法概论""中国马克思主义与时代"等思政课程站在新时代和全球化的更高视野，从不同角度涉及党的民族理论、政策和实践，为硕博研究生提供更深层次的理论阐释，从而帮助他们铸牢中华民族共同体意识，使其成为民族复兴中不可或缺的先锋力量。

正是因为高校思政课的教学内容体系与中华民族共同体教育具有契合之处，中华民族共同体教育才能更顺利地融入思政课教学，中华民族共同体意识才能更有效地入脑入心。

（二）高校思政课优良的师资队伍有利于中华民族共同体意识的有效融入

办好思政课关键在教师。高校教师队伍综合素质高，有利于中华民族共同体意识融入思政课教学。其一，高校思政课教师政治素质优良，具有坚定的马克思主义信仰。习近平总书记对思政课教师提出的第一点要求，便是政治性要强。高校思政课教师多毕业于马列学科的专业，且教育部明确规定，高校新入职的思政课教师原则上是中国共产党党员。思政课教师只有自己信仰坚定，对所讲内容高度认同，做学习和实践马克思主义的典范，才能讲得有底气，讲深讲透，才能有效引导学生真学、真懂、真信、真用。其二，高校思政课教师学历较高，专业素质高，知识视野广。高校思政课教师招聘对于学历学位、毕业院校的要求较高，对教师的专业素质要求严，吸纳的教师多为高层次专业性人才。同时，高校要求思政课教师除了具有马克思主义理论功底之外，还要广泛涉猎其他哲学社会科学以及自然科学的知识，引导学生全面客观认识当代中国、看待外部世界,把思政课讲深讲透讲活。其三,高校思政课教师坚持用党的创新理论武装头脑,更新知识体系。思政课教学涉及多学科、多领域,涉及世情、国情、党情、民情,对教师综合素质要求很高。面对快速变化的世界和中国,面对被称为"网络原住民"的当代青年,高校思政课教师不断更新教学内容,学习党的创新理论,成为铸牢中华民族共同体意识教育的教育者,担负起铸牢中华民族共同体意识的重任。

高校是青年成长成才的圣地,也是意识形态教育的主阵地,对思政课教师的教学能力和专业素质提出了更高的要求,这也为中华民族共同体意识更有效地融入高校思政课提供了坚实的保障。

(三)高校思政课完善的教学体系有利于中华民族共同体意识的系统融入

高校思政课具有完善的教学体系,保证了中华民族共同体意识的系统融入。在教材体系方面,高校思政课教材实现了教学内容的创新。高校思政课教材反映了时代发展的最新要求,对教学内容进行了必要的拓展和补充,并将社会热点焦点问题引入教材,便于课堂进行专题化教学,真正将思政课与社会现实问题联系起来,促使学生对理论产生认同,引起学生的共鸣和思考。在课程讲授方面,高校思政课有明确的教学目标、教学大纲、教学方案等标准与要求,推进教材体系向教学体系的转化,提高了思政课教学的实效性。在实践教学方面,高校思政课有专门的学分、学时,并且与社会实践有机结合起来,使高校思政课更"接地气"。在课程评价方面,高校思政课形成了课堂与课后、平时与期末、理论与实践、定性与定量相结合的教学评价体系,完善的评价体系有助于思政课教师及时收到教学反馈,并根据实际情况进行改善,提升教学质量。

高校铸牢中华民族共同体意识教育是一项系统性和长期性的工程,要求高校设定教育目标,采取有效的教学方式,落实到具体的教学实践中去,并持续推进、注重效果。高校思政课完善的教学体系为铸牢中华民族共同体意识提供了系统的融合条件,有利于铸牢中华民族共同体意识的系统融入、过程推进和实效评价,形成良好的教育效果。

三、中华民族共同体意识融入高校思政课的实践优化路径

中华民族共同体意识融入高校思政课,要根据办学特点和思政课教学模式,加强学科建设、教师队伍建设,找准融入的切入点,探索中华民族共同体意识教育与高校思政课教学的关联之处,为中华民族共同体意识融入高校思政课提供学科支撑、师资支撑和内容支撑。

（一）加强学科建设，为中华民族共同体意识融入高校思政课提供学科支撑

一门优质的思政课需要高水平的学科支撑。学科建设包括学科定位、学科队伍、科学研究、人才培养、学科基地和学科管理六个要素。精准学科定位、强化学科队伍建设有利于科学研究、人才培养，加强学科基地和学科管理有利于学科研究、课程教学的开展，并能够为师生提供优质教学资源。

基于此，将中华民族共同体意识融入高校思政课，首先，需要加强建设马克思主义理论和民族学学科，加强马克思主义民族理论与观点、党的民族理论与政策、历史与文化等的教学与研究。其次，引"育"学科带头人，建设学科团队。在学科建设中，学科带头人是关键，在学科领域中，引领和影响学科团队，带领团队实现教研室建设、科研课题攻关，实现团队的共同价值追求。而加强学科团队的建设可以增强合作意识、建设合作机制、优化团队结构、产出重大成果。引进和培育民族学和马克思主义理论学科背景的高水平知识人才，在条件支持、经费保障、培养措施、目标任务等方面投入建设，并按照年龄结构、专业背景、学历层次等标准组建专业教师队伍，打造学科团队。同时，加强开展铸牢中华民族共同体意识研究，遵循科研规律，为研究人员提供科研条件。高校应设立专项课题推进研究，并提供经费支持，推进产出重大理论成果，并通过开展以中华民族共同体意识融入思政课为主题的学术交流研讨会，提供学术交流平台，共享学术成果，推动中华民族共同体意识融入高校思政课研究走向深化和成熟。

（二）加强教师队伍建设，为中华民族共同体意识融入高校思政课提供师资支撑

习近平总书记指出："办好思想政治理论课关键在教师，关键在发挥教师的积极性、主动性、创造性。"[①] 中华民族共同体意识融入高校思政课的内化逻辑就是使共同体理念真正在师生中实现政治、价值、知识、情感等领域的"内化"，内化的过程必须重视教师的主导作用，其专业素质和教学能力直接影响思政课的课程质量。[②] 首先，强化高校思政课教师的责任意识，高校思政课教师是马克思主义理论、党的路线方针政策的宣讲者，也是党的民族理论和政策的推广者，身上不仅肩负着育人的责任，还有光荣的政治责任，担当着铸牢中华民族共同体意识的重要使命。其次，高校思政课教师大多具有马克思主义理论相关的学科背景、政治意识、理论素养、学识水平，但是对于中华民族共同体的知识体系的认识可能参差不齐，仍需有针对性地对其加强专题培养培训，增强铸牢中华民族共同体意识教育融入高校思政课教学的知识储备、主动

① 习近平. 习近平谈治国理政：第三卷 ［M］. 北京：外文出版社，2020：330.
② 王云芳，何文娟. 内化与行动：共同体理念融入民族院校思政教育的创新逻辑 ［J］. 民族教育研究，2022，33（5）：5–11.

意识和教学能力。对此，高校应将中华民族共同体意识教育融入思政课教学的专题培训，邀请马克思主义理论与民族学专家进行针对性讲授。最后，高校思政课教师可采取教研室集体备课的方式进行，对铸牢中华民族共同体意识教育怎样融入思政课、融入哪些内容、融入资源共享等进行广泛的交流切磋，达到相互借鉴、共同提高的目的。通过交流研讨的方式实现经验共享、教学改进、效果提升，使中华民族共同体意识融入思政课的典型经验得以推广应用，思政课教师之间互相促进、彼此学习，使广大高校思政课教师成为中华民族共同体意识的传播者、建设者和弘扬者。

（三）深入探索切入点，为中华民族共同体意识融入高校思政课提供内容支撑

中华民族共同体意识融入高校思政课的关键在于融入思政课教学内容体系，其中主要包括教学体系和实践教学环节。

一方面，在思政课教学体系上，高校要根据思政课知识体系和框架，将中华民族共同体意识与传统思政课教学中的内容进行关联与整合。[①] 高校思政课教师可以在"马克思主义基本原理"课中运用"社会存在"与"社会意识"的相关知识对铸牢中华民族共同体意识的内容进行讲解；在"毛泽东思想和中国特色社会主义理论体系概论"课中根据不同时期党的理论创新融入党的民族理论与中华民族共同体意识的内涵意义；在"中国近现代史纲要"课中根据革命、建设和改革的历史脉络，阐述中华民族共同体意识的形成和发展；在"思想道德与法治"课中强化理想信念、爱国主义等内容的讲解，并融入中华民族伟大复兴与青年使命担当、依法治理民族宗教事务等内容；在"形势与政策"课中强调新时代党的民族理论与实践。同时，高校应根据办学特点和实际情况，开设"铸牢中华民族共同体意识""民族理论与民族政策"等选修课程，以强化中华民族共同体意识教育。

另一方面，在实践教学环节中，可采用精准思政模式[②]，通过多种方式的融合来促进共同体理念融入思政课堂。高校根据教学专题和教学进度，采取文化交流、社会实践等实践环节，增强学生对于铸牢中华民族共同体意识的实践感悟。例如组织学生参观民族文化博物馆、民族历史博物馆、爱国主义教育基地，鼓励学生开展以了解中华民族历史、党的民族政策和实践、中华民族优秀文化等内容为主题的社会实践调查，举办以民族历史和文化为主题的戏剧、小品、朗诵和歌唱等形式的文化交流活动，将思政课书本上的内容转化为实践，深化中华民族共同体意识教育的效果。

① 王露. 以思政课推进铸牢大学生中华民族共同体意识：思政教学"N+4+3"模式探究［J］. 民族教育研究，2021，32（1）：57-64.

② 吴满意，景星维. 精准思政：内涵生成与结构演化［J］. 学术论坛，2019，42（5）：133-139.

中华民族优秀传统文化融入高校思政教育的价值意蕴和优化路径

陈　博*

党和国家向来高度重视民族工作问题，习近平总书记发表的一系列关于铸牢中华民族共同体意识的重要论述，指引着新时代的民族工作不断夺取新的伟大胜利。大学生是国家未来经济社会建设的生力军和主力军。作为国家主流思想传播的主阵地，高校适时推进思想政治（以下简称"思政"）教育教学改革，将习近平总书记关于铸牢中华民族共同体意识的重要论述融入高校思政课育人全过程，既是新时代高校思政工作义不容辞的任务要求，也是培育民族工作建设新生力量、推动民族交往交流交融的重要举措。

一、中华民族优秀传统文化融入高校思政教育的价值意蕴

中华民族优秀传统文化就是在中华民族世代相承中，具有稳定特质的共同民族精神、思维方式和价值取向的全部精神成果，构成的中华民族优秀的传统意识、观念和习俗的总和。[①] 民族优秀文化是在我国的历史文化的发展过程中形成的，伴随着一个民族的成长和发展，保留了民族发展过程中特定形态的文化。通过发掘民族历史，赓续民族精神，继承民族传统来推进优秀民族文化融入高校思政教育，将为高校厚实教育资源提供文本前提，契合教师践行立德树人的现实需要，响应促进学生增强文化自信的时代号召。

（一）发掘民族历史是高校厚实教育资源的文本前提

民族优秀传统文化与高校思政教育结合在一起对双方都是有利的，有助于传承和弘扬传统文化。高校思政教育内容中包含很多与传统文化相关的内容，如道德礼仪教

---

* 陈博，广东财经大学马克思主义学院 2021 级硕士研究生，主要研究方向为马克思主义中国化的历史进程与理论成果。

① 辛双. 中华优秀传统文化融入高校思想政治教育路径研究［D］. 沈阳：辽宁工业大学，2021.

育、价值观教育等。我国被称为礼仪之邦，重礼仪、崇尚和谐，传统文化中的人文精神与这些内容息息相关。传统文化包含育人的成分，会产生一种积极的引导作用，这与高校的思政教育异曲同工。在几千年的历史发展过程中，我国已经积淀了深厚的民族传统文化内容，形成了一套独有的道德体系，从个人言行到家庭伦理风气，乃至国家文明，我国传统文化形态与西方的文化截然不同，崇尚团结、注重公平与诚信，讲究信誉，崇尚正义，不以追求利益为主。改革开放以来，西方现代文化给我国文化带来了一定的冲击，西方商业模式席卷全球，导致高校中大学生对中华民族优秀传统文化越来越忽视，想要改善这种局面，就要引导中国文化个性建设，高校思政要立足于民族传统文化，将其作为根基，厚植思政教育的主题思想。

作为中华民族优秀传统文化的一部分，民族历史具有深厚的社会实践性，包含大量的思政教育的内容，且与高校思政教育具有密不可分的关系。当前，我国高校比较重视对教师和学生的思政教育，开展的思政教育比较积极，但还存在部分学生参与度偏低的情况，他们认为思政教育是一种内容比较空洞或形式化的教育。针对高校思政教育历史文本空泛现象，教师要从浩瀚的民族历史中找到相契合的思政教育素材。因此，发掘民族历史可以有效地丰富高校思政教育资源，促使我国的思政教育能够从民族优秀传统文化中寻求相应的文本支持。

（二）赓续民族精神是教师践行立德树人的现实需要

"办好思想政治理论课关键在教师"①，通过教师的知识传授和行为世范，学习民族优秀传统文化中的"民族气节""民族认同"等精神因素，能够有效激发学生的爱国主义情怀，进一步实现教师的立德树人这一根本任务。将中华民族优秀传统文化全方位融入高校思政课堂，讲述好仁者爱人、诚实守信、以和为贵、公平正义、世界大同等思想理念，让社会主义核心价值观建立在深厚的文化心理、价值认同之上，为有效推动社会主义核心价值观在最广泛意义上形成普遍社会价值共识建立深厚文化基础，让学生认识到社会主义核心价值观与中华民族优秀传统文化是传承与创新的关系，其中基本思想理念是相通的，进而增强青年大学生对社会主义核心价值观的文化认同、思想认同、情感认同，增进研习中华传统文化的思想自觉和行动自觉，为学生的成长成才打下更加坚实的思想道德基础。

"民族气节"是民族精神的一个体现，反映了一个民族对于外在事物的看法和自身的行为实践。良好的民族气节能够形成良好的民族认同，激发民族情感。民族认同则是在政治心理层面上认为自己是民族中的一分子，自己要为民族的复兴付出努力。民

---

① 办好思政课关键在教师——论学习贯彻习近平总书记在学校思政课教师座谈会上重要讲话［N］. 人民日报，2019－03－20（01）.

族优秀传统文化中含有的民族气节和民族认同等文化因素能够有效地对学生的民族心理进行相应的教育，促使高校学生能够对自己的民族身份达成一定的共识。在高校思政教育课程中，通过对民族优秀传统文化的运用能够有效地培养学生的民族认同感，激发学生的爱国情怀，促使学生将个人发展同民族大业相联系起来，培养学生的爱国主义精神。①

民族优秀传统文化中展示了古人在历史长流中的信念和理想，生动阐述了中华民族的理想信念是什么，如"先天下之忧而忧，后天下之乐而乐""天下大同"等思想，能够有效地培养学生的理想信念，帮助高校学生坚定自己的理想信念。理想信念是人的思想价值层面的体现，是对人生态度的反映。把中华民族优秀传统文化引入高校思想政治教育，能够有效地帮助学生进一步认识自己的理想信念，形成良好的坚定的理想信念，促使其能够按照既定的信念指导自己的社会实践。

（三）继承民族传统是学生增强文化自信的时代使命

文化是一个国家和民族区别于其他国家和民族的重要特征。2017 年印发的《关于实施中华优秀传统文化传承发展工程的意见》指出："文化是民族的血脉，是人民的精神家园。"② 目前我国大力实施文化强国战略，文化战略上升为国家战略凸显其对于一个民族的发展、繁荣、复兴与强大的重要作用。

高校思想政治教育的目标之一就是培养学生的文化自信，促使学生能够建立起相应的民族自信心，能够更好地参与到社会主义现代化建设中。民族优秀传统文化是在社会实践中产生和形成的，具有丰富的内容，能够极大地给人以心理上的震撼，激发学生的民族自信心。近代以来，中国沦为半殖民地半封建社会，民族自信心受到了极大冲击，有些人误认为只有西方的民主共和理论才能够实现中国的统一和民族的复兴。时至今日，福山的"历史终结论"一直不绝于耳，认为西方的自由民主制度代表着历史的终结，人类的文化最终统一于西方的民主自由之中。这种错误观念和言论不利于中华民族共同体的建构和文化自信的培养。通过对民族优秀传统文化的弘扬，能够让高校学生更多地了解中华优秀传统文化，能够领悟中华民族文化的博大精深。把民族优秀传统文化融入高校思想政治教育工作中去，能够极大激发学生的民族情感，从历史长河中构建民族自信心，从而实现中华民族的伟大复兴。

在新的历史条件下，世界正经历着百年未有之大变局，我国正处在发展转型的关

---

① 乌日乐. 民族优秀传统文化在高校思政教育中的传承及应用 [J]. 黑龙江民族丛刊，2022（3）：157 - 161.

② 中共中央办公厅 国务院办公厅印发《关于实施中华优秀传统文化传承发展工程的意见》 [EB/OL].（2017 - 01 - 25）. https://www.gov.cn/zhengce/2017 - 01/25/content_ 5163472. htm.

键时期，这一时期对于高校大学生的教育至关重要。高校毕业生是国家未来发展的主要力量，是中国特色社会主义事业接班人，提高其道德品质，使其树立正确的价值观念，拥有强烈的爱国主义精神、坚定的理想信念，这是他们开拓进取获得人生价值、促进国家稳定发展的关键。在高校教育中，传统优秀文化的自强不息、刚健有为应该作为文化自信的教育重点。比如，可以发扬中国武术、舞龙舞狮等民族传统体育文化，通过民族传统体育文化更直观、更有趣的形式培养大学生的进取精神，这也是民族传统文化与思政教育结合的重要部分。

二、中华民族优秀传统文化融入高校思政教育的优化途径

2019年，习近平总书记在学校思想政治理论课教师座谈会中强调，"推动思想政治理论课改革创新，要不断增强思政课的思想性、理论性和亲和力、针对性"①。经由历史积淀而成的民族优秀传统文化，以潜移默化的方式影响人、涵养人、塑造人，蕴含着丰厚的育人资源。复兴征程上，要通过思政课程与课程思政相融汇，打造精通民族文化的师资队伍，建设彰显民族特色的文化校园以及借助媒体跨时空共享民族文化的优化途径，打造融入民族优秀传统文化的高校思政教育体系。

（一）要坚持思政课程与课程思政融会贯通，提升民族文化认同

在"融入"理念上，把握铸牢中华民族共同体意识的主线。"中华文化"和"中华传统优秀文化"在通常情况下被作为通识基础课程内容。但这类课程在开发时更多的是站在文化的角度，或是文明的角度，或是历史文学的角度，所编制的教材也是按这种思路进行，授课的时候也是一脉相承的，主要包含中华文化的传授、传承方面的内容。这类课程并没有站在铸牢中华民族共同体意识的角度，从中华文化认同的角度出发，进行思政课程的开发和课程的具体实施。因此，在学校教育中，要在人才培养方案中体现中华文化认同，铸牢中华民族共同体意识的相关内容。在具体课程的实施中要充分把中华文化认同的内容植入到思政课程和课程思政中。这样就基本能实现学校教育中民族文化认同的覆盖。

在"融入"方法上，坚持"思政课程"与"课程思政"并重。从古私塾到今学校，教师以口头讲解来传授知识是常见的教学方式。这种方式对于教师来讲，是一种直接性、主导性和效率性的教育手段，但易形成植入式、注入式教学；对于学生来讲，则是一种接受性、单向性和依赖性的教学。讲授法注重口头传递、理论传递、强制传

---

① 用新时代中国特色社会主义思想铸魂育人　贯彻党的教育方针落实立德树人根本任务 ［N］. 人民日报，2019 – 03 – 19（01）.

递、轻视应用实践和主动探知，容易导致思想政治教育目标和教育效果弱化。习近平关于铸牢中华民族共同体意识的重要论述具有时代性、实用性和可行性，是符合时代发展的、有旺盛生命力的思想理念，指导当代大学生开拓实践空间，为大学生深入一线了解民族交往交流交融提供了理论基础。通过社会实践参与"融入"新进程，多提供可供学生体验和学习的农村调研基地，使学生在调研和学习的过程中对习近平关于铸牢中华民族共同体意识的重要表述有更深入、更具整体性和系统性的认识，从而增加"融入"进程中的实效性。

（二）"引、育、用"才三步并举，打造精通民族历史的师资队伍

做好民族工作是新时代的要求，展示给我们的是时代情怀和精神，习近平关于铸牢中华民族共同体意识的重要论述是高校思政课教学必须遵循的指导思想。在"融入"中，应更加注重对教师队伍给予引才、育才、用才的人文情怀。由此可见，民族优秀传统文化融入高校思想政治教育需要专业的师资力量作为支撑，确保高校思政教学能够同民族优秀文化紧密地结合。

一是加强科学"引才"力度。要加大对民族优秀传统文化人才的引进领域，提高其经济待遇以及增加相应的课题，确保高校能够基本形成民族优秀传统文化教学的师资队伍。二是提高悉心"育才"效果。一方面，建立起相应的专业培训制度，对思想政治教师进行一定的专业技能培训，助推高校教师进行相应的课程资源的开发，提高高校教师的教学能力。另一方面，改变传统的单方面注入式的讲授法。社会实践考察是教师走出课堂、切身体会书本教学外的"真实教育"，教师只有自身融入乡村，有真情实感，并且将课堂知识与实践历练有效融合，才能将这份感受、感知带给学生，从而感动学生。三是利用好"用才"之地。一个地方的地域文化要素包括民族文化、特色方言、节日习俗、地域历史、人物成就等，对其内涵和价值进行充分挖掘并灵活运用，可为思政理论课程提供生动、形象、优质的教学素材。因此，在实际教学过程中，思政课教师可运用地区民族文化某一内容对应某一门课、某一方面进行教学，丰富、补充课堂教学内容，使思政教育更接地气。

（三）善用一草一木，建设彰显民族特色的文化校园

文化对人具有潜移默化的作用。习近平关于铸牢中华民族共同体意识的重要论述融入校园文化建设是一项系统工程，仅仅依靠教师在课堂教授理论知识是远远不够的，还需要利用校园文化的传承性、互动性、渗透性，充分发挥新时代校园文化的功能。对于民族类院校或民族地区院校，更应积极营造有民族特色的校园文化环境，拓展乡村振兴教育渠道。将习近平铸牢中华民族共同体意识的重要论述融入校园文化建设包括以下几点内容。

一是将习近平关于铸牢中华民族共同体意识的重要论述融入经典阅读或者学术交流中，创建与中华民族共同体意识相融合的高校校园文化氛围。比如，通过举办相应的学术交流会，能够让学生从不同的学科背景学习和了解民族优秀传统文化，进而提高学生对于民族优秀传统文化的认知和理解，促使学生能够更好地参与到高校思想政治教育中去。二是在校园建筑设计等校园景观中，以校园为主要空间，配备与当地民族文化主题相关的设施，构建校园基础设施建设与中华民族共同体意识的连结格局。例如，校园内设立我国著名民族学家的雕像、创办乡村振兴研究中心、建设新农村典型立体建筑图标。① 三是在校园宣传范围中，不仅采用宣传栏、板报、座谈等传播途径，还可采用学生更易接受的短视频软件、视频影视学习、课外兴趣比拼等新型途径，可在宣传栏中展现我国或本地区民族工作新成果，亦可举办民族文化创意大赛，组织拍摄民族特色情景剧的短视频比拼，开展民族特色文创或农产品的电商直播比拼等。

（四）借助媒体力量，实现民族文化的跨时空共享

新时代下，民族优秀传统文化融入高校思政教育教学时不能再采取以往单一的方式，而是要主动与时代相接轨，利用现代化的媒体对学生进行相应的教育。媒体力量的介入能够有效地对现有的民族优秀传统文化的表现进行重大的变革，促使其能够更好地适应媒体的表现形式，从而突破时空上的限制让学生进行相应的思想政治学习。

传统文化与高校思政结合过程中要善于运用新媒体，实现文化资源的共享，深化学生对共同体理念的认知。第一，共同体理念融入"微思政"。借助微博、微信、短视频平台等新媒体，开展"微思政"发布和互动。日积月累的"微"熏陶可以帮助和激励各族学生产生积极的系统性认知，增强各族学生对共同体理念的自觉认知。第二，共同体理念融入"思政工作室"。共同体理念融入效果的提升，还需要通过学生的亲身体验，从而产生自觉实践的行动意识。② 当前不少民族院校都设立了"思政工作室"等实践平台。这些创新性的实践平台不仅可以通过学习互助小组增强各族学生对共同体理念的认知，还可以在校园实践学习中增进各族学生对共同体理念的情感认同，故值得推广普及。

---

① 曾祥明，温思霞. 习近平总书记关于乡村振兴战略重要论述融入高校思政课的路径创新 ［J］. 北京教育（德育），2022（4）：46－50，57.

② 王云芳，何文娟. 内化与行动：共同体理念融入民族院校思政教育的创新逻辑 ［J］. 民族教育研究，2022（5）：5－11.